A SYSTEMATIC APPROACH TO ENGLISH WORDS

SYSTEM
システム英単語
5訂版

駿台予備学校講師／PRODIGY英語研究所
霜　康司
刀祢 雅彦
コンサルタント
Preston Houser

本書は『システム英単語〈5訂版〉』と同内容で文庫判にしたものです。

"I've learned that I still have a lot to learn."
— Maya Angelou

* * *

私はまだ学ぶべきことがたくさんあると学びました。
— マヤ・アンジェロウ

駿台文庫

Ⅰ 時代と共に変わる『システム英単語』

★言葉は変わる

本書の初版が出版されてはや20年以上になりますが，その間にも新しい単語や語法が生まれています。たとえば，20年前ならtextという単語はほぼ常に名詞で使われていましたが，2002年にはtextが動詞として使われだしたことに驚いたという辞書編纂者の記事が*The New York Times* 紙に掲載されました。もちろん，今では動詞textはごく普通に使われており，たとえばつい最近の早稲田大学の入試問題でも次のような文が登場しました。

I'll **text** you later.（あとでメールする）

★大学入試問題は変わる

大学入試の英文の話題も時代と共に変わってゆきます。特に，最近の大学入試問題では医学・生物関連の話題がよく登場するようになりました（詳細は『システム英単語メディカル』参照）。当然ながら医学・生物関係の単語が多く登場するようになり，**antibiotic**「抗生物質」，**medication**「薬物（治療）」などもごく普通に見かけます。**dementia**「認知症」は1998年の400回の大学入試で出題されたのは2大学だけでしたが，最近では毎年10大学以上で登場し，注が付かないことも多くなっています。また，**cognitive**「認知の」や**antibiotic**「抗生物質」は20年前の10倍以上出現しています。

医学・生物関連以外でも大きく頻度が変わった単語があります。たとえば，**surveillance**「監視」は1990年代後半の2000回分の大学入試ではたった1回しか登場しませんでしたが，今では毎年4，5大学で出題されています。**infrastructure**「インフラ」，**autonomous cars**「自動運転車」なども近年多く登場するようになりました。

今回の改訂でも，こうした新しいトレンドをいち早く取り入れていますから，インターネットや新聞・雑誌で見られる最新の英単語が自然と身につけられます。

★英語教育は変わる

英語教育とそれを巡る入試制度は今大きな岐路に立っています。受験生は不安でしょうが，目先の制度変更に学習者が大きく左右される必要はありません。豊富な語彙を自由に使えるようになるという目標は変わりません。

もともと『システム英単語』は，膨大な大学入試問題のデータだけでなく，新聞，雑誌，シナリオ，スクリプト，書籍，インターネットなどの膨大なデータとを比較検討した上で作成してきました（⇒p. Ⅻ）。つまり，本書の誕生のコンセプトは≪実用英語として役立つ受験英語≫ですから，制度がどのように変わろうと目指す方向に変わりはありません。

★改訂のポイント

今回の改訂では，最新の大学入試問題に加えて，中高の教科書全種類，各種のCEFRの語彙レベル，各種資格試験の入手可能な全ての公開資料や過去問題などを全調査し，基礎的なレベルから順序よく配列しました。特に前半(～Fundamental Stage)では単語の頻度だけでなく学習の順序を考慮しています。そして後半(Essential Stage～)では大学入試問題での頻度を重視して編集しています。本書の順序通りに進めれば，基礎レベルから段階を踏んで最難関の大学入試まで到達できますから，安心して学習を進めてください。

最後になりましたが，膨大な資料と読者や先生方の声，とりわけ教え子の皆さんの声を頼りに，ようやく5訂版を上梓できました。貴重なご教示を賜った方々はあまりに多く，ここにはあえて記しませんが，皆さんの一つ一つの言葉によってこの言葉の本ができ上がったことに深く感謝します。英文校閲をお願いしたPreston Houser先生，ナレーターのAnn Slaterさん，Howard Colefieldさんには数々の助言をいただきました。また小島茂社長をはじめ駿台文庫の皆様には大いに助けられ，励まされました。緻密極まる編集作業においては上山匠さん，斉藤千咲さんをはじめ多くの皆様にご尽力いただきました。まことに幸運な本であったと，心から感謝いたします。

2019年　　秋

著者しるす

▶ミニマルフレーズ校閲

Preston Houser / Paul McCarthy
David Lehner / Frederick Arnold / Brad Reinhart

▶ナレーター

Ann Slater / Howard Colefield
Lynne Hobday / Bill Benfield
尾身美詞（劇団青年座）/ 亀田佳明（文学座）

Ⅱ ミニマル・フレーズについて

★≪ミニマル・フレーズ≫を覚えよう！

英単語にはそれぞれ個性があります。発音がまぎらわしいもの，語法がややこしいもの，前置詞が異なれば意味が違ってしまうもの，日本語訳では意味がつかみにくいものと，覚えるポイントもさまざまです。そういった単語の特徴を捉えるためには，他の単語との関わりの中で覚えるのが何より大切です。

本書の≪ミニマル（最小限）・フレーズ≫は，最小の労力で最大の学習効果が得られるように工夫されています。たとえば次の例を見てください。

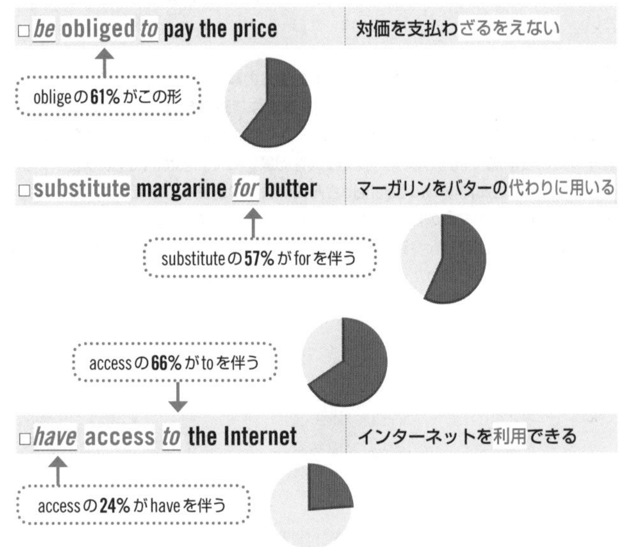

上の数値は大学入試問題のデータによるものです。たとえば名詞の**access**は大学入試問題2,617例中1,719例（66%）がtoを伴います。こうして見ると，英単語を孤立した形で覚えるより，フレーズ丸ごとで覚える方が有益なのは一目瞭然です。

★信頼のデータが生みだした≪出る形≫と≪意味まで頻度順≫

英単語の中には変化形がある単語も多く，名詞なら単数形・複数形，動詞なら原形・ing形・過去分詞形などがあります。その中である形が極端に高頻度で現れる単語もあります。

本書はそうした変化形の使われ方を全調査し，≪ミニマル・フレーズ≫には一番よく出る形を採用しています。たとえば，**manufacture**という単語は大学入試1,471例中736例(50％)で**manufacturing**という形で使われています。従って≪ミニマル・フレーズ≫は次のようになっています。

なお，ミニマル・フレーズ同様<名詞＋**manufacturing**>の形は60例，後ろに**company**を伴う例は46例あります。

さらに大学入試問題と入試以外のデータ(約4億語)で比較してみましょう。**underlie**の変化形の出現数を下に挙げます。

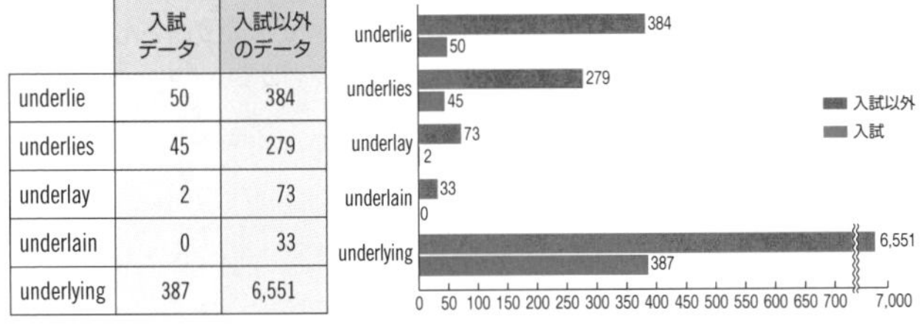

	入試データ	入試以外のデータ
underlie	50	384
underlies	45	279
underlay	2	73
underlain	0	33
underlying	387	6,551

このデータを見れば，まず最初は**underlying**という形で覚えるのが効率的だと誰もが納得するでしょう。だから≪ミニマル・フレーズ≫は下のようになっています。

□**the underlying cause**　根本的な**原因**

もう一つ例を挙げます。**tempt**を英和辞典で引くとたいてい最初に「〈人〉を誘惑する」という訳語が載っています。ところが，この動詞の変化形を大学入試と，入試以外のデータで調べると，次のような結果になりました。

	大学入試	入試以外
(be) tempted to V	122	761
tempting	153	853
それ以外	104	695
計	379	2,309

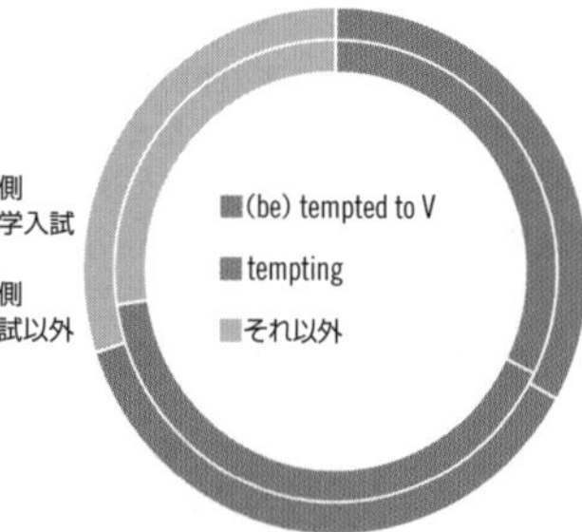

ご覧のように，大学入試でもそれ以外でも，**tempt**に「〈人〉を誘惑する」という訳語を使うことはあまり多くなく，約1/3は**be tempted to V**「Vしたくなる」なのです。そこで≪ミニマル・フレーズ≫は次のようになっています。

□***be*** **tempted** ***to*** **call her** | 彼女に電話をかけたくなる

また，**tempting**という形も**tempt**の約1/3を占めていますが，このほとんどが「魅力的な」という意味の形容詞です。従って，次のようなQ&Aを付けています。

Q **a tempting offer**の意味は？　A 「魅力的な申し出」

Ⅲ『システム英単語』シリーズの効果的学習法

★感覚を研ぎ澄ませて，ミニマル・フレーズを丸ごと覚える！

まずは≪ミニマル・フレーズ≫の英語を丸ごと覚えるのが目標です。単語やフレーズの日本語訳だけを覚えようとしてはいけません。≪ミニマル・フレーズ≫には意味だけでなく語法や連語関係も凝縮されていますから，それが自然と口をついて出てくるのが理想です。単に目で読むだけではなく，耳で聞き，口に出し，手で書くという作業が長期記憶を作ってくれます。特に音声を使う方がはるかに効果的におぼえられるので，ぜひ利用してください。また，「毎日単語を50個覚える」という結果を目標にするのではなく，「毎日30分シャドウイングする」とか，「毎日フレーズを100個書く」というような作業計画を立てることが重要です。

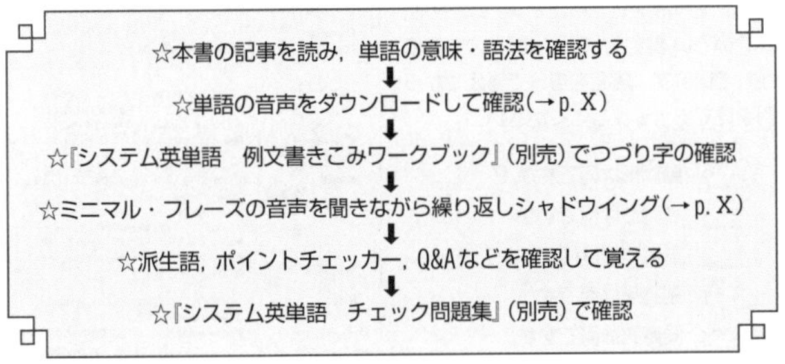

☆本書の記事を読み，単語の意味・語法を確認する
⬇
☆単語の音声をダウンロードして確認(→p. X)
⬇
☆『システム英単語　例文書きこみワークブック』(別売)でつづり字の確認
⬇
☆ミニマル・フレーズの音声を聞きながら繰り返しシャドウイング(→p. X)
⬇
☆派生語，ポイントチェッカー，Q&Aなどを確認して覚える
⬇
☆『システム英単語　チェック問題集』(別売)で確認

★忘却を防ぐ反復練習

覚えたことを忘れるのは当たり前。長期間記憶を保つためには，反復して復習する必要があります。たとえば今日1～100を覚えたら，次の日は20～120を覚え，さらに次の日には40～140を覚える，というようにして，同じ単語を5，6日連続して確認しましょう。覚えていることを何度も確認することで，忘れにくくなるのです。

★紙を使う

最近の研究によると，視覚，聴覚はもちろん，触感なども記憶に関係していると言われています。スマホやタブレットのスクリーンよりも，紙を使う方が学習効果が高いそうです。デジタル・デバイスの利点も多いのですが，紙を使うことも忘れないようにしましょう。

Ⅳ 本書の構成と使い方

『システム英単語』では，単語によって覚えるポイントが違うということを示すために2つのレイアウトを用いています。語法問題に出やすい単語や，複数の訳語を覚える必要がある単語は下記のレイアウト，語法が比較的単純で，派生語も少ないのでフレーズの形で覚えれば対応できる単語は右のページのレイアウトになっています。

★≪ポイントチェッカー≫

ページの左の欄には，「ポイントチェッカー」が並んでいます。これはその単語について特に重要な派生語や反意語・同意語，出題頻度の高い発音・アクセントについてチェックをうながすサインです。以下の記号がついている場合，答えは記号の右側に書かれています。答えを自分で考えてから右側を見てチェックしてください。

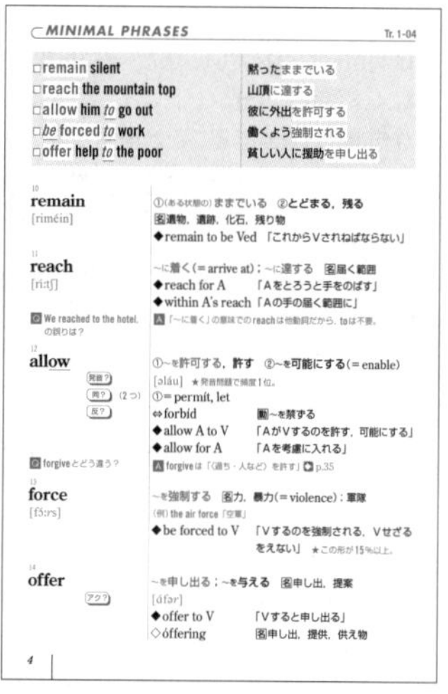

MINIMAL PHRASES　Tr. 1-04

□remain silent	黙ったままでいる
□reach the mountain top	山頂に達する
□allow him *to* go out	彼に外出を許可する
□*be* forced *to* work	働くよう強制される
□offer help *to* the poor	貧しい人に援助を申し出る

10 **remain** [riméin]
①(ある状態の)ままでいる　②とどまる，残る
图遺物，遺跡，化石，残り物
◆remain to be Ved 「これからVされねばならない」

11 **reach** [ri:tʃ]
~に着く(= arrive at)；~に達する　图届く範囲
◆reach for A 「Aをとろうと手をのばす」
◆within A's reach 「Aの手の届く範囲に」
Q We reached to the hotel. の誤りは？
A 「~に着く」の意味でのreachは他動詞だから，toは不要。

12 **allow**
発音?　[əláu]　★発音問題で頻度1位。
同?(2つ)　①= permít, let
反?　⇔forbíd　動~を禁ずる
①~を許可する，許す　②~を可能にする(= enable)
◆allow A to V 「AがVするのを許す，可能にする」
◆allow for A 「Aを考慮に入れる」
Q forgiveとどう違う？
A forgiveは「(過ち・人など)を許す」 p.35

13 **force** [fɔ́:rs]
~を強制する　图力，暴力(= violence)；軍隊
(例) the air force 「空軍」
◆be forced to V 「Vするのを強制される，Vせざるをえない」　★この形が15%以上。

14 **offer**
アク?　[ɔ́fər]
~を申し出る；~を与える　图申し出，提案
◆offer to V 「Vすると申し出る」
◇óffering　图申し出，提供，供え物

4

- 動?　動詞形は何ですか。
- 名?　名詞形は何ですか。
- 形?　形容詞形は何ですか。
- 副?　副詞形は何ですか。
- 同?　同意語は何ですか。
- 反?　反意語は何ですか。
- 同熟?　同じ意味を表す熟語は何ですか。

発音記号は普通各ページの左の欄にありますが，下の記号がついている場合は，右の欄に発音記号が書かれています。答えを自分で考えてから右側を見てチェックしてください。

- アク?　アクセントはどこにありますか。
- 発音?　下線の部分をどう発音しますか。
（一部の黙字を除き，単語に下線があります）

各ページの右上に，フレーズ音声のトラック番号を記しました。番号は別売CDと有料ダウンロード版で共通しています。CDの場合，**Tr. 3-23**はDisc 3のtrack 23のことを表します。

(5) Verbs　動詞

MINIMAL PHRASES　Tr. 1-72

132 □explain *why* **he was late** [ikspléin]　彼がなぜ遅れたかを説明する
★why, howなど疑問詞をよく伴う。
名?　◇explanátion　名説明
Q Explain me the answer. はなぜ誤り？
A explainはSVOOの文型がない。Explain the answer to me. が正しい。

133 □accept **the truth as it is** [əksépt]　ありのまま真実を受け入れる
反?　⇔rejéct, refúse　動～を断る
◇accéptable　形容認できる
◇accéptance　名受け入れ，容認
Q receive an invitationとaccept an invitationはどう違う？
A receiveだと単に「招待状をもらう」の意味，acceptでは「招待を受け入れる」の意味になる。

★≪語法Q&A≫

左の欄にQの記号と質問が書かれている場合があります。これはその単語の語法や意味に関する重要事項をチェックするためのコーナーです。答えを自分で考えてから右側のAの解答や解説を見てチェックしてください（A↑と書いてあるときは，記号の上に答えに相当する情報が記載されています）。

本書で使われている記号

動　動詞　　名　名詞　　形　形容詞　　副　副詞
接　接続詞　　前　前置詞　　源　語源の説明　　諺　ことわざ
＝　同意語　　⇔　反意語
◇　派生語・関連語　　◆　熟語・成句　　cf.　参照
《米》《英》　アメリカ英語・イギリス英語に特有の意味・表現など
多義　重要な意味が2つ以上あるので注意
語法　語法や構文に注意

熟語の中のカッコ

[ ]　直前の語と入れ替え可　　( )　省略可能

単語の意味の表記

①②……多義語
,（カンマ）で区切られた意味……同種の意味・用法の列挙
;（セミコロン）で区切られた意味……注意が必要な区分（自動詞と他動詞の違いなど）

V 本書の音声について

★英米4人のナレーター

本書の音声はそれぞれの単語，フレーズを米音と英音の両方で収録しています。ほとんどの英単語はアメリカ英語もイギリス英語も同じ発音ですから，その違いをあまり気にする必要はありません。しかし，英語を覚えるときには，できるだけ多くの人の声を聞くことが重要です。たとえば母語を習得する際にも，多くの人の異なる声を聞きながら言葉を覚えてきたはずです。どんな言語であれ，何人もの人の声を通して覚える方が自然で，効率的なのです。

本書の音声は，英単語(無料版)，ミニマル・フレーズ(有料版)ともに，アメリカ人の男女，イギリス人の男女，日本人の男女の計6人のナレーターの声を収録しています。同じ声の繰り返しではなく，次々に聞こえてくる声を頼りに学習を進めましょう。

★≪ミニマル・フレーズ≫はトリプル・リピート方式！
～本書の音声ダウンロードと音声CDについて～

本書の見出し語の音声データは無料でダウンロードできます。それぞれの単語は下のように収録されており，同じ単語の音声を2回聞くことができます。なお，本書の英単語の発音記号には，多くの英和辞典などに掲載されている表記を採用していますが，それとは異なる発音の仕方もあります。そのため，ナレーターの発音と発音記号が異なる場合があります。

英単語の発音に慣れたら，次は有料ダウンロード版／別売CDで≪ミニマル・フレーズ≫を聞いて，シャドウイングしてください。こちらは同じフレーズの英語が3回繰り返される「トリプル・リピート方式」で収録されており，最小(ミニマル)の労力で語法や連語関係も覚えられます。

1単語／フレーズごとの読み方

(単語)　アメリカ英語 → 日本語訳 → イギリス英語

(フレーズ)　アメリカ英語 → 日本語訳 → アメリカ英語 → イギリス英語

『システム英単語〈5訂版〉』音声一覧

ステージ	収録内容	CD／DL	無料DL
Stage 1 **Fundamental Stage**	単語		○
	フレーズ	○	
Stage 2 **Essential Stage**	単語		○
	フレーズ	○	
Stage 3 **Advanced Stage**	単語		○
	フレーズ	○	
Stage 4 **Final Stage**	単語		○
	フレーズ	○	
多義語の**Brush Up**	フレーズ	○	
ジャンル別英単語	単語		○

▶≪ミニマル・フレーズ≫の有料音声ダウンロード

https://audiobook.jp/product/243936（フルセット版購入ページ）

※DL版はフルセット版の他に，ステージごとの分割版もございます。

＊有料ダウンロード(DL)版は，オーディオブック配信サービス「audiobook.jp」を通じてのご提供となります。ご利用には会員登録が必要となります。ご購入やご使用方法の詳細につきましては，audiobook.jpサイトをご覧ください。
＊別売CDと有料ダウンロード版は同一内容を収録しています。
＊本サービスは予告なく終了されることがあります。

▶単語の無料音声データダウンロード

https://www2.sundai.ac.jp/yobi/sc/dllogin.html?bshcd=B3&loginFlg=2

上記アドレスまたは二次元コードより駿台文庫ダウンロードシステムへアクセスし，認証コードを入力して「サービスを開始する」を押してください。

認証コード：B3-96111379

ダウンロードしたいコンテンツを選択し，「ダウンロードを実行」または「ファイル単位選択・ダウンロード画面へ」を押してください。ファイル名の番号は，書籍に記載のトラック番号(**例：Tr.1-02**)に対応しています。

VI 英語の先生方へ

本シリーズの作成・改訂にあたっては主に次のデータを使用しました。

▶大学入試問題延べ10,000回分(25年分)
▶各種資格試験の入手可能な全ての過去問題・公式問題集などの公開資料
▶各種CEFRのWord List
▶全国の国公立・私立高校入試問題(10年分)
▶最新版高等学校検定教科書8種
▶最新版中等学校検定教科書6種
▶新聞・雑誌・書籍・シナリオ・ドラマ脚本など約4億語のデータベース

上記の資料の全てを活かすことが最大の難問でした。
各種資格試験やWord Listなどを見ると，同じレベル表記でも使われている単語は大いに違っています。従ってそれぞれの単語別にレベル表記することは不可能ですが，Paul Nationをはじめ多くの英語教育学者が指摘しているように，使用語彙の95～98%以上をカバーしていれば，ListeningでもReadingでも困らないと考えて，本書では基礎単語から配列しています。
また，高校検定教科書の学習順も考慮し，主要な教科書に共通する単語は，Fundamental Stageに収まるように改編しました。

最後に，大学入試問題の語彙は，上記の資料の中でも最も変化が激しいものです。インターネットで急浮上する検索語があるように，時代によって脚光を浴びる話題があればそれを語る言葉も数多く登場します。たとえば，**cognitive**「認知の」は大学入試問題でこの5年間に600例以上登場していますが，これは20年前の10倍以上の頻度になります。ところが**cognitive**のような抽象度の高い単語はCEFRの各種Word Listには登場しません(つまり，CEFR C2レベル以上の扱いになっているのです)。大学入試の素材文は一流のライターや学者によって書かれた英語ですから，時代を大きく映し，より深い思考へと導きます。本書をマスターすれば，大学受験だけでなく将来の研究の基礎にも役立つものと確信しています。

★発表語彙と受容語彙　4技能を通して目指すべき英語力

一般にSpeaking, Writingで使用するProductive Vocabulary（発表語彙）よりも，Listening, Readingで使用するReceptive Vocabulary（受容語彙）の方が多いことは知られています。しかし，Cambridge大学をはじめ多くのWord Listでは，両者を区別していません。

なぜでしょうか。それは実際に英語を「覚える」場面でも「使う」場面でも，語彙を4つの技能に分けることなど不可能だからです。ものを書くときにはこれまで読んだ文章を参考にするのは当たり前のことですし，人の話をよく聞かなければ話ができないのは当然です。日本語であろうと英語であろうと，4技能は密接につながっているのであって，4つに分けるのはテストを作成する側の都合にすぎません。試験を意識するあまり，英語の学習過程や語彙を分割するのは本末転倒と言わざるをえないでしょう。

英語教育の名著Hatch & Brown *"Vocabulary, Semantics, and Language Education"* では，語彙習得のプロセスを次の5段階に分けています。

1) 新しい単語に出会う
2) 単語の語形・音声を知る　(←発音がわからない単語は覚えられません)
3) 単語の意味内容の理解する
4) 単語と意味を関連づけて統合する
5) 単語を使う

指導者が特に気をつけるべきは4)と5)の段階で，この本ではおよそ次のような注意点が述べられています。

≪4) 単語と意味を関連づけて統合する≫の段階は，コロケーション（連語関係），語源，音声などを使って，目標の単語を既知の複数の単語と結びつけたり，類義語，反意語，関連語などでグループ化することも有効。さらに音声や視覚的な要素を結びつけて，単語を書いたり読んだり，あるいは頭の中で思い浮かべたりさせ，適当な期間をおいて反復練習することも必要。

≪5) 単語を使う≫の段階は，単語をReceptive Vocabulary（受容語彙）としてではなく，Productive Vocabulary（発表語彙）として使用することが重要。自分で使ってみることで，獲得した知識を確認でき，長期記憶に残りやすくなる。単語を受容するだけでは，コロケーションや統語的な制約を意識することは難しく，発表語彙として使用する際に初めてそれを意識できる。

上記の指摘にあえて付け加えるならば，脳科学でも独立した事象を記憶するより他の多くのことと結びついた事象の方が長期記憶にとどまりやすいと言われています。本書のミニマル・フレーズ方式は，既知の単語とのネットワークで未知語の暗記が容易になるはずです。

また，英単語を自ら発音し，書くという動作を通過しなければ，長期記憶にとどめられないということも，誰もが体験的に知っていることです。シャドウイングや小テストなどを通して，できるだけ自分の耳，声，手を使うことが英語上達の秘訣であることは，言うまでもありません。

Stage 1 *Fundamental Stage*

Stage 2 *Essential Stage*

Stage 3 *Advanced Stage*

Stage 1

Speaking/Listening でも使用頻度の高い，必須の英単語。語法が問われるもの，熟語が大切なもの，発音が重要なものと，多彩だ。ひとつひとつ，しっかり覚えていこう。

"In the beginning was the Word"— John

* * *

はじめに言葉ありき。— ヨハネによる福音書

(1) Verbs　動詞

MINIMAL PHRASES　　Tr. 1-02

□follow her advice	彼女の助言に従う
□consider the problem seriously	真剣にその問題を考える
□increase *by* 20%	20%増加する
□expect you *to* arrive soon	君がすぐ着くことを予期する

1
follow [fálou]　多義

①～(の後)に続く　②〈指示・方針など〉に従う

◆as follows　「次のように」
◇fóllowing　形次の，以下のような
◆A (be) followed by B　「Aの次にBが続く」

2
consider [kənsídər]　語法

～を考慮する；(＋A＋(as)B) AをBとみなす；(＋Ving) Vしようかと思う

★consider to Vは×。

◇considerátion　名考慮，思いやり
形？　◇consíderate　形思いやりのある
◇consídering　前 接～を考慮すると

Q I considered about his proposal. はなぜだめ？
A considerは他動詞なのでaboutは不要。cf. I thought about his proposal.

3
increase [inkríːs]　反？

増える；～を増やす　名[ínkriːs]　増加
⇔decréase　動減る；～を減らす　名[́ ―] 減少
◇incréasingly　副ますます(＝more and more)

4
expect [ikspékt]

～を予期する，予想する，期待する

◆expect to V　「Vするつもり[予定]だ」
◆expect A to V　「AがVするのを予期する」
◆expect A from [of] B　「AをBに期待する」
◇expectátion　名予期，期待

Q life expectancy の意味は？
A 「平均寿命」

□decide *to* tell the truth	真実を語る決意をする
□develop a unique ability	特異な能力を発達させる
□provide him *with* information	彼に情報を与える
□continue *to* grow fast	急速に成長し続ける
□The list includes his name.	リストは彼の名前を含んでいる

5
decide
[disáid]

～することを決意する；～を決定する，～と判断する

◆decide to V 「Vする決意をする」

★＋to Vが40％程度。＋Vingはダメ。

名？

◇decísion 名決意，決定

◇decísive 形決定的な，断固とした

6
develop
[divéləp]

①発達する；～を発達させる ②～を開発する

◆developing country 「発展途上国」

◆developed country 「先進国」

名？

◇devélopment 名発達，成長，開発

7
provide
[prəváid]

語法

～を供給する，与える

◆provide A with B 「AにBを与える」
＝provide B for [to] A

◆provide for A 「Aに備える；Aを養う」

◇provísion 名供給；用意

接続詞にすると？

◇províded 接もし～ならば(＝if)
＝províding

8
continue
[kəntínjuː]

続く；(～を)続ける(＝go on, carry on)

◇contínuous 形絶え間ない，休みない

◇contínual 形繰り返される

◇continúity 名連続性

9
include
[inklúːd]

反？

～を含む，含める

⇔exclúde 動～を除外する

◇inclúding 前～を含めて

□remain silent	黙ったままでいる
□reach the mountain top	山頂に達する
□allow him *to* go out	彼に外出を許可する
□*be* forced *to* work	働くよう強制される
□offer help *to* the poor	貧しい人に援助を申し出る

10
remain
[riméin]

①(ある状態の) ままでいる ②とどまる，残る
名遺物，遺跡，化石，残り物
◆remain to be Ved 「これからVされねばならない」

11
reach
[ríːtʃ]

~に着く(= arrive at)；~に達する 名届く範囲
◆reach for A 「Aをとろうと手をのばす」
◆within A's reach 「Aの手の届く範囲に」

Q We reached to the hotel. の誤りは？
A 「~に着く」の意味でのreachは他動詞だから，toは不要。

12
allow
発音？
同？ (2つ)
反？

①~を許可する，許す ②~を可能にする(= enable)
[əláu] ★発音問題で頻度1位。
①= permít, let
⇔forbíd 動~を禁ずる
◆allow A to V 「AがVするのを許す，可能にする」
◆allow for A 「Aを考慮に入れる」

Q forgiveとどう違う？
A forgiveは「〈過ち・人など〉を許す」 p. 35

13
force
[fɔ́ːrs]

~を強制する 名力，暴力(= violence)；軍隊
(例) the air force「空軍」
◆be forced to V 「Vするのを強制される，Vせざるをえない」 ★この形が15%以上。

14
offer
アク？

~を申し出る；~を与える 名申し出，提案
[ɔ́fər]
◆offer to V 「Vすると申し出る」
◇óffering 名申し出，提供，供え物

□realize the error	まちがいを悟る
□suggest a new way	新しいやり方を提案する
□require more attention	もっと注意を必要とする
□worry *about* money	お金のことを心配する
□wonder where he has gone	彼はどこに行ったのかと思う

15
realize 多義
[ríəlaiz]

①〜を悟る，〜に気づく（＋that〜） ②〜を実現する
(例) realize your dream「君の夢を実現する」
◇realizátion 名①認識，理解 ②実現

16
suggest 多義 語法
[sʌdʒést]

①〜と提案する ②〜をほのめかす，暗示[示唆]する
◆suggest (to A) that S＋(should) 原形V
「(Aに)〜と提案する」★toも重要！
◇suggéstion 名提案；暗示

Q I suggested that he ( ) there. ① went ② go

A ②「彼がそこに行くよう提案した」「提案する」の意味のときは，that節中に，原形Vか，should＋Vを使う。ただし「ほのめかす」の意味の時は，that節中は普通の時制。

17
require
[rikwáiər]

〜を必要とする（＝need）；〜を要求する（＝demand）
★＋that節内は上のsuggestの①と同じく原形Vかshould V。
◇requírement 名要求される物，必要条件

18
worry
[wə́:ri]

心配する；〜に心配させる 名心配(事)
◆be worried about A「Aのことを心配する」

Q He worried me.とHe worried about me.の違いは？

A He worried me.「彼は私に心配をかけた」
He worried about me.「彼は私のことで心配した」

19
wonder
[wʌ́ndər]

①(＋wh/if節) 〜かと疑問に思う
②(＋at A) Aに驚く，Aを不思議に思う 名驚き，不思議(な物)
◆(it is) no wonder (that) 〜
「〜は不思議でない；当然だ」
◇wónderful 形すばらしい

□The car **cost** me $50,000.	その車には5万ドル**かかった**
□**tend** *to* get angry	腹を立て**がちである**
□Everything **depends** *on* him.	すべては彼**しだいだ**
□**share** a room *with* a friend	友人と部屋**を共有する**
□**demand** more freedom	もっと自由**を要求する**

20
cost
発音？

①〈費用〉を要する　②～を奪う　名費用，犠牲
[kɔ́(ː)st]（cost; cost; cost）
（例）The accident cost him a leg.「事故が彼の片足を奪った」
◆cost (A) B　「(Aに) B(費用) がかかる」
◇cóstly　形高価な；損失の大きい

21
tend
[ténd]　名？

(＋to V) Vする傾向がある，Vしがちである
◇téndency　名傾向，癖

22
depend
[dipénd]　形？

(＋on A) Aに依存する，Aしだいで決まる
◆depending on A「Aしだいで，Aにより」
◇depéndent　形依存する
◇depéndence　名依存

Q That depends. の意味は？
A「それは状況しだいだ」 It (all) depends. も同意。

23
share
[ʃéə*r*]

～を分け合う，共有する，一緒に使う
名分け前，分担，役割　（例）market share「市場占有率」
◆share A with B「AをBと分かち合う」

24
demand
[dimǽnd]

①～を要求する，必要とする　②(～を) 問う
名要求；需要(＋for)（⇔supply「供給」）
◆demand that S＋(should) 原形V　「～と要求する」
◇demánding　形骨の折れる，要求の厳しい

Q I demanded her to tell me the truth. はなぜ誤りか？
A ＋O＋to Vの形はない。I demanded that she (should) tell me the truth. ならOK。

MINIMAL PHRASES

Tr. 1-07

□support the president	大統領を支持する
□hire many young people	多くの若者を雇う
□regard him *as* a friend	彼を友達とみなす
□This story *is* based *on* fact.	この話は事実に基づいている
□improve living conditions	生活状態を向上させる
□recognize the importance	重要性を認める

25
support 多義
[səpɔ́:rt]
①〜を支持する，援助する　②〈家族など〉を養う
③〜を立証する，裏付ける　名支持，援助
（例）support the theory「理論を立証する」

26
hire
[háiər]
〜を雇う；〈有料で車など〉を借りる
★《米》では employ と同様に用いるが，《英》では短期の雇用に用いる。

27
regard
[rigɑ́:rd]
(+A as B) AをBだと思う，みなす
◆with［in］regard to A「Aに関しては」
◆regarding A「Aに関して」
◆regardless of A「Aに関係なく」

28
base
[béis]
(A be based on B) AがBに基づいている，
(+A on B) Aの基礎をBに置く
名①基礎，根拠　②基地
形？
◇básic　形基礎的な
◇básement　名地下室，地階

29
improve
[imprú:v]
〜を向上させる，改善する；向上する，進歩する
◇impróvement　名進歩，改善

30
recognize
アク？
名？
①〜を認める　②〜を識別する，〜だとわかる　★《英》-nise。
[rékəgnaiz]（例）I recognized Tom at once.「すぐにトムだとわかった」
◇recogníton　名認識，承認

□notice the color change	色彩の変化に気づく
□You *are* supposed *to* wear a seat belt.	シートベルトを締めることになっている
□raise both hands	両手を上げる
□prefer tea *to* coffee	コーヒーよりお茶を好む
□cheer *up* the patients	患者たちを元気づける

31
notice
[nóutis]

~に気づく，~だとわかる　名通知，掲示；注意
◆take notice of A　「Aに注意する」
形？ ◇nóticeable　形目立つ，著しい

32
suppose
[səpóuz]

~だと思う，想像する，仮定する
◆be supposed to V「Vすることになっている，Vすべきだ，Vするはずだ」＝should
★この形が約45％で最も多い。
◆Suppose (that)~「もし~だとしたら(どうだろう)」
＝Supposing (that)~
◇suppósedly　副たぶん，おそらく

33
raise 多義
[réiz]

①~を上げる　②~を育てる(＝bring up)
③〈問題など〉を提起する　名賃上げ(＝pay raise)
★自動詞はrise「上がる，起きる」だ。

34
prefer アク？

~をより好む　[prifə́:r]
◆prefer A to B「BよりもAを好む」(A，Bには名詞・動名詞)
◆prefer to V_1 rather than (to) V_2
「V_2よりもV_1する事を好む」
名？ ◇préference　名好み；好物
形？ ◇préferable アク　形より好ましい，ましな

35
cheer
[tʃíər]

①~を励ます　②声援する(＋for)　名声援，励まし
◆cheer A up　「Aを励ます，元気づける」
◆cheer up　「元気を出す」★命令文が多い。
形？ ◇chéerful　形陽気な

□suffer heavy damage	ひどい損害を受ける
□describe the lost bag	なくしたバッグの特徴を言う
□prevent him *from* sleeping	彼が眠るのをさまたげる
□reduce energy costs	エネルギー費を減らす
□mistake salt *for* sugar	塩を砂糖とまちがえる

36
suffer
[sʌ́fər]

〈苦痛・損害など〉を経験する，受ける；
（病気などで）苦しむ，損害を受ける
◆suffer from A 「A（病気など）で苦しむ」
★suffer from Aは，苦痛がある期間続くときに用いられ，進行形が多い。
◇súffering 名苦しみ

37
describe
[diskráib] 名?

～を描写する，～の特徴を説明する
◇descríption 名描写，説明

38
prevent
[privént]

～をさまたげる，防ぐ，させない
◆prevent A from Ving 「AがVするのをさまたげる」
◇prevéntion 名防止，予防

39
reduce 多義
[ridjúːs]

①～を減らす ②(＋A to B) AをBにする，変える
◆be reduced to A 「Aになる，変えられる」
★より低い［小さい］状態への変化に用いる。
（例）be reduced to poverty 「貧乏になる」

名?
◇redúction 名減少，削減，割引

40
mistake
[mistéik]

～を誤解する，まちがえる
名誤り，まちがい
◆mistake A for B 「AをBとまちがえる」

形?
◇mistáken 形誤った，まちがっている
★1) He is often mistaken for his brother. 「彼はよく弟とまちがわれる」
2) You are mistaken about it. 「あなたはまちがっている」
1) は動詞mistakeの受身だが，2) のmistakenは形容詞。

□prepare a room *for* a guest	客のために部屋を準備する
□encourage children *to* read	子供に読書をすすめる
□prove *to be* true	本当だとわかる
□treat him like a child	子供みたいに彼をあつかう
□establish a company	会社を設立する

41
prepare
[pripéər]
名？

(～の)準備をする(＋for)，(～を)用意する
◆be prepared for A 「Aに備えている」
◇preparátion 名準備，用意

42
encourage
[inkə́:ridʒ]
反？

〈人を〉はげます，～を促進する；
(＋A to V) AにVするようすすめる
⇔discóurage 動〈人〉のやる気をそぐ
◆discourage A from Ving 「AにVする気をなくさせる」
◇encóuragement 名はげまし，促進

43
prove 多義
[prú:v]
名？

①～だとわかる(＝turn out) ②～を証明する
◇proof 名証拠，証明

44
treat
[trí:t]
Q This is my treat. の意味は？

～をあつかう；～を手当てする 名①楽しみ，喜び ②おごり
◇tréatment 名取り扱い，待遇；治療
A「これは僕のおごりだ」

45
establish
[estǽbliʃ]

～を設立する，創立する(＝found)；
〈事実など〉を確定する，立証する
◆establish oneself 「定着する」
◇estáblishment 名①施設，組織(学校，会社など)
②設立 ③支配層，上層部
(例) a research establishment「研究施設」
(例) the medical establishment「医学界」

□stress-related illness	ストレスと関係のある病気
□compare Japan *with* China	日本と中国を比較する
□spread the tablecloth	テーブルクロスを広げる
□What does this word refer *to*?	この語は何を指示するか

46
relate
[riléit]

①関係がある；～を関係づける　②～を述べる，話す

★上のフレーズのように，過去分詞で名詞を修飾する例が多い。
（例）drug-related crime「麻薬関係の犯罪」

◆be related to A　「Aと関係がある」
◇relátion　名関係
◇relátionship　名関係
◇correlátion　名相関；相互関係

★relation と relationship はほぼ同意だが，感情がこもった親密な人間関係には relationship が多く用いられる。

47
compare　多義
[kəmpéər]

①～を比較する　②～をたとえる　③匹敵する，比べられる

◆compare A with B　「AとBを比較する」
◆compare A to B　「①AをBにたとえる ②AとBを比較する」

◇compárison　名比較；たとえ
◇compáratively　副比較的，かなり
◇cómparable　アク　形比較できる，同等の

Q Life is compared (　) a voyage.
A to「人生は航海にたとえられる」

48
spread

～を広げる；広がる　名広がり，広めること
[spréd]（spread; spread; spread）

49
refer
アク?

(+to A) Aを指示する；Aに言及する；Aを参照する
[rifə́ːr]（～red; ～ring）

◆refer to A as B　「AをBと呼ぶ」= call A B

名?
◇réference　名言及；参照

□**supply** the city *with* water	その都市に水を供給する
□**gain** useful knowledge	有益な知識を得る
□**destroy** forests	森林を破壊する
□**apply** the rule *to* every case	全ての場合に規則を当てはめる
□**seek** help from the police	警察に助けを求める

50
supply
[səplái] 語法

～を供給する，**支給する** 名供給

◆supply A with B 「AにBを供給する」
＝supply B to〔for〕A

◆supply and demand 「供給と需要」

51
gain
[géin]

①～を得る，**もうける** ②～を**増す** 名利益，増加

◆gain weight 「体重が増える」

52
destroy
[distrɔ́i] 名?

～を破壊する；〈害虫など〉を**殺す**，**滅ぼす**

◇destrúction 名破壊，破滅

◇destrúctive 形破壊的な

53
apply
[əplái] 多義

①当てはまる，～を当てはめる，**応用する**
②申し込む

◆A apply to B 「AがBに当てはまる」

◆apply A to B 「AをBに当てはめる，応用する」

◆apply (to A) for B 「(Aに) Bをほしいと申し込む」

(例) **apply for the job**「その仕事に応募する」

名? (2つ)

◇applicátion 名応用，適用；申し込み

◇ápplicant 名志願者，応募者

54
seek
[síːk]

～を求める，**得ようとする**(seek; sought; sought)

◆seek to V 「Vしようと努める」
＝try to V

□search *for* the stolen car	盗難車を捜す
□He claims that he saw a UFO.	彼はUFOを見たと主張する
□draw a map	地図を描く
□refuse *to* give up hope	希望を捨てるのを拒む
□respond *to* questions	質問に答える

55
search
[sə́ːrtʃ]

(＋for A) Aを**捜す**；(＋A) A(場所)を**探る**
◆in search of A　「Aを捜して，求めて」

Q search himとsearch for himの違いは？

A search A「Aという場所を探る」；search for A「Aを捜し求める」だから，search him「彼のボディチェックをする」，search for him「彼を捜す」となる。
(例) search his pockets for a key「鍵を求めて彼のポケットを探る」

56
claim　多義
[kléim]

①～と**主張する，言い張る**(＋that～；＋to V)
★真偽は定かでないという含みがある。
②～を(当然の権利として)**要求する**　名主張；要求
★「クレーム」(苦情)の意味はない。苦情はcomplaintだ。

57
draw　多義
[drɔ́ː]

①～を**引っぱる，引き出す**，〈注意〉を**引く**
②〈図・絵〉を(線で)**描く**(draw; drew; drawn)
◇dráwer　名引き出し

58
refuse
[rifjúːz]

〈申し出など〉を**断る，辞退する**(⇔accept)
◆refuse to V　「Vするのを拒む」
語法 ★60%近くがto Vを伴う。refuse＋Vingは×。
名? ◇refúsal　名拒否，拒絶

59
respond
[rispɑ́nd]　名?

(＋to A) ①Aに**返答する**　②Aに**反応する**
◇respónse　名返答(＝answer)，反応

□Never **mention** it again.	二度とそのこと**を口にするな**
□**judge** a person *by* his looks	人を外見で**判断する**
□The plane is **approaching** Chicago.	飛行機はシカゴ**に接近している**
□I **admit** *that* I was wrong.	自分がまちがっていた**と認める**
□**reflect** the mood of the times	時代の気分**を反映する**

60
mention
[ménʃən] 語法

～について**述べる**，**言及する**(＝refer to)
◆mention A to B 「AについてB(人)に言う」
◆Don't mention it. 「どういたしまして」
(礼やわびに対する返答)＝You are welcome.
◆not to mention A 「Aは言うまでもなく」
＝to say nothing of A

61
judge
[dʒʌ́dʒ] 名?

～を**判断する**，～を**裁判する** 名裁判官，審判員
◆judging from A 「Aから判断すると」(独立分詞構文)
◇júdgment 名判断

62
approach
[əpróutʃ] 多義

①(～に)**接近する** ②〈問題など〉に**取り組む**
名(研究などの)方法，取り組み方；接近(＋to)
(例) a new approach to teaching English「英語教育の新しい方法」

Q He approached to me. はなぜだめ？
A 前置詞不要。He approached me. が正しい。

63
admit
[ədmít] 多義 同? 名?

①〈自分に不利・不快なこと〉を**認める**(＋that～)
②〈人〉の**入場[入学]を許可する**(～ted; ～ting)
＝acknówledge 動～を認める
◇admíssion 名入学(許可)，入場(料)，入会(金)

Q 目的語となる動詞の形は？
A Ving (動名詞)。admit to Vは不可。

64
reflect
[riflékt] 多義

①～を**反映する**，**反射する**
②(＋on A) Aについて**よく考える**
◇refléction 名反射，反映；熟考

□perform the job	仕事を遂行する
□a very boring movie	すごく退屈な映画
□survive in the jungle	ジャングルで生き残る
□Words represent ideas.	言葉は考えを表す
□argue *that* he is right	彼は正しいと主張する

65
perform
[pərfɔ́ːrm]

①〜を行う，〜を遂行する(= carry out)
②〜を演じる，〜を演奏する

名?
◇perfórmance　名①遂行，実行　②演技，上演　③性能；できばえ，成績

66
bore
[bɔ́ːr]

〈人〉をうんざりさせる　名退屈なもの[人]
◇bóring　形〈人を〉退屈させる
◇bored　形〈人が〉退屈している
◆A be bored with B「A(人)がBに退屈している」
◇bóredom　名退屈

Q He is bored. とHe is boring. はどう違う？
A He is bored. は「彼は退屈している」，He is boring. は「彼はつまらない人間だ」。

67
survive
[sərváiv]

生き残る；〈人〉より長生きする；〈危機など〉を越えて生き延びる　源sur(越えて)＋vive(生きる)

名?
◇survíval　名生存，生き残ること

68
represent

①〜を表す，示す　②〜を代表する

アク?
[reprizént]
◇representátion　名①代表　②表現
◇representative　名代表者　形代表の，表している

同熟?
①= stand for　★頻出!

69
argue
[ɑ́ːrgjuː]

〜と主張する(＋that〜)；(〜を)議論する；論争する

名?
◇árgument　名議論，主張，論争，口論

□*take* freedom *for* granted	自由を当然と考える
□The data indicate *that* he is right.	データは彼が正しいことを示す
□The book belongs *to* Howard.	その本はハワードのものだ
□acquire a language	言語を習得する
□reply *to* his letter	彼の手紙に返事をする

70
grant 
[grǽnt]

①〜を**認める**(= admit)　②〜を**与える**
③〈願い〉を**かなえてやる** (③はややまれ)　名交付，補助金
(例) grant permission「許可を与える」
◆take A for granted　「Aを当然のことと思う」
◆take it for granted that〜
「〜ということを当然と思う」
★上の熟語が過半数をしめる。

71
indicate
[índikeit]

〜を**指し示す**，**表す**(= show)
◇indicátion　名指示，暗示，兆候

72
belong
[bilɔ́(ː)ŋ]

所属している，(〜の)**所有物である**
◆A belong to B　「AはBに所属する，Bのものだ」
◇belóngings　名所有物，持ち物

Q I'm belonging to the club. の誤りは？

A belongは進行形にならない。I belong to the club. が正しい。ただし，I'm a member of the club. / I'm in the club. の方が自然な英語。

73
acquire
[əkwáiər] (名?)

〈言語，技術など〉を**習得する**；〜を**獲得する**
◇acquisítion　名習得
◇acquíred　形習得された，後天的な

74
reply
[riplái]

返事をする，(〜と)**答える**(+ to)　名返事，答え
(replies; replied; replying)
★reply to A = answer A

□feed a large family	大勢の家族を養う
□escape *from* reality	現実から逃避する
□replace the old system	古い制度に取って代わる
□reveal a surprising fact	驚くべき事実を明らかにする
□Japan *is* surrounded by the sea.	日本は海に囲まれている
□The job suits you.	その仕事は君に合っている

75
feed
[fí:d]

～にエサをやる，～を養う；エサを食う(feed; fed; fed)
◆feed on A 「〈動物が〉Aを常食とする」
◆be fed up with A 「Aにうんざりしている」

76
escape
[iskéip]

逃げる，まぬがれる(＋from)；～を避ける
名逃亡；逃げ道 ★動詞を目的語にするときは＋Ving。

77
replace
[ripléis] 同熟？

①～に取って代わる，～を取り替える ②～を元の場所に戻す
①＝take the place of
◆replace A with B 「AをBに取り替える」
◇replácement 名取り替え，代用品

78
reveal
[riví:l] 名？

～を明らかにする，知らせる，示す
◇revelátion 名暴露，発覚；新発見

79
surround
[səráund]

～を取り囲む ★受動態が約40%。
◇surróundings 名環境，周囲の状況

80
suit
[sú:t] 形？

～に合う，適する；〈服装・色などが〉〈人〉に似合う
◇súitable 形適した，ふさわしい

Q The shoes ( ) you well.
① match ② suit

A ②「その靴は君に似合う」
「物が人に似合う」でmatchは不可。

□the estimated population of Japan	日本の推定人口
□aim at the Asian market	アジア市場をねらう
□earn money for the family	家族のためにお金をかせぐ
□My memory began to decline.	記憶力が低下し始めた
□can't afford to buy a Ford	フォードの車を買う余裕がない
□be confused by her anger	彼女の怒りに当惑する

81
estimate
アク?

〈数量〉を推定する；~を評価する 名[éstəmət] 見積り [éstəmeit] (例) an estimated 70 percent「およそ70パーセント」
◇underéstimate 動~を過小評価する

82
aim
[éim]

(+at A) Aをねらう，目指す；
(+A at B) AをBに向ける
名目的，意図(＝purpose, intention)
◆be aimed at A 「A向けだ，Aを目指している」

83
earn
[ə́:rn]

①〈金〉をもうける，かせぐ ②〈評判・尊敬など〉を得る
◆earn one's living 「生計をたてる」

84
decline 多義
[dikláin]

①衰退する，低下する ②~を辞退する 名衰退，低下
★②はturn down, refuseよりていねい。

85
afford
[əfɔ́:rd]
形?

①~をする[持つ]余裕がある ②~を与える (②は少ない)
◆can afford to V 「Vする余裕がある」
◇affórdable 形手ごろな値段の
(例) affordable housing「手ごろな価格の住宅」

86
confuse 多義
[kənfjú:z]
名?

①〈人〉を当惑させる，~を混乱させる ②~を混同する
◆confuse A with B 「AをBと混同する」
◇confúsed 形当惑した，混乱した
◇confúsing 形〈人を〉当惑させる
◇confúsion 名混乱，混同，当惑

□**graduate** *from* high school	高校を卒業する
□**vary** from country to country	国によって変わる
□**remove** the cover	カバーを取り除く
□**insist** *on* going to France	フランスに行くと言い張る
□**examine** every record	あらゆる記録を調べる

87
graduate
[grǽdʒueit]

(+from A) Aを卒業する　★fromを忘れないように!
名[grǽdʒuət]　卒業生；大学院生(=graduate student)
◆graduate school「大学院」
◇graduátion　名卒業
◇undergráduate　名大学生

88
vary
[véəri]　形?(2つ)

変わる，さまざまである；~を変える
◇várious　形さまざまな　p. 97
◇váried　形さまざまな，変化に富んだ
◇inváriably　副いつも，変わることなく
◇variátion　名変化，差異

89
remove
[rimúːv]

~を移す，取り去る；〈衣服〉を脱ぐ(=take off)
◇remóval　名除去，移動
◆be (far) removed from A
「Aから(遠く)へだたっている」

90
insist
[insíst]

~と(強く)主張する，言い張る
◆insist on A　「Aを主張する」
◆insist that S+(should) 原形V
「SがVすることを要求する」

91
examine
[igzǽmin]　同熟?(3つ)

~を調査する，検査する，試験する
=look into, go into, go over
◇examinátion　名試験(=exam)；調査

□remind him *of* the promise	彼に約束を思い出させる
□contribute *to* world peace	世界平和に貢献する
□warn him *of* the danger	彼に危険を警告する
□connect the computer *to* the Internet	コンピュータをインターネットにつなぐ
□match him in power	力で彼に匹敵する
□focus *on* the problem	その問題に焦点を合わせる

92
remind
[rimáind]

(+A of B) AにBのことを思い出させる
◆remind A that～「A(人)に～を思い出させる」
◆remind A to V「AにVすることを思い出させる」

93
contribute 多義
[kəntríbjuːt]

①(+to A) Aに貢献する；Aの一因となる
②(+A to B) AをBに寄付する，提供する
◇contribútion　名貢献，寄付

Q CO_2 contributes to global warming. の意味は？
A「CO_2は地球温暖化の一因だ」

94
warn
[wɔ́ːrn]

〈人〉に警告する
◆warn A of [about; against] B「AにBを警告する」
◇wárning　名警告，警報

95
connect
[kənékt]

～をつなぐ，関係づける；つながる(＝link)
◆be connected to [with] A
「Aと関係がある，つながりがある」
◇connéction　名結びつき，関係

96
match 多義
[mætʃ]

①～に匹敵する　②～に調和する(＝go with) p. 17 suit
名①試合　②競争相手，好敵手　③よくつり合う人・物
(例) The shoes match your dress.「その靴は君の服に合っている」
(例) be no match for A「Aにかなわない」

97
focus
[fóukəs]

焦点を合わせる，集中する　名焦点
◆focus on A「Aに焦点を合わせる」

□reject the proposal	提案を拒否する
□convince him *that* it is true	それは本当だと彼に確信させる
□Health is associated *with* happiness.	健康は幸福と関連している
□rush into the hospital	病院へ急いで行く
□stress the need for information	情報の必要性を強調する

98
reject
[ridʒékt]

〈提案など〉を断る，拒絶する

源 re(= back) + ject(投げる) = (投げ返す)

★refuseより強い拒否。招待を断るときにはrejectを用いず，refuseやdeclineを使う。

⇔accépt　動～を受け入れる

◇rejéction　名拒絶，拒否

Q reject the proposal
=(　)(　) the proposal

A reject = turn down「申し出を断る」

99
convince
[kənvíns]

〈人〉を納得させる，確信させる

◆convince A that～　「Aに～と確信させる」

◆A be convinced that～　「Aが～と確信している」

◆convince A of B　「AにBを確信させる」

◆A be convinced of B　「AがBを確信している」

◇convíction　名確信

◇convíncing　形説得力のある

100
associate
[əsóuʃieit]

①(+ A with B) AをBに関連づける，AからBを連想する

②(+ with A) Aとつきあう（②は少ない）　名仲間，同僚

◆be associated with A　「Aと関連している」

◇associátion　名協会；連想；交際

101
rush
[rʌ́ʃ]

急いで行く，急いでする　名急ぎ，突進

◆rush hour　「ラッシュアワー」

102
stress
[strés]

～を強調する　名緊張，ストレス；強調

◇stréssful　形ストレスの多い

□attract his attention	彼の注意を引きつける
□rely *on* their power	彼らの力に頼る
□regret leaving home	家を出たのを後悔する
□adopt a new system	新しいシステムを採用する
□shake the bottle well	ビンをよく振る

103
attract
[ətrǽkt] 形?

〈人・注意〉を引きつける；魅惑する
◇attráctive 形魅力的な
◇attráction 名魅力；引きつけるもの

104
rely
[rilái] 形?

(+ on [upon] A) Aに頼る，Aを信頼する
◆rely on A for B 「Aに頼ってBを求める」
◇relíable 形信頼できる，当てになる
◇relíance 名依存，信頼

105
regret
[rigrét] 語法

～を後悔する；残念に思う(～ted; ～ting)
名後悔，遺憾
◆regret Ving 「Vしたことを後悔する」
◇regrétful 形〈人が〉後悔している
◇regréttable 形〈物事が〉残念な，悲しむべき

Q I regret to say that～は？
A 「残念ながら～です」。「言ったことを後悔する」ではない。

106
adopt
[ədápt]

①〈理論・技術など〉を採用する　②～を養子にする
◇adóption 名採用，養子縁組

107
shake
[ʃéik]

～を振る；震える；～を動揺させる
(shake; shook; shaken)
◆shake hands (with A) 「(Aと)握手する」
◆shake one's head 「首を横に振る」(否定の身振り)

□hurt her feelings	彼女の気持ちを傷つける
□operate a computer with a mouse	マウスでコンピュータを操作する
□Exercise extends life.	運動は寿命を延ばす
□blame others *for* the failure	失敗を他人のせいにする
□The book consists *of* six lessons.	その本は6課で構成されている

108
hurt
~を傷つける；痛む(hurt; hurt; hurt) 名傷

発音? [hə́ːrt] ★heart [háːrt] と区別しよう。

109
operate 多義
[ápəreit]
①〈機械などが〉作動する ②〈機械など〉を操作する
③手術する(+on)

名? ◇operátion 名①手術 ②活動，軍事行動 ③操作

(例) U.N. peacekeeping operations「国連平和維持活動」

110
extend
[iksténd]
~を広げる，延長する；広がる，のびる
◆extended family「拡大家族，親戚」

名? ◇extént 名程度，範囲
◆to some extent「ある程度まで」

形? ◇exténsive 形広範囲な
◇exténsion 名延長，増大

111
blame
[bléim]
~を非難する，~のせいにする 名非難；責任
◆blame A for B 「AにBの責任を負わせる」
=blame B on A
◆be to blame 「責任がある，悪い」

Q Who is to blame for the accident? を訳せ。
A「事故の責任はだれにあるのか」

112
consist
[kənsíst]
①(+of A) Aで構成されている
②(+in A) Aに存在する （まれ）
★②のAは抽象名詞・動名詞。

同熟?（2つ） =be composed of, be made up of

□**persuade** them *to* go back	彼らを説得して帰らせる
□**admire** her work	彼女の仕事に感嘆する
□be **disappointed** *with* the test results	試験の結果に失望する
□**expand** business overseas	海外へ事業を拡大する
□**preserve** forests	森林を保護する
□**struggle** *to* get free	自由になろうともがく

113
persuade
[pərswéid]

①~を説得する　②~を信じさせる
◆persuade A to V「Aを説得してVさせる」
★説得が成功したことを含意する。try to ~なら失敗した可能性あり。
名? ◇persuásion 名説得
形? ◇persuásive 形説得力のある

114
admire
[ədmáiər]

~に感心[感嘆]する，~を賞賛する，尊敬する
◇admirátion 名感嘆，賞賛
形? ◇ádmirable アク 形賞賛すべき，立派な

115
disappoint
[disəpɔ́int]

~を失望させる
◇disappóinted 形〈人が〉がっかりした(+with, at)
◇disappóinting 形〈人を〉がっかりさせる
◇disappóintment 名失望

116
expand
[ikspǽnd]

(~を)拡大する，増大する；膨張する
◇expánsion 名拡大，進展

117
preserve
[prizə́:rv]

~を保護する，保存する；~を保つ，~を維持する
◇preservátion 名保護，保存，維持

118
struggle
[strʌ́gl]

苦闘する，努力する；もがく；(~に)取り組む(+with)
名努力，苦闘(+for)

□**arrange** the meeting	会議の**手はずを整える**
□**disturb** his sleep	彼の睡眠を**さまたげる**
□**employ** foreign workers	外国人労働者を**雇う**
□**engage** *in* volunteer activities	ボランティア活動に**従事する**
□an **abandoned** pet	**捨てられた**ペット

119
arrange 多義

①〈会合など〉の**手はずを整える**；～を**手配する**
②～を**配列する**，**整理する**

[əréindʒ]

(例) arrange words in the right order「単語を正しい順に並べる」

◇arrángement 名準備；整理，配列

120
disturb
[distə́ːrb]

①〈人・仕事など〉を**さまたげる**(＝interrupt)
②〈人〉を**不安にする**(＝worry)；〈平和・秩序など〉を**かき乱す**

◇distúrbance 名混乱，妨害
◇distúrbing 形人を不安にする

121
employ 多義
[emplɔ́i]

①～を**雇う** ②〈方法・言葉など〉を**用いる**(＝use)
◇emplóyee 名従業員(⇔emplóyer 名雇い主)
◇emplóyment 名雇用，職，使用
◆lifetime employment 「終身雇用」
◇unemplóyment 名失業

Q employeeとemployerの違いは？

A ↑ -eeは「～される人」の意。
(例) addressee「受取人」

122
engage
[engéidʒ]

(＋in A) A(活動・仕事など)に**従事する**，**参加する**，Aを**行う**；(＋A in B) AをBに**従事させる**
◆be engaged in A
「Aに従事している(＝engage in A)；Aに没頭している」
◇engágement 名(会合などの)約束；婚約

123
abandon
[əbǽndən]

～を**捨てる**，**放棄する**(＝give up, desert)

□display prices	価格を示す
□encounter many difficulties	数々の困難に出会う
□amuse students with jokes	冗談で学生を笑わせる
□Sorry to bother you, but ...	おじゃましてすみませんが…
□concentrate *on* what he is saying	彼の話に集中する

124
display
アク? [displéi]
同? (2つ) = exhíbit, show

~を展示する；~を表す；~を誇示する 名展示，表現

125
encounter
[inkáuntər] 同熟? (2つ)

~に偶然出会う，〈問題など〉にぶつかる 名出会い，遭遇
= come across, run into

126
amuse
[əmjúːz] 形? (2つ)

~を楽しませる，笑わせる(= entertain)
◇amúsing 形〈人にとって〉ゆかいな，楽しい(= funny)
◇amúsed 形〈人が〉おもしろがっている
◇amúsement 名楽しみ，娯楽
★同じ「おもしろい」でも，amusing「人を楽しませる，ゆかいな」，interesting「知的興味をそそる」，funny「笑わせるような」。

127
bother 多義
[báðər]

①〈人〉に面倒をかける，困らせる ②(~を)気にする
名面倒，やっかいなもの
◆bother to V 「わざわざVする」★否定・疑問文で。
(例) Don't bother to answer this letter.「わざわざ返事を書かなくていい」

128
concentrate
アク? [kánsəntreit] ★約50%がonを伴う。

集中する，〈注意など〉を集中させる
源con(いっしょに) + centr(中心)
◆A concentrate on B「AがBに集中する，専念する」
◆concentrate A on B「AをBに集中させる」
◇concentrátion 名集中，専念

□adapt *to* a new culture	新しい文化に適応する
□be puzzled by the problem	その問題に頭を悩ませる
□appeal *to* his feelings	彼の感情に訴えかける
□combine song and dance	歌と踊りを組み合わせる
□delay his arrival	彼の到着を遅らせる
□repair the car	車を修理する

129
adapt
[ədǽpt]

①~を適応させる，**慣れさせる**；適応する　②~を**改変する**
◆adapt A to B　「AをBに適応させる」
◆A adapt (oneself) to B　「AがBに適応する」
◇adaptátion　名適応，順応
◇adáptable　形適応力がある

130
puzzle
[pʌ́zl]

~を当惑させる(= confuse)，**困らせる**
名難問，パズル
◇púzzled　形とまどって，当惑して

131
appeal　多義
[əpíːl]

(+ to A) ①A〈理性・感情など〉に**訴える**；〈人〉に**求める**
②〈人〉を引きつける　名①魅力　②訴え
◇appéaling　形魅力的な

132
combine
[kəmbáin]

~を結合させる，**組み合わせる**；**結合する**(+ with)
◇combinátion　名結合，組み合わせ

133
delay
[diléi]

~を遅らせる，**延期する**　名遅れ，延期

Q The bus delayed because of an accident. はおかしい？

A The bus was delayed by an accident.
(The accident delayed the bus. も可)

134
repair
[ripéər]

~を修理する；~を**修復する**　名修理
★fix (▶ p. 344) よりやや堅い言葉。
◇mend　動〈衣服など〉を繕う，修理する

□a **fascinating** story	**夢中にさせる**物語
□**Pardon** me.	**ごめんなさい**
□**import** food from abroad	海外から食料を**輸入する**
□**remark** that he is kind	彼は親切だと**述べる**
□**reserve** a room at a hotel	ホテルの部屋を**予約する**

135
fascinate
[fǽsəneit]

〈人〉を**夢中にさせる**，～の**興味をかきたてる**
◇fáscinating　形魅力的な，非常におもしろい
◇fáscinated　形夢中になった
◇fascinátion　名魅惑，魅力

136
pardon
[pɑ́:rdn]

～を**許す**　名許し，容赦

Q Pardon (me). の3つの使い方は？

A ①過失・無礼をわびる時に「ごめんなさい」，②[？をつけて] 相手の言葉を聞き漏らして「もう一度言ってください」，③見知らぬ人に話しかける時に，「失礼ですが」。なお，**I beg your pardon.** も同様である。

137
import
アク？
反？

～を**輸入する**　名輸入，輸入品
動[impɔ́:rt]　名[ímpɔ:rt]　源 **im** (中に) + **port** (運ぶ)
⇔export　動[― ˊ]　～を輸出する　名[ˊ ―]　輸出

138
remark
[rimɑ́:rk]　形？

(～と) **述べる**，**言う** (= say) (+ that ～)　名意見，言葉
◇remárkable　形注目すべき，珍しい ➡ p. 59

139
reserve
[rizɔ́:rv]

～を**予約する**，～を**取っておく** (= set aside)
名①蓄え，埋蔵量　②保護区　③遠慮 (③は少数)
(例) **oil reserves**「石油の埋蔵量」
◆be reserved for A「Aに用意されている」
◆nature reserve　「自然保護区」
◇reservátion　名予約，指定
★ホテル，レストラン，座席など場所の予約が **reservation** で，人と会う予約は **appointment** (➡ p. 42)。
◇resérved　形控えめな；予約している

□at an amazing speed	驚異的な速さで
□frightening experiences	ぞっとするような経験
□release him *from* work	仕事から彼を解放する
□rent an apartment	アパートを借りる
□recover *from* illness	病気から回復する

140
amaze
[əméiz]

～を驚嘆させる
◇amázing 形驚嘆すべき，見事な，信じ難い (= incredible, wonderful)
◇amázed 形〈人が〉驚いている

141
frighten
[fráitn]

〈人〉をおびえさせる，ぞっとさせる
◇fríghtening 形ぞっとするような
◇fríghtened 形おびえている(+ of, by)

142
release 多義
[rilíːs]

①～を解放する，自由にする ②～を発表する
③〈ガスなど〉を放出する 名解放，放免；公表，発表
(例) release CO_2「CO_2を出す」
◆release A from B「AをBから解放する」

143
rent
[rént]

①〈家・車など〉を賃借りする ②～を賃貸しする
名家賃，使用料，賃貸料
◇réntal 形賃貸しの 名使用料
◇lease 名賃貸契約 動〈土地・建物など〉を賃貸する，賃借する

語法
★rentは「借りる」と「貸す」両方の意味があるので注意。
rent the house from A「Aから家を賃借りする」
rent the house to A「Aに家を賃貸しする」
また，無料で借りるときは，borrowを使う。

144
recover
[rikʌ́vər]

①(+ from A) A(病気など)から回復する
②～を取り戻す
名?
◇recóvery 名回復，取り戻すこと

□I suspect that he is a spy.	私は彼がスパイではないかと思う
□deliver a message *to* a friend	友人に伝言を渡す
□identify people by their eyes	目で人の本人確認をする
□The office *is* located *in* the area.	オフィスはその地域にある

145
suspect
[səspékt]

①～ではないかと思う(＝suppose)　②〈人・もの〉を疑う
名[sʌ́spekt]　容疑者，疑わしいもの
◆suspect A of B 「AをBのことで疑う」★受け身が多い。
名? ◇suspícion　名容疑，疑い
形? ◇suspícious　形疑い深い；疑わしい

Q doubtとsuspectはどう違う？（＋that節のとき）
A doubtはdon't believeに近く，suspectはsupposeに近い。
(例) I doubt that he did it.　「彼がそうしたとは思わない」
I suspect that he did it.「彼がそうしたと思う」

146
deliver 多義
[dilívər]

①～を配達する，渡す　②〈講義など〉をする
(例) deliver a speech「演説をする」
名? ◇delívery　名配達

147
identify 多義
[aidéntəfai]

①～の正体をつきとめる，～が何[誰]なのか確認する
②(＋with A) Aと共感する
◆identify A with [as] B「AをBとみなす，同一視する」
◇identificátion　名身元確認，身分証明，同一視，一体化
◇idéntity　名身元，正体；独自性
◇idéntical　形同一の

148
locate
[lóukeit]

①(be located in [on, at] A)（Aに）位置する，ある
②～の場所を見つける
★①の形で用いられることが多い。
◇locátion　名位置，場所；ロケ，野外撮影
◇relócate　動～を移転[転居]させる；移転[転居]する

□a car manufacturing company	車を製造する会社
□occupy a high position	高い地位を占める
□own a house	家を所有している
□be exposed *to* danger	危険にさらされる
□translate a novel *into* English	小説を英語に翻訳する
□cure him *of* his illness	彼の病気を治す

149
manufacture
アク?

～を製造する，(大量に)生産する　名 製造，生産；製品
[mænjəfǽktʃər]　源 manu(手で)＋fact(＝make)
★上のフレーズはcar manufacturingで1つの形容詞になっている。こういう例に注意。
◇manufácturer　名 製造業者，メーカー

150
occupy
[ákjəpai]

〈場所・地位など〉を占める
◆be occupied with A「Aで忙しい，Aに従事している」

151
own
[óun]

～を所有している，～を持っている　★進行形にならない。
形 (所有格の後で)自分自身の
◆A of one's own　「自分自身のA」
◆of one's own Ving　「自分でVした」
◆on one's own　「ひとりで」

152
expose
[ikspóuz]

(＋A to B) AをBにさらす　★50％以上が受身形。
〈秘密など〉をあばく　源 ex(外に)＋pose(置く)
◇expósure　名 露出，暴露

153
translate
[trǽnsleit]

①～を翻訳する　②～を変える
◇translátion　名 翻訳

154
cure
[kjúər]

～を治療する，〈悪い習慣など〉を直す　名 治療法
◆cure A of B　「A(人)のB(病気など)を治す」

□perceive danger	危険に気づく
□adjust *to* a new school	新しい学校に慣れる
□be alarmed by the noise	その音にぎょっとする
□assist him in his work	彼の仕事を手伝う
□a frozen stream	凍った小川

155
perceive
[pərsíːv]

①～を知覚する，～に気づく　②～と思う，理解する

源 per（完全に）＋ceive（take）

◆perceive A as B　「AがBであると思う」★頻出!

名?

◇percéption　名知覚；認識

156
adjust
[ədʒʌ́st]

〈環境に〉慣れる（＝adapt）（＋to）；～を適合させる，調節して合わせる　★約50%の例でtoを伴う。

◆adjust A to B　「AをBに適合させる」

◇adjústment　名調整；適応

157
alarm
[əlɑ́ːrm]

～をぎょっとさせる，おびえさせる（＝scare）

名①警報　②驚き，不安

◇alárming　形驚くべき，不安にさせる

◇alármed　形ぎょっとした

◆alarm clock　「目覚まし時計」

158
assist
[əsíst]

（～を）助ける，手伝う

★helpより堅い語で補助的な助けを言う。

◇assístant　名助手

◇assístance　名援助

159
freeze
[fríːz]

①凍りつく　②動かなくなる　（freeze; froze; frozen）

（例）Freeze!「動くな」

◇frózen　形凍った，冷凍の

□spoil the party	パーティを台無しにする
□shift gears	ギアを変える
□be embarrassed by the mistake	そのまちがいが恥ずかしい
□approve *of* their marriage	2人の結婚を承認する
□weigh 65 kilograms	65キロの重さがある

160
spoil
[spɔ́il]

~を台無しにする；〈子供〉を甘やかしてだめにする
諺 Too many cooks spoil the broth.
「料理人が多すぎると料理がだめになる」(船頭多くして船山に上る)

161
shift
[ʃíft]

~を変える，移す
名 変化，移動，交替

162
embarrass
[imbǽrəs]

~を困惑させる，~に恥ずかしい思いをさせる
◇embárrassed 形〈人が〉当惑している，恥ずかしい気持ちの
◇embárrassing 形〈人を〉当惑させる，きまり悪くさせる
◇embárrassment 名 困惑，困難

163
approve
[əprúːv]

賛成[同意]する(+ of)；
~を承認[認可]する，~に賛成する
★公的機関などが正式に「承認[認可]する」ときは，他動詞が多い。
反? ⇔disappróve 動 ~に反対する
名? ◇appróval 名 賛成，承認

164
weigh 多義
[wéi]

①~の重さがある ②~を比較検討する，よく考える
③(+ on A) Aを苦しめる
(例) weigh one plan against another「ある計画と別の計画を比較検討する」
(例) The problem weighed on his mind.「その問題が彼の心を苦しめた」
◇wéight 名 重さ p. 86
◇overwéight 形 太りすぎの
名 [ˊ — —] 肥満，太りすぎ，過重

□**stretch** my legs	足を**広げる**
□**participate** *in* the meeting	会議に**参加する**
□**exhibit** Picasso's works	ピカソの作品を**展示する**
□I **owe** my success *to* you.	私の成功はあなた**のおかげだ**
□**celebrate** his birthday	彼の誕生日を**祝う**

165
stretch
[strétʃ]

～を広げる，伸ばす(+ out)；広がる，伸びる
名広がり，期間

166
participate
[pɑːrtísipeit] (名？)

(+ in A) Aに参加する
◇participátion　名参加
◇partícipant　名参加者

Q participate in A
= (　)(　)(　) A

A take part in A 「Aに参加する」

167
exhibit
(発音？)
(名？)

～を展示する，示す(= display)　名展示物，展覧会
[igzíbit]　源 ex (out) + hibit (hold)
◇exhibition　発音　名 [eksəbíʃən]　展覧会，展示

168
owe
[óu]

(+ A to B) ①AのことはBのおかげだ
②AをBに借りている　★②は owe B Aの文型もある。

169
celebrate
[séləbreit]

①〈特定の日・できごと〉を祝う，〈儀式〉を行う
②～を賞賛する(少数)
◇celebrátion　名祝い
◇célebrated　形名高い(= famous)
◇celébrity　名有名人

□trees decorated *with* lights	電球で飾られた木々
□forgive him *for* being late	彼の遅刻を許す
□*be* seated on the bench	ベンチで座っている
□*be* injured in the accident	その事故で負傷する
□sew a wedding dress	ウエディングドレスを縫う

170
decorate
[dékəreit]

～を装飾する，～に飾りをつける
◇decorátion 名装飾(品)
◇órnament 名飾り，装飾(品)

Q「彼女はテーブルに花を飾った」はShe decorated flowers on the table. でよいか？

A だめ。decorate flowersだと花に飾りをつけることになる。She decorated the table with flowers. が正しい。

171
forgive
[fərgív]

〈過ち・人〉を許す (forgive; forgave; forgiven)
諺 To err is human, to forgive divine.「過ちは人の常，許すは神のわざ」
◆forgive A for B 「BのことでAを許す」

172
seat
[sí:t]

①(be seated) 座っている ②〈人数〉を収容する
名座席
★seatは「〈人〉を座らせる」という意味だが，たいていbe [remain, stay, etc.] seated「座っている」という形で使う。
★sitが座る動作を表すのに対して，be seatedは状態を表せる。
◆Please be seated.「座ってください」
＝Please have a seat. ★Sit down. よりていねい。

173
injure
アク？
名？

～を傷つける，けがをさせる
[índʒər] ★be injured「けがをする（している）」の形がほとんど。
◇ínjury 名負傷，害

174
sew

～を縫う
[sóu] ★saw [sɔ́:] と区別しよう。
◆sewing machine「ミシン」

(2) Nouns 名詞

MINIMAL PHRASES

Tr. 1-37

□the result of the test	テストの結果
□features of human language	人類の言語の特徴
□the problems of modern society	現代社会の問題
□a water wheel	水車

175
result
[rizʌ́lt]

結果 動結果として生じる；結果になる

◆A result in B 「AがBという結果に終わる」
＝B result from A 「BがAから結果として起こる」
★Aは〈原因〉，Bは〈結果〉。

◆as a result 「その結果として」

Q Her illness resulted ( ) hard work.

A from「彼女は働き過ぎで病気になった」
cf. Hard work resulted in her illness.

176
feature
[fíːtʃər]

①特徴 ②呼び物；特集記事 ③顔立ち
動～を(雑誌などで)取り上げる，特集する

177
society 多義
[səsáiəti]

①社会 ②協会，団体，学会
③交際，つきあい(③は少数)
(例) Japan Society for Science Education「日本科学教育学会」

形？(2つ)

◇sócial 形社会の，社交の
◇sóciable 形交際上手な，社交的な
(例) a sociable person「社交的な人」
◇sociólogy 名社会学

178
wheel 多義
[hwíːl]

①車輪 ②(自動車の)ハンドル
動(車輪の付いたもの)を動かす；向きを変える
◆steering wheel 「ハンドル」
◆behind the wheel 「運転して」
◇whéelchair 名車いす

□put a high value on education	教育に高い価値をおく
□the greenhouse effect of CO_2	二酸化炭素の温室効果
□individuals in society	社会の中の個人
□*have* a bad influence *on* children	子供に悪い影響を与える
□charge a fee for the service	サービス料を請求する

179
value
[vǽljuː]
(形？)

価値；**価値観**(values)　動～を評価する
◆of value　「価値のある，貴重な」＝valuable
◇váluable　形貴重な
◇inváluable　形きわめて貴重な(＝priceless)

Q valuelessとinvaluableの違いは？
A valuelessは「無価値な」だが，invaluableは「評価できぬほど貴重な」の意。

180
effect　(多義)
[ifékt]

①効果，影響(＝influence)　②結果(＝result)
◆have an effect on A　「Aに影響[効果]を与える」
◆side effects　「副作用」
◆in effect　「事実上は」
◇efféctive　形効果的な

181
individual
[indəvídʒuəl]

個人　形個人主義的な，個々の
源 in (否定) ＋ dividu (分けられる) ＋ al (性質)
◇indivídualism　名個人主義
◇individuálity　名個性

182
influence
(アク？)

影響(力)；〈人に対する〉**支配力**　動～に影響を与える
[ínfluəns]　源 in (中へ) ＋ flu (流れる) ＋ ence (もの)
◆have an influence on A　「Aに影響を与える」
★give influenceとは普通言わない。
(形？)
◇influéntial　形影響力のある，有力な

183
fee
[fíː]

謝礼；料金　(例) school fees「授業料」
★医師・弁護士・教師など専門職への謝礼，会費，授業料，入場料などの料金。

□*at* the rate of 40% a year	年40%の割合で
□a sign of spring	春のきざし
□water and gas service	水道とガスの事業
□advances *in* technology	科学技術の進歩
□Laughter is the best medicine.	笑いは最高の良薬だ

184
rate 多義
[réit]

①割合，率　②速度　③料金　動～を評価する
(例) birth rate「出生率」，postal rates「郵便料金」
◆at the rate of A「Aの割合で，Aの速度で」
◆at any rate「とにかく，少なくとも」
◇ráting　名格付け；評価

185
sign
[sáin]

印，記号，兆候　動～に署名する
◆sign language「手話」
◇sígnal　名信号(機)，合図
◇sígnature　名署名
★芸能人などのサインはautographという。

186
service 多義
[sə́ːrvəs]

①(公益)事業，設備　②業務，勤務　③サービス
★serve 動の名詞形だ。日本語のように「無料」の意味はない。
◆health service「公共医療制度」
◆social service「社会事業」

187
advance
[ədvǽns] 形？

前進，進歩　動前進する；～を前進させる
◇advánced　形進歩した，上級の
◇adváncement　名昇進，進歩；促進

Q in advanceの意味は？
A「前もって」(＝beforehand)

188
laughter
[lǽftər]

笑い，笑い声
★「笑う人」という意味はないので注意。
◆burst into laughter「わっと笑い出す」

□produce new materials	新しい物質を作る
□a center of heavy industry	重工業の中心地
□an attempt *to* break the record	記録を破ろうとする試み
□US trade with France	アメリカとフランスの貿易
□You've *made* progress *in* English.	君の英語は進歩した

189
material

アク?

①物質；材料　②資料；教材
形物質の，物質的な(⇔spiritual「精神的な」)
[mətíəriəl]
◆raw material　「原料」
◇matérialism　名唯物論
(⇔idealism 観念論，理想主義)

190
industry
[índəstri]

①工業；産業　②勤勉(②の頻度は①の300分の1ほど)
◇indústrial　形工業の；産業の
◇indústrialized　形工業化した
◇indústrious　形勤勉な(ややまれ)

191
attempt
[ətémpt]

試み，くわだて(+to V)　★約70%がto Vを伴う。
動～を試みる，くわだてる(+to V)

192
trade
[tréid]

貿易；商売　動貿易する；取り引きする
◆trade A for B　「AをBと交換する」

193
progress

アク?

進歩，前進　★不可算名詞。　動進歩する，前進する
名[prágres]　動[prəgrés]　アクセントは名詞が前，動詞が後。
◆make progress (in A)　「(Aにおいて)進歩する」
◇progréssive　形進歩的な

□ *make* an excuse to leave early	早く帰るための言い訳をする
□ the custom of tipping	チップを払う習慣
□ Read the following passage.	次の一節を読みなさい
□ the market economy	市場経済
□ the tracks of a lion	ライオンの足跡

194
excuse

言い訳，口実
動①～の言い訳をする ②〈人・行為〉を許す(＝forgive)
名[ikskjúːs] 動[ikskjúːz]
◆excuse A for B 「BのことでAを許す」
(例) Please excuse me for being late.
「遅くなったことを許してください」

195
custom 多義
[kʌ́stəm]

①(社会的な)習慣 ②(～s)税関
◇cústomary 形習慣的な，慣例の
◇cústomer 名(店などの)客，得意客

196
passage 多義
[pǽsidʒ]

①一節，引用された部分 ②(時の)経過 ③通行，通路
(例) the passage of time「時間の経過」

197
economy

経済，財政；節約 形安価な ★名詞の前で。
[ikánəmi]
◇económic 形経済の，財政の
◇económical 形節約できる，安上がりの

Q economicalとeconomicの違いは？
A ↑ economical travel「安上がりの旅行」と覚えておこう。

198
track
[trǽk]

小道，足跡，(鉄道の)軌道 動～の足跡を追う
◆keep track of A 「Aの跡をたどる，Aを見失わない」
◆lose track of A 「Aを見失う」

Q 物を運ぶ「トラック」は？
A truck [trʌ́k] 発音の違いに注意。

□use public transportation	公共交通機関を使う
□a government official	政府の役人
□love at first sight	一目ぼれ
□a taste of lemon	レモンの味
□a wide range of information	広範囲の情報

199
transportation
[trænspərtéiʃən]

交通機関，輸送，運送　★主に《米》。《英》は transport。
◇tránsport　名交通機関，輸送，運送
動[― ˊ]　～を運ぶ，輸送する
★動詞は《米》でも使う。
源 trans（越えて）＋ port（運ぶ）（例）portable「持ち運びのできる」

200
official
アク？

役人，公務員，職員　形公の，公式の
[əfíʃəl]

201
sight　多義
[sáit]

①見ること　②光景　③視力
◆catch sight of A「Aを見つける」
⇔lose sight of A「Aを見失う」
◆at the sight of A「Aを見て」
◆in sight「見えるところに」
⇔out of sight「見えないところに」
◇síghtseeing　名観光，見物
（例）go sightseeing in Venice「ヴェネツィアに観光に行く」

202
taste　多義
[téist]

①味，味覚　②好み，趣味　動①～を味見する　②～の味がする
諺 There is no accounting for taste.
「人の好みは説明できない」(＝たで食う虫も好き好き)

Q「服のセンスがいい」は？
A have good taste in clothes（sense は用いない）
◇bite　動～を噛む；噛みつく　名噛むこと
◇swállow　動～を飲み込む
◇chew　動〈食べ物〉を噛んで食べる；噛む

203
range
[réindʒ]

範囲，領域　動〈範囲などが〉及ぶ，またがる
◆mountain range「山脈」
◆range from A to B「AからBに及ぶ」

□make an **appointment** *with* the doctor	医者に**予約**する
□a doctor and a **patient**	医者と**患者**
□a business **project**	事業**計画**
□Would you *do* me a **favor**?	**頼み**をきいてもらえませんか
□differ in **appearance**	**外見**が違う

204
appointment
[əpɔ́intmənt]

(人と会う)約束，(医院などの)予約
◇appóint　動〈会う日時・場所〉を指定する；～を任命する ▶p. 121
(例) the appointed time「指定の時刻」

Q promiseとどう違う？
A promiseはある行為を実行する約束。appointmentは用事で人に会う時と場所を決めること。

205
patient 
[péiʃənt]　反？(形容詞)

患者　形忍耐強い，しんぼう強い
⇔impátient　形我慢できない，いらいらする
◇pátience　名忍耐(力)，我慢

206
project
[prɑ́dʒekt]

計画，企画　動[prədʒékt]　～を見積もる，予測する
(例) the projected cost「見積もった費用」

207
favor
[féivər]

好意，親切　動～を支持する，好む　★《英》は favour。
◆do A a favor　「Aの頼みをきく」
◆ask A a favor　「Aに頼みごとをする」
　= ask a favor of A
◆in favor of A　「Aを支持して，Aの有利に」

形？(2つ)
◇fávorite　形大好きな　名お気に入り
◇fávorable　形(人に)好意的な，有利な

208
appearance 多義
[əpíərəns]

①外見，様子　②出現
◇appéar　動①～に見える　②現れる
◇disappéar　動消える

□run the risk of losing money	お金を失う危険を冒す
□costs and benefits of the business	仕事のコストと利益
□residents of New York	ニューヨークの住民
□their relatives and friends	彼らの親戚と友達
□a mountain region	山岳地方

209
risk
[rísk]

危険，**危険性**　動〈命など〉を賭ける；～を覚悟でやる
◆at the risk of A　「Aの危険を冒して」
◆run the risk of A　「Aの危険を冒す」
◇rísky　形危険な

210
benefit
[bénəfit]

利益，**恩恵**
動～の利益になる；(＋from A) Aから利益を得る
★得になること全般。**profit**は主に金銭的な「もうけ」。
形？
◇benefícial　形有益な

211
resident
[rézidənt]

住民，**滞在者**　形住んでいる
◇résidence　名住宅，家
◇residéntial　形居住用の，住宅の
◇resíde　動住む，存在している
★**inhabitant**「住人」とは異なり，**resident**はホテルなどに一時的に滞在する人にも使える。

212
relative　多義
[rélətiv]

親族，**親戚**　★**relative**には家族も含まれる。
形相対的な，比較上の
◆relative to A　「Aに比べて」
◇relatívity　名相対性

213
region
[ríːdʒən]

①地域，**地方**　②領域，**分野**
◇régional　形地域の，地方の

□unique characteristics	ユニークな特徴
□feel a sharp pain	鋭い痛みを感じる
□a pair of *identical* twins	一組の一卵性双生児
□*on* special occasions	特別な場合に
□the principle of free trade	自由貿易の原則
□the history department	歴史学科

214
characteristic
[kærəktərístik]

特徴，特色　形特有の

★個々の特徴を指す。character (p. 329) は全体的な特徴。

◆be characteristic of A 「Aに特有である」

215
pain
[péin]

①苦痛　②(〜s)苦労，骨折り(= trouble)

◆take pains to V 「Vしようと骨を折る」

◇páinful 形①痛い　②骨の折れる

216
twin
[twín]

双子の一方，双生児　形双子の

◆fraternal twins 「二卵性双生児」

◆twin room 「ツインルーム」

★ホテルのツインベッドのある部屋。

217
occasion
[əkéiʒən]

①場合，機会　②行事(= event)

◆on occasion 「時々」= occasionally

218
principle
[prínsəpl]

①原理，原則　②主義，信念

◆in principle 「原則的には」

219
department 多義
[dipá:rtmənt]

①(組織の)部門，課　②省　③(大学などの)学科

◆department store 「デパート」

★ひとつひとつの売場がdepartmentだ。

□It is my duty to help you.	君を助けるのが私の義務だ
□the scene of the accident	事故の現場
□avoid *traffic* jams	交通渋滞を避ける
□the spirit of fair play	フェアプレーの精神
□the medium of communication	コミュニケーションの手段
□mass production	大量生産

220
duty 多義
[djúːti]

①義務，任務 ②関税
◇dúty-frée 形免税の
◆be on duty 「任務についている」

221
scene
[síːn]

①場面，現場 ②眺め，光景 ★可算名詞。
◇scénery 名風景，景観 ★不可算名詞。
◇scénic 形風景の，景色のよい

222
jam
[dʒǽm]

①渋滞，込み合い ②ジャム 動～を詰め込む
◆be jammed 「〈場所が〉ぎゅうぎゅう詰めである，いっぱいだ」
◇congéstion 名渋滞；うっ血，充血

223
spirit
[spírət]

①精神；霊 ②気分
◇spíritual 形精神的な，霊的な

224
medium
[míːdiəm]

手段，媒体 形中間の (例) medium size「並の大きさ」
源中間にあるもの→手段(＝人と目的の間にあるもの)

Q mediumの複数形は？
A media

225
mass 多義
[mǽs]

①(the masses) 一般大衆 ②(a mass of A) 多くのA
③かたまり
◆the mass media 「マスメディア(新聞・テレビなど)」
◆mass communication 「マスコミ(による伝達)」
形？ ◇mássive 形大きくて重い，大規模の

□gather a large **audience**	大勢の**観客**を集める
□the most important **element**	最も重要な**要素**
□global **climate** change	地球規模の**気候**変動
□the French **Revolution**	フランス**革命**
□the first **quarter** of this century	今世紀の最初の**4分の1**
□a room with little **furniture**	**家具**の少ない部屋

226
audience
[ɔ́ːdiəns] 語法

(集合的に)聴衆，観客　×many / few audiences
★「多い / 少ない観客」は，a large / small audience という。

227
element 多義
[éləmənt]
形？

①要素(＝factor)　②元素
③(the elements) 自然の力，悪天候
◇eleméntary　形初歩の
◆elementary school 「小学校」

228
climate
[kláimit]

①気候　②(政治・文化などの)状況(＝situation)，雰囲気(＝atmosphere)　(例) the political climate「政治情勢」

229
revolution
[revəljúːʃən]

①革命　②回転　★②は少数。
◆the industrial revolution 「産業革命」
◇revolútionary　形革命の，革命的な
◇revólve　動回転する，循環する

230
quarter
[kwɔ́ːrtər]

4分の1（15分，25セント，四半期など）
◇quárterly　形年4回の　名季刊誌

231
furniture
[fə́ːrnitʃər]

家具
◇fúrnish　動〈家具など〉を備えつける
◇cupboard 発音　名[kʌ́bərd] 食器棚　★pは黙字。
◇clóset　名押し入れ，戸棚

Q The room has few furnitures. はどこがいけない？

A furnitureは不可算名詞で，複数形がなく many，few もつかない。little furniture が○。数えるには a piece/pieces of をつける。

□the human brain	人間の脳
□CO_2 in the earth's atmosphere	地球の大気中の二酸化炭素
□private property	私有財産
□a reward *for* hard work	努力の報酬
□national security	国家の安全保障
□give a cry of delight	喜びの声をあげる

232
brain
[bréin]

脳，頭脳；ブレーン，(集団で)知的指導者
◇bráinstorm　動自発的議論で案を出し合う，ブレインストーミングする

233
atmosphere (多義) (アク?)

①大気，空気　②雰囲気
[ǽtməsfiər]
◇atmosphéric　形大気の

234
property
[prápərti]

①財産，資産　②〈物質の持つ科学的な〉特性(②は少ない)

235
reward
[riwɔ́:rd] (形?)

報酬，ほうび，懸賞金(＋for)　動～に報いる(動詞も多い)
◆reward A with B　「AにBで報いる」
◇rewárding　形やりがいのある

236
security
[sikjúərəti] (形?)

安全，防衛，警備
◇secúre　形安全な，しっかりした　動～を確保する；～を守る
◆social security　「社会保障」

237
delight
[diláit]

大喜び，喜ばしいもの　動～を喜ばせる；喜ぶ(＋in)
◇delíghted　形〈人が〉喜んでいる
◇delíghtful　形〈人を〉楽しませる

Q delightfulとdelightedの違いは？

A ↑(例) a delightful holiday「楽しい休日」
delighted eyes「うれしそうな目」

□a deserted road in the desert	砂漠の人影のない道
□people from different backgrounds	経歴の違う人々
□a trend *toward* fewer children	少子化の傾向
□get 20% of the vote	20%の票を得る
□a negative impact *on* the environment	環境に対する悪い影響
□educational institutions	教育機関

238
desert (アク?)

砂漠 動~を放棄する，見捨てる

名[dézərt] 動[dizə́:rt]

◇desérted 形ひっそりした，人影がない

Q dessertの発音と意味は？ A [dizə́:rt] デザート

239
background (多義)
[bǽkground]

①背景 ②生い立ち，経歴

(例) background to events「できごとの背景」

240
trend
[trénd]

傾向，風潮，流行

◇tréndy 形最新流行の

241
vote
[vóut]

投票，選挙権 動投票する

◆vote for A 「Aに賛成の投票をする」

242
impact (多義)
[ímpækt]

①影響，効果(＝effect) ②衝撃，衝突

◆have an impact on A 「Aに影響を与える」

243
institution (多義)
[instətjú:ʃən]

①機関，組織，施設(大学・病院など) ②制度，慣習

◆social institutions 「社会的制度」

◇ínstitute 名研究所

動〈制度〉を設ける(動はまれ)

□social interaction *with* others	他人との社会的交流
□an alternative *to* oil	石油の代わりになるもの
□*do* no harm *to* children	子供に害を与えない
□a travel agency	旅行代理店
□people's great capacity *to* learn	人間のすばらしい学習能力

244
interaction
[intəræ̀kʃən]

①〈人と人の〉**交流，やりとり**(＝communication)
②**相互作用**　源 inter（互いに）＋act（作用する）
◇interáct　動〈人と〉交流する，つきあう；影響し合う
◇interáctive　形〈メディアが〉双方向の，対話式の

245
alternative

発音？　アク？

代わりのもの，**選択肢**(＋to)
形代わりになる，選択可能な，2つに1つの
[ɔːltə́ːrnətiv]
◇álternate　動〈2つのこと〉を交互にする
形交互の

246
harm
[hɑ́ːrm]

害，危害　動～に害を与える，危害を加える
◆do harm to A　「Aに害を与える」
＝do A harm
◇hármful　形有害な
◇hármless　形無害な
◇dámage　動～に損害を与える　名損害
★damageは人への危害には用いない。

247
agency　多義
[éidʒənsi]

①(政治的)**機関，局**　②**代理店**　③**作用**（③はまれ）
(例) the Central Intelligence Agency「アメリカ中央情報局」＝CIA
◇ágent　名①業者，代理店(員) ②要因(②はまれ)

248
capacity
[kəpǽsəti]　同？

①**能力**(＋to V, for)　②(部屋などの)**収容力，容積**
＝abílity　★主に潜存的な受容力。

□the Italian minister	イタリアの大臣
□a hospital volunteer	病院で働くボランティア
□*have* access *to* the Internet	インターネットを利用できる
□large quantities *of* data	ぼう大な量のデータ
□a branch *of* science	科学の一分野

249
minister
[mínəstər]

①大臣　②牧師
◇mínistry　名(政府の)省
(例) the Defence Ministry 「国防省」

250
volunteer
アク?
形?

ボランティア；志願者　動〜を進んで申し出る
[vɑləntíər]
◇vóluntary　形自発的な，志願の

251
access
アク?

利用する権利；接近，入手(する方法)
★約60%がtoを伴い，約20%がhaveを伴う。
動〈情報など〉を利用する
[ǽkses]　★ただし[æksés]という発音も存在する。
◆have access to A 「Aを利用できる」
◇accéssible　形行ける，利用できる

252
quantity
[kwɑ́ntəti]
反?

量
◆large quantities of A 「多量のA」
⇔quálity　名質

253
branch　多義
[brǽntʃ]

①枝　②支店，支局　③(学問の)部門，分野
◇bough 発音　名[báu] (大)枝
◇trunk　名(木の)幹

(3) Adjectives 形容詞

MINIMAL PHRASES

Tr. 1-53

□a common language	共通の言語
□a rough sketch	大ざっぱなスケッチ
□He *is* likely *to* win.	彼が勝つ可能性が高い
□serious social problems	深刻な社会問題
□a particular character	特有の性質

254
common 多義
[kámən]

①共通の，公共の ②普通の，ありふれた
◆have A in common (with B)「(Bと) Aを共有する」
◆common sense 「常識(的判断力)」
◆the common people 「一般大衆」
◇cómmonplace 形ありふれた

255
rough 多義 発音? 反?

①荒い；手荒い ②大ざっぱな ③つらい，厳しい
[rʌ́f]
⇔smóoth 形なめらかな

256
likely 語法
[láikli]

ありそうな，～する可能性が高い 副たぶん，おそらく
◆be likely to V 「Vする可能性が高い」
◆It is likely that～ 「～する可能性が高い」
◇líkelihood 名可能性，見込み

257
serious
[síəriəs]

①深刻な，重大な ②真剣な，まじめな
★「重病」は，serious illnessだ。heavy illnessとは言わない。

258
particular アク?

①ある特定の；特有の ②好みのやかましい (＋about)
[pərtíkjulər]
◆in particular 「特に」＝particularly

□information available *to* everyone	みんなが利用できる情報
□bilingual children	二言語使用の子どもたち
□I *am* ready *to* start.	出発の用意ができている
□the correct answer	正しい答え
□be familiar *with* Japanese culture	日本の文化にくわしい

259
available
[əvéiləbl]

①手に入る，利用できる
②〈人が〉手が空いている(＝free)
★①の意味では，上のフレーズのように名詞を後から修飾することも多い。
◆be available to A　「Aに利用できる」

260
bilingual
[bailíŋgwl]

二言語使用の　名二言語使用者　源 bi (2)＋lingual (言語の)
◇monolíngual　形一言語使用の
　名一言語使用者　源 mono (1)
◇multilíngual　形多言語使用の
　名多言語使用者　源 multi (多数の)

261
ready　多義
[rédi]

①用意ができた
②(be ready to V) 進んでVする
◆get ready for A　「Aの用意をする」
◇réadily　副快く，進んで；容易に
◇réady-máde　形できあいの，既製の

262
correct
[kərékt]
反？

正しい，適切な(＝right)
動～を訂正する
⇔incorréct　形まちがった(＝wrong)

263
familiar　多義
[fəmíljər]

①〈人が〉熟知している，くわしい
②よく知られた，見覚えのある，親しい
◆A be familiar with B 「A(人)がBをよく知っている」
◆B be familiar to A　「BがA(人)によく知られている」
◇familiárity　名親しい関係，熟知

□physical beauty	肉体美
□The book is worth reading.	その本は読む価値がある
□be involved in the accident	事故に巻き込まれている
□I had a fantastic time.	私はすばらしい時をすごした
□her private life	彼女の私生活

264
physical 
[fízikəl]

①身体の，肉体の(⇔spiritual)　②物理的な；物質の
◇phýsics　名物理学
◇phýsicist　名物理学者

265
worth
[wə́ːrθ]

(be worth A) Aの価値がある
(be worth Ving) Vする価値がある　名価値
◆be worth (A's) while「(Aが)時間[労力]をかける価値がある」
◆be worthy of A「Aの価値がある」

Q His speech is worth ( ).
① listening to　② listening

A ①「彼の話は聞く価値がある」worth + Vingの後に，主語の名詞を置ける形にする必要がある。listening to his speechから考える。

266
involved
[inválvd]

(be involved in A) Aに関係している，参加している
★次のように名詞を後から修飾することが多い。
(例) the people involved「関係する人々」
◇invólve　動～を伴う，含む；～を巻き込む，関係させる
◇invólvement　名かかわり合い，関与

267
fantastic
[fæntǽstik]

すばらしい，空想の(＝unreal)
◇fántasy　名幻想

268
private
[práivit] 

個人の，私有の；私的な，秘密の
⇔públic　形公の，公的な
◆private school「私立学校」
◆in private「内密に，非公式に」
名? ◇prívacy　名プライバシー，秘密

□an obvious mistake	明白なまちがい
□a native language	母語
□a complex system	複雑なシステム
□I'*m* willing *to* pay for good food.	おいしいものにお金を払ってもかまわない
□the current international situation	今日の国際状況

269
obvious
アク?

明白な　★It is obvious that ～も多い。
[ɑ́bviəs]
◇óbviously　副明らかに

270
native
[néitiv]

母国の，原住民の；生まれ故郷の
名(ある土地の)生まれの人
◆Native American　「アメリカ先住民」

271
complex
[kɑmpléks]

複雑な
名[kɑ́mpleks]　①建物の集合体　②強迫観念（名は少数）
◇compléxity　名複雑さ

272
willing
[wíliŋ]

①(be willing to V) Vする気がある，Vしてもかまわない
②積極的な，自発的な　★②は名詞を修飾して。
★①のwilling は必要や要望があればするという意味。be ready to V は準備ができているという意味。
◇wíllingly　副進んで，快く
◇wíllingness　名進んですること[気持ち]

273
current
[kə́:rənt]

最新の，現時点の；広く世に行われる
名流れ，風潮　(例) electric current「電流」
◆current events　「時事問題」
◇cúrrency　名通貨

□male workers	男性の労働者
□the proper use of words	言葉の適切な使い方
□He is capable *of* doing the job.	彼はその仕事をする能力がある
□He is independent *of* his parents.	彼は親から独立している
□positive thinking	積極的な考え方

274
male
[méil] 反?

男の，雄の 名男，雄
⇔fémale 形女の，雌の 名女，雌

275
proper
[prápər] 反?

適切な，ふさわしい；礼儀正しい
⇔impróper 形ふさわしくない，無作法な

276
capable
[kéipəbl] 反?

①～する能力がある，～する可能性がある ②有能な
◆be capable of Ving 「Vする能力[可能性]がある」
⇔incápable 形能力[可能性]がない
◇capabílity 名能力

Q He is capable ( ) this case.
① of handling ② to handle

A ①「彼はこの件を処理できる」

277
independent
[indipéndənt]

独立した(⇔dependent)
◆be independent of A 「Aから独立している」
◇indepéndence 名独立(＋from)
(例) the independence of America from Britain
「アメリカのイギリスからの独立」

278
positive
[pázitiv] 反?

①積極的な，前向きの；肯定的な
②明確な；〈人が〉確信している(＝sure)
⇔négative 「否定の；消極的な」 p. 59
◇pósitively 副確かに，きっぱりと

□a pleasant experience	楽しい経験
□a significant difference	重要な違い
□the former president	前大統領
□a chemical reaction	化学反応
□be upset by the accident	事故で動揺している

279
pleasant
発音?

〈人にとって〉楽しい，愉快な(＝pleasing)；心地よい
[plézənt]
◇pleased 形〈人が〉喜んでいる，満足している
◇please 動～を喜ばす，～を満足させる
名? ◇pleasure 発音 名[pléʒər] 喜び，楽しみ

Q I'm(　)with my new house.
① pleasant ② pleased

A ②「私は新しい家が気に入っている」cf. My new house is pleasant to live in. 「私の新しい家は住み心地がよい」

280
significant
[signífikənt]

①重要な，意味のある ②かなり多くの
(例) a small but significant number「少数だがかなりの[無視できない]数」
◇signíficance 名重要性，意味
動? ◇sígnify 動～を示す，意味する

281
former
[fɔ́ːrmər]

前の，昔の
名(the former)前者(⇔the latter「後者」)
◇fórmerly 副以前は，昔は

282
chemical
[kémikəl] 名?

化学的な 名化学物質
◇chémistry 名化学；(化学的な)性質
◇chémist 名化学者

283
upset
[ʌpsét]

〈人が〉動揺している，取り乱している
動①〈人〉の心を乱す ②〈計画など〉を駄目にする

□from the previous year	前の年から
□keep calm	冷静でいる
□a specific individual	特定の個人
□health-conscious Americans	健康を意識するアメリカ人
□be superior *to* others	他の人よりすぐれている

284
previous
(時間・順序で) 前の，以前の
発音？ [príːviəs]
反？ ⇔fóllowing 形次の，下記の
◇préviously 副以前に，前もって
★the previous night は，「(ある日の) 前日の夜」のことで，last night「昨夜」とは違う。

285
calm
冷静な，静かな 動静まる；～を静める 名静けさ，落ち着き
発音？ [kɑ́ːm]

286
specific
[spəsífik]
①特定の；特有の ②明確な，具体的な
◇specífically 副特に，明確に；正確に言えば
反？ ①⇔géneral 形一般的な

287
conscious
[kɑ́nʃəs]
意識している；意識的な ★A-conscious の形が多い。
(例) class-conscious 「階級意識がある」
fashion-conscious「流行を気にする」
同？ ＝awáre
語法 ◆be conscious of A 「Aを意識している」
◇self-conscious 形恥ずかしがる，人の目を気にする

288
superior
よりすぐれている，まさっている 名上役，上司
アク？ [supíəriər]
反？ ⇔inférior 形より劣っている
◆be superior to A「Aよりすぐれている」
名？ ◇superiórity 名優越，優勢

□an efficient use of energy	効率のよいエネルギーの使い方
□fundamental human rights	基本的人権
□a narrow street	狭い通り
□a reasonable explanation	理にかなった説明
□feel nervous about the future	将来のことで不安になる

289
efficient
アク?
名?

効率がいい，能率的な；〈人が〉有能な
[ifíʃənt]　★語尾 -ient，-ience はその直前の母音にアクセント。
◇effíciency　名 能率

290
fundamental
[fʌndəméntəl]

基本的な，初歩の；根本的な
名 (～s) 基本事項，原則

291
narrow
[nǽrou]
副?

狭い，細い(⇔broad; wide)　動 ～を狭くする
(例) a narrow escape「かろうじて逃れること」
◇nárrowly　副 ①かろうじて，危うく(＝barely)
②狭く

Q「狭い部屋」は？

A a small room 「面積が狭い」は small を用いる。narrow は川，道など細長いものについて言う。

292
reasonable 多義
[ríːznəbl]

①理にかなった，適切な　②〈値段が〉手ごろな，安い
(例) at reasonable prices「手ごろな価格で」

293
nervous
[nə́ːrvəs]　名?

神経質な，不安な；神経の
◇nerve　名 ①神経　②勇気，ずうずうしさ
◆get on A's nerves　「Aの神経にさわる」
◆(the) nervous system　「神経系(統)」

□The brothers look alike.	その兄弟は似ている
□domestic violence	家庭内暴力
□a negative answer	否定的な答え
□make a moral judgment	道徳的な判断をする
□be eager *to* study in the US	アメリカ留学を熱望する
□the brain's remarkable ability	脳のすばらしい能力

294
alike
[əláik]

似ている，**同様な**　副同様に

★Alex looks like Jim. = Alex and Jim look alike.

◆A and B alike　「AもBも同様に」

◇líkewise　副同様に(= similarly)

295
domestic　多義
[dəméstik]

①家庭の，**家庭的な**　(例) a domestic animal「家畜」

②国内の(⇔foreign)　(例) the domestic market「国内市場」

◇doméstícated　形飼いならされた

296
negative
[négətiv]

①否定の，**拒否の**

②**消極的な**

⇔pósitive　「肯定的な；積極的な」 p. 55

297
moral
[mɔ́(:)rəl]

道徳的な，**道徳の**

名(～s；複数扱い)道徳

◇morálity　名道徳(性)

298
eager
[í:gər]

熱望している；**熱心な**

◆be eager to V　「強くVしたがる」★6割以上がこの形。

◇éagerly　副熱心に

299
remarkable
[rimá:rkəbl]

すばらしい，**すぐれた**，**注目すべき**

◇remárk　動～と述べる，言う p. 28

◇remárkably　副著しく，目立って；珍しく

□drive away evil spirits	悪い霊を追い払う
□stay awake all night	夜通し目が覚めている
□his aged parents	彼の年老いた父母
□I am anxious *about* your health.	君の健康が心配だ

300
evil

発音? (道徳的に)悪い，**邪悪な** 名悪，悪事
[í:vəl]

301
awake
[əwéik]

目を覚まして(⇔asleep)
動目覚める；~を目覚めさせる(＝wake)
(awake; awoke; awoken)

語法 ★awake, asleepは名詞の前に置かない。補語として用いる。

動? ◇awáken 動~を目覚めさせる；目覚める

302
aged
[éidʒid]

①年老いた，**老齢の**(＝very old) ②[éidʒd] ~歳の
(例) people aged 65 and over「65歳以上の人」
◆the aged 「高齢者」
◇age 名年齢；時代 動年老いる
◆aging population 「高齢人口」
◆aging society 「高齢化社会」

303
anxious 多義
[ǽŋkʃəs]

①(未知のことを)心配して，**不安な** ②切望して
◆be anxious about A 「Aを心配している」
＝be worried about A
◆be anxious to V 「Vすることを切望する」
＝be eager to V

名? ◇anxiety 発音 名[æŋzáiəti] 心配，不安

Q He is anxious to find a girlfriend. の意味は？

A「彼は恋人を見つけたいと切望している」

□a tough boxer	たくましいボクサー
□nuclear energy	原子力エネルギー
□the British legal system	イギリスの法律の制度
□be curious *about* everything	何にでも好奇心を持つ
□civil rights	市民権

304
tough 多義

①たくましい ②骨の折れる，難しい ③厳しい
[tʌ́f]

305
nuclear
[njúːkliər]
核の，原子力の
◆nuclear weapon 「核兵器」
◆nuclear family 「核家族」
◆nuclear power plant 「原子力発電所」
◆nuclear reactor 「原子炉」

306
legal
[líːgəl] 
合法の，法律の，法的な
⇔illégal 形違法の

307
curious
[kjúəriəs] 名？
①好奇心が強い，知りたがる(+ about) ②奇妙な
◇curiósity 名好奇心；珍奇なもの

308
civil
[sívl]
一般市民の；国内の
◆the Civil War 「南北戦争」
◆civil war 「内戦」
◆the civil rights movement 「(黒人の)公民権運動」
◇civílian 名(軍に対して)民間人

□according to a recent study	最近の研究によると
□a senior member of the club	クラブの先輩の部員

309
recent
[rí:snt]

最近の，近ごろの
◇récently　副最近，先ごろ
◇nówadays　副近ごろ，今日では
★nowadaysは現在形と用いる。現在完了形とはめったに用いない。

Q I often see him recently. の誤りは？

A recentlyは，過去形か現在完了形の文に用い，現在形の文は不可。these days「最近」は，現在・現在完了形の文に用いる。

310
senior
[sí:njər]
反？

〈役職などが〉上級の；先輩の　名(高校・大学の)最上級生，上役
◆senior citizens　「高齢者，お年寄り」＝seniors
⇔júnior　形後輩の，〈地位が〉下級の
★be senior to A「Aよりも年上だ」は，実際にはめったに使われない。名詞のseniorで「年上の人」はあるが，まれ。

● 野菜・果物　ジャンル別 1

□**bean** [bí:n]	豆(科の植物)
□**cabbage** [kǽbidʒ]	キャベツ
□**cucumber** [kjú:kʌmbər]	キュウリ
□**egg plant** [ég plǽnt]	ナス
□**garlic** [gá:rlik]	ニンニク
□**ginger** [dʒíndʒər]	ショウガ
□**lettuce** [létəs]	レタス
□**pea** [pí:]	(さや)エンドウ
□**pear** [péər]	洋ナシ ★ pair「ペア」と同音。
□**spinach** [spínitʃ]	ホウレン草
□**squash** [skwáʃ]	カボチャ，ウリの類 ★ pumpkinはHalloweenの大きなカボチャ。

(4) Adverbs etc.　副詞・その他

MINIMAL PHRASES　Tr. 1-66

□Soon afterward, he left.	その後すぐ彼は去った
□nearly 30 years ago	30年近く前に
□The car is small and therefore cheap.	その車は小さい。それゆえ安い。
□at exactly *the same* time	ぴったり同時に

311
afterward
[ǽftərwərd]

その後，のちに

★《英》は afterwards。アメリカ英語でも～ s は多く，入試では 60％程度が～ s だ。

312
nearly
[níərli]

①ほとんど，ほぼ(＝almost)　②危うく～しかける

◆not nearly　「まったく…ない」＝not at all

◇néarby　副形近くに；近くの

語法 ★nearly は almost と同様，ある状態にまだ達していないことを意味する。たとえば，nearly 60 も almost 60 も，60 より少ないことを表す。

Q He nearly fell into the river. の意味は？

A 「彼は危うく川に落ちそうだった」＝He almost fell into the river.

313
therefore
[ðéərfɔːr]

それゆえに，従って(＝and so)

★thus の方が堅く，so の方がくだけた表現。

314
exactly
[igzǽktli]

正確に，完全に；(強い肯定の答)全くそのとおりです

★Not exactly. は「ちょっと違います」。

◇exáct　形正確な

□He will possibly come.	ひょっとすると彼は来るかもしれない
□contrary *to* expectations	予想に反して
□I occasionally go to the theater.	私はたまに劇場に行く
□Somehow I feel lonely.	なぜか寂しい
□I seldom see him.	彼に会うことはめったにない

315
possibly 多義 語法
[pásəbli]

①ひょっとすると
②(cannot possibly V) どうしてもVできない
◇póssible 形可能な
◇possibílity 名可能性

Q He can't possibly come. の意味は?
A 「彼はどうしても来られない」 cf. He possibly can't come. は「ひょっとすると彼は来られないかもしれない」

316
contrary
[kántrəri]

反対に，逆に 形反対の
◆on the contrary「それどころか；とんでもない」
(例) I didn't find the movie exciting. On the contrary, I nearly fell asleep.
「その映画はおもしろくなかった。それどころか，寝そうになった」
◆contrary to A 「Aに反して」
◆to the contrary「逆の[に]」

317
occasionally
[əkéiʒənəli]

時々，たまに(= on occasion)
★sometimesより低い頻度を示す。
◇occásional 形時々の，時折の

318
somehow
[sʌ́mhau]

①どういうわけか，なぜか
②何とかして，何らかの方法で

319
seldom 語法
[séldəm]

めったに～ない(= hardly ever)
★助動詞またはbe動詞がある場合はその直後にseldomを置く。
(例) This is seldom used.「これはめったに使われない」

□This is smaller and thus cheaper.	この方が小さく，したがって安い
□people throughout the world	世界中の人々
□Unlike my wife, I get up early.	妻と違って私は早起きだ
□Besides being rich, he is kind.	彼は金持ちの上にやさしい
□It's beyond my understanding.	私の理解をこえている

320
thus 多義
[ðʌ́s]

①それゆえ，したがって(＝therefore)★後ろに結果が来る。
②そのように，このように(＝in this way)
③これほど，この程度
★thus ＝ so と考えればどの意味もわかる。

321
throughout
[θru(:)áut]

前〈場所〉のいたる所に，〈時間〉を通して，～の間中
副始めから終わりまで，ずっと；まったく

322
unlike
[ʌnláik]

前～と違って，～に似ず
★unlikeの後にinなどの前置詞が来ることもある。
(例) unlike in Japan「日本でとは異なり」

323
besides
[bisáidz]

前～に加えて，～の上に(＝in addition to)
副その上に　★beside「～の横に」と混同しないように！

324
beyond
[bijánd]

前～の向こうに，～をこえて；～できる範囲をこえて
◆(be) beyond A's control
「Aにはどうすることもできない」
◆(be) beyond the reach of A 「Aがとどかない」
◆beyond doubt 「疑う余地なく」

□within a mile *of* the station	駅から1マイル以内で
□have *neither* time nor money	時間もお金もない
□I'll leave tomorrow unless it rains.	明日雨が降らない限り出発する
□work *every* day except Sunday	日曜以外毎日働く

325
within
[wiðín]

前〈時間・距離〉以内で；～の内部に；～の範囲内で
◆from within (A)「(Aの) 内部から」
◆within A of B 「BからA以内で」
語法 ★普通ofの代わりにfromは用いない。

326
nor
[nɔ́ːr]

接①(neither, noなど否定語の後で) ～もない
②～もまた(…し)ない(＝neither)
語法 ★否定語の後のorはnorと同じ意味。また対句的名詞は無冠詞になることがある。
(例) have no brother or sister
★②はnor＋(助)動詞＋主語の語順。
(例) I don't smoke, nor does she.
「私はタバコは吸わないし，彼女も吸わない」

327
unless
[ənlés]

接～しない限り，～する場合を除いて
★if ... notに近いが，unlessは唯一例外の条件を表すのでexcept ifにより近い。
(例) I'll be surprised if he doesn't come.
「彼が来ないとしたら驚くだろう」
上の例で～unless he comesとしてはいけない。もしそうすると，「彼が来る場合を除いて私は驚く」という意味になりおかしい。

328
except
[iksépt]

前 接～を除いて，～以外は
★普通all, every, noなどとともに使う。文頭には普通置かない。
◆except for A 「Aを除けば，Aがあることを除けば」
★except forは文全体に対する「ただし書き」的に用いる。
(例) The project went very well, except for a few problems.
「いくつか問題はあったが，その計画はうまくいった」
反? ⇔besídes 前～に加えて 副その上に

□You ought to see a doctor.	君は医者に診てもらうべきだ
□in spite of difficulties	困難にもかかわらず
□I don't know whether it is true or not.	本当かどうかわからない

329
ought
[ɔ́ːt]

助(+ to V)〈人は〉Vすべきである
(ought to have Ved) Vすべきだったのにしなかった
★否定形は ought not to V だ。

330
in spite of
[spáit]

前〜にもかかわらず
★ほとんどこの形で使い，in spite of で1つの前置詞と考えてよい。

331
whether
[*h*wéðə*r*]

接①(名詞節を導いて)〜かどうか　★whether + to V も可。
②(副詞節を導いて)〜であろうと(なかろうと)

語法
★副詞節の時は whether 節中で or〜や or not が必ずつく。名詞節の時は or〜があってもなくてもよい。
★whether or not 〜とすることもある。
(例) The sun rises whether we look at it or not.
= The sun rises whether or not we look at it.
「私たちが見ようと見まいと陽は昇る」

● 天気　ジャンル別 2

□**fog** [fɔ́(ː)g]	霧
□**frost** [frɔ́(ː)st]	霜
□**hail** [héil]	あられ，ひょう
□**mist** [míst]	かすみ
□**shower** [ʃáuə*r*]	にわか雨
□**thunder** [θʌ́ndə*r*]	雷鳴
□**thunderstorm** [θʌ́ndəstɔə*m*]	激しい雷雨
□**tornado** [tɔənéidou]	竜巻，トルネード
□**twilight** [twáilait]	夕方，たそがれどき

● 動物　ジャンル別 3

□**animal** [ǽnəml]	動物
□**bat** [bǽt]	コウモリ
□**bull** [búl]	(去勢されていない)雄牛
□**camel** [kǽml]	ラクダ
□**cow** [káu]	乳牛，雌(め)牛
□**deer** [díər]	シカ　★単複同形。
□**donkey** [dáŋki]	ロバ
□**elephant** [éləfənt]	ゾウ
□**fox** [fáks]	キツネ
□**giraffe** [dʒərǽf]	キリン
□**goat** [góut]	ヤギ
□**hare** [héər]	ノウサギ
□**hippopotamus** [hipəpátəməs]	カバ
□**kitten** [kítn]	子ネコ
□**leopard** [lépərd]	ヒョウ
□**lizard** [lízərd]	トカゲ
□**mole** [móul]	モグラ
□**mouse** [máus]	ハツカネズミ
□**ox** [áks]	(去勢した)雄牛 複 **oxen**
□**puppy** [pʌ́pi]	子犬
□**rabbit** [rǽbət]	ウサギ
□**rat** [rǽt]	ドブネズミ
□**reindeer** [réindiər]	トナカイ
□**rhinoceros** [rainásərəs]	サイ＝**rhino**
□**sea lion** [síː láiən]	アシカ＝**eared seal** ★耳がある。
□**seal** [síːl]	アザラシ ★アザラシとアシカの総称。
□**sheep** [ʃíːp]	ヒツジ　★単複同形。
□**snake** [snéik]	ヘビ
□**squirrel** [skwə́ːrəl]	リス
□**turtle** [tə́ːrtl]	カメ
□**wild boar** [wáild bɔ́ːr]	イノシシ
□**wolf** [wúlf]	オオカミ 複 **wolves**
□**zebra** [zíːbrə]	シマウマ

(5) Verbs　動詞

MINIMAL PHRASES

Tr. 1-72

332
□**explain *why* he was late**　彼がなぜ遅れたかを説明する
[iksplέin]
★why, howなど疑問詞をよく伴う。

名?　◇explanátion　名説明

Q Explain me the answer. はなぜ誤り？

A explainはSVOOの文型がない。Explain the answer to me. が正しい。

333
□**accept the truth as it is**　ありのまま真実を受け入れる
[əksépt]

反?　⇔rejéct, refúse　動～を断る
◇accéptable　形容認できる
◇accéptance　名受け入れ，容認

Q receive an invitation と accept an invitation はどう違う？

A receiveだと単に「招待状をもらう」の意味，acceptでは「招待を受け入れる」の意味になる。

334
□**produce enough food**　十分な食料を生産する
[prədjú:s]
～を作る　名農産物

◇próduct　名製品
◇prodúction　名生産(高)
◇prodúctive　形生産的な
◇productívity　名生産性
◇bý-product　名副産物

335
□**Does God really exist?**　神は本当に存在するのか
[igzíst]

名?　◇exístence　名存在；生存，生活(＝life)
◇exísting　形今ある，現存する
◇coexíst　動共存する

Q lead a happy existence の意味は？

A「幸福な生活を送る」

1 (5) 動

336
□**express** my feelings — 私の気持ちを表現する
(アク?) [ikssprés] 名急行

◇expréssion — 名表現；表情
◇expréssive — 形表現力に富む

337
□**add** some milk *to* the soup — スープにミルクを加える
[ǽd] 〈言葉を〉つけ加える

◆add to A — 「Aを増やす」＝increase
◆add up to A — 「合計Aになる」
(名?) ◇addítion — 名追加，増加；足し算
◆in addition (to A) — 「(Aに)加えて，その上」

338
□**avoid** mak*ing* mistakes — まちがいを犯すのを避ける
[əvɔ́id]

◇unavóidable — 形避けられない

Q 動詞を目的語にとるときはどんな形？
A avoid＋Ving ★頻出！

339
□**marry** Mary — メアリと結婚する
[mǽri]

(名?) ◇márriage — 名結婚
◇márried — 形結婚している，既婚の
◆be married (to A) — 「(Aと)結婚している」 ★状態を表す。
◆get married (to A) — 「(Aと)結婚する」(＝＋A)

Q1 Will you ( ) me ?
① marry ② marry with
Q2 He got married ( ) Mary.

A1 ① marryは，「〈人〉と結婚する」という意味では，他動詞。
A2 to (↑)

340
□**protect** children *from* danger — 危険から子供たちを守る
[prətékt]

◇protéctive — 形保護の，保護用の
◇protéction — 名保護

341
□**Alcohol affects the brain.** [əfékt]
アルコールは脳に影響する (= influence)；～に作用する

342
□**determine your future** アク?
君の未来を決定する [ditə́:rmin] 決心する (= decide)

◆be determined to V 「Vすることを決意している」
◇determinátion 名決心，決定

343
□**solve the problem** [sálv]
問題を解決する

名? ◇solútion 名①解決(策)，解答 ②溶解，溶液

344
□**Vegetables contain a lot of water.** [kəntéin]
野菜はたくさんの水を含んでいる
★「〈SにO〉が入っている」と訳せる。

◇contáiner 名容器

345
□**discuss the problem with him** [diskʌ́s]
彼とその問題を議論する (= talk about)

★argueは自分の意見を主張することで，discussは違った意見を出し合って話し合うこと。

◇discússion 名討論，議論

Q Let's discuss about the matter. の間違いは？
A discussは他動詞。前置詞は不要。Let's discuss the matter. が正しい。

346
□**ignore the doctor's advice** [ignɔ́:r]
医者の忠告を無視する

347
□**guess how old she is** [gés]
彼女の年を推測する
～と考える(= suppose) 名推測

348
□**exchange** yen ***for*** dollars [ikstʃéindʒ] — 円をドルに交換する

◆exchange A for B — 「AをBに交換する」

349
□**satisfy** the needs of students [sǽtisfai] — 学生の要求を満たす
～を満足させる

◆be satisfied with A — 「〈人が〉Aに満足している」
名? ◇satisfáction — 名満足
◇satisfáctory — 形(人にとって)満足な，十分な

Q I'm ( ) with your work.
① satisfactory ② satisfied

A ②「私は君の仕事に満足している」
cf. Your work is satisfactory to me.
「君の仕事は，私には満足だ」

350
□**complain** ***about*** the noise [kəmpléin] — 騒音のことで苦情を言う

◆complain (to A) about [of] B — 「(Aに) Bのことで不満を言う」
名? ◇compláint — 名不満，苦情

351
□finally **achieve** the goal [ətʃíːv] — ついに目標を達成する
～を完成する

◇achíevement — 名達成；業績

352
□**enable** people ***to*** live longer [inéibl] — 人々の長寿を可能にする

◆enable A to V — 「AがVすることを可能にする」
= make it possible for A to V
★「SのおかげでAはVできる」と訳すことも多い。

353
□**intend** ***to*** live in America [inténd] — アメリカに住むつもりだ
～を意図する

名? ◇inténtion — 名意図
◇inténtional — 形意図的な

354
□**obtain information about him** [əbtéin]
彼に関する情報を得る
★getより堅い語。

355
□**divide the cake *into* six pieces** [diváid]
ケーキを6個に分割する
名格差，分離

名？
◇divísion 名分割，部門
◆digital divide 「情報格差」

356
□**The noise annoys me.** [ənɔ́i]
その音が私をいらだたせる

◇annóyed 形〈人が〉いらだっている（+ by, with, at）
◇annóying 形〈人を〉いらだたせる
◇annóyance 名いらだち（の原因）

357
□**My opinion differs *from* hers.**
アク？
私の考えは彼女と異なる
[dífər]

◆differ from A 「Aと違う」
◇dífferent 形違った
◇dífference 名違い
◇differéntiate 動～を区別する（= distinguish）

Q We differ (　) opinion. に入る前置詞は？
A in　differ in Aは「Aの点で違う」。differ from Aと混同しないこと。

358
□**how to educate children**
アク？
子供を教育する方法
[édʒukeit]

◇educátion 名教育
◇educátional 形教育に関する
◇éducated 形教育を受けた，教養ある

359
□**borrow** a book *from* a friend　友達から本を借りる
[bárou]

反?　⇔lend　動～を貸す

Q Can I borrow the bathroom? はなぜだめ？
A borrowは「～を無料で借りて持っていく」が普通。動かせない物を一時借りる時は，Can I use～? がよい(ただしお金には利子を払うときもborrowを使う)。

360
□**invent** a time machine　タイムマシンを発明する
[invént]　～を作り出す（＝make up）

◇invéntion　名発明
◇invéntor　名考案者，発明家
◇invéntive　形発明の才がある

361
□**promote** economic growth　経済成長を促進する
[prəmóut]　源 pro（前へ）＋mote（＝move）

◆be promoted　「昇進する」
◇promótion　名昇進；促進

362
□**advise** him *to* eat vegetables　野菜を食べるよう彼に忠告する
発音?　[ədváiz]　～に助言する

◇advíce　アク　名助言，忠告，アドバイス

Q He gave me many advices. はなぜだめ？
A 不可算名詞。a lot of adviceとする。

363
□**retire** *from* work at sixty　60で仕事を辞める
[ritáiər]　退職する，引退する

◇retírement　名退職，引退
★定年で退職するときにretireを使う。単に「仕事をやめる」はquit one's job。

364
□**permit** him *to* go out　彼に外出することを許す
[pərmít]　～を許可する　（～ted; ～ting）

◆permit A to V　「AがVするのを許す」＝allow A to V
名?　◇permíssion　名許可

365
□recommend this book *to* you — あなたにこの本を勧める
[rekəménd]

◆recommend that S＋(should) 原形V 「Vするよう勧める」
◇recommendátion 名推薦(状)

366
□apologize *to* him *for* being late — 遅れたことを彼に謝る
[əpálədʒaiz] ★《英》-se。

◆apologize (to A) for B 「(Aに) Bのことで謝る」
名? ◇apólogy 名謝罪
Q I apologized him. はどこがいけない？
A I apologized to him. が正しい。

367
□inform him *of* his son's success — 息子の成功を彼に知らせる
[infɔ́ːrm]

◆inform A of [about] B 「AにBのことを知らせる」
◆inform A that〜 「Aに〜ということを知らせる」
◇informátion 語法 名情報 ★不可算名詞だ。

368
□oppose their marriage — 彼らの結婚に反対する
[əpóuz]

◆be opposed to A 「Aに反対している」
形? ◇ópposite 形正反対の，逆の
前〜に向き合って，〜の向こう側に
名? ◇opposítion 名反対，対立，抵抗
Q oppose A＝(　)(　) A
A object to A 「Aに反対する」

369
□trust an old friend — 古い友達を信用する
[trʌ́st] 名信用，信頼

◇distrúst 動〜を疑う 名不信

370
□select the best answer — 最良の答えを選ぶ
[səlékt]

◇seléction 名選択
◇seléctive 形選択の，注意深く選ぶ

371
□**praise** him *for* his work [préiz] | 仕事のことで彼をほめる
名ほめること，賞賛

372
□how to **handle** problems [hǽndl] | どう問題に対処するべきか
～にさわる　名取っ手

373
□**propose** a new way [prəpóuz] | 新しいやり方を提案する

★suggestより堅い語。たとえばChef's Suggestions「シェフのおすすめ」と言うが，「結婚の申し込み」はmarriage proposalだ。

◆propose (to A) that S＋(should) 原形V | 「(Aに)～と提案する」
◇propósal | 名申し込み，提案，プロポーズ
◇proposítion | 名提案，申し込み

Q He proposed her to go there.（誤りを正せ）
A He proposed to her that she go［should go］there.「彼女がそこに行くよう彼は提案した」 suggest ▶ p. 5

374
□**breathe** fresh air　発音? | 新鮮な空気を呼吸する
[bríːð]

◇breath　発音 | 名 [bréθ]　息，呼吸

375
□**criticize** him *for* being late [krítəsaiz] | 遅刻したことで彼を非難する
～を批判する（＝find fault with）

名?　◇críticism | 名批判，非難；批評
◇crític | 名批評家，評論家

376
□**overcome** difficulties [ouvərkʌ́m] | 困難に打ち勝つ
～を克服する

377
□**possess** great power　発音? | 大きな力を持っている
[pəzés]　（＝have, own）

語法 | ★進行形にならない。
名?　◇posséssion | 名所有，所有物

378
□**predict** the future [pridíkt] — 未来を予言する
～を予測する

◇prediction — 名 予言，予測
源 pre(先に)＋dict(言う)

379
□**publish** a book [pʌ́bliʃ] — 本を出版する
～を発表する

◇publication — 名 出版(物)，発表

380
□leaves **floating** on the river [flóut] — 川面(かわも)に浮かぶ木の葉
～を浮かべる

381
□**recall** the good old days [rikɔ́:l] — 古き良き時代を思い出す
(＝remember)

382
□**explore** the Amazon River [iksplɔ́:r] — アマゾン川を探検する
～を探究する

◇exploration — 名 探検，探究

383
□**pretend** *to* be asleep [priténd] — 眠っているふりをする
(＝make believe)
★＋to Vが50%。＋Vingは不可。

384
□**absorb** a lot of water [əbzɔ́:rb] — 大量の水を吸収する

◆be absorbed in A — 「Aに没頭する」
◇absorption — 名 吸収；没頭，熱中

385
□He **resembles** his father. [rizémbl] 語法 — 彼は父親に似ている
★進行形にならない。また前置詞は不要。

名? ◇resemblance — 名 類似，似ていること

386
□**tear** the letter to pieces 発音?
ずたずたに手紙を引き裂く
[téər] 裂ける (tear; tore; torn)

Q 同つづり語 tear「涙」の発音は?
A [tíər]

387
□**consume** a lot of energy
[kənsjúːm]
多量のエネルギーを消費する

名?
◇consúmption 名消費
◇consúmer 名消費者
◇tíme-consuming 形時間がかかる

388
□**compete** *with* him *for* the gold medal 発音?
金メダルを目指して彼と競争する
[kəmpíːt] 匹敵する

名? ◇competítion 名競争
形? ◇compétitive 形競争が激しい;競争力がある
◇compétitor 名競争相手

389
□**quit** smok*ing*
[kwít]
タバコをやめる
(= give up, stop)

Q「酒をやめる」は, quit to drink か quit drinking か?
A quit drinking が正しい。stop と同じく, 動名詞を目的語にとる。

390
□**announce** a new plan
[ənáuns]
新しい計画を発表する
~を知らせる

◇annóuncement 名発表, 通知

391
□**react** quickly *to* light
[ri(ː)ǽkt]
光にすばやく反応する
反発する

◇reáction 名反応, 反作用 源 re(= back) + act

392
□**wander** around the streets
[wándər]
街を歩き回る
ぶらつく

393
□**Don't text while driving.** 運転中にメールを送るな
[tékst] 名テキスト, 文章
◆text message 「(携帯電話の) メール」

394
□**generate electricity** 電力を生み出す
[dʒénəreit] 源 gen (生み出す)
◇generátion 名①世代 ②発生 (②は少数)

395
□**score 10 goals** 10点を取る
[skɔ́ːr] ～を得点する 名得点
◆scores of A 「たくさんのA」★scoreには「20」の意味があり, そこから派生した表現。

● 植物① ジャンル別 4

□**bamboo** [bæmbúː]	竹	□**moss** [mɔ́ːs]	コケ
□**cactus** [kǽktəs]	サボテン	□**oak** [óuk]	オーク (ナラ・カシ類)
□**cedar** [síːdə]	スギ	□**palm** [pɑ́ːm]	ヤシ
□**chestnut** [tʃésnʌt]	クリ(の木)	□**pine** [páin]	マツ
□**grass** [grǽs]	草, 牧草	□**redwood** [rédwud]	セコイア
□**ivy** [áivi]	ツタ	□**seaweed** [síːwiːd]	海藻
□**leaf** [líːf]	葉	□**walnut** [wɔ́ːlnʌt]	クルミ(の木)
□**lily** [líli]	ユリ	□**weed** [wíːd]	雑草
□**maple** [méipl]	カエデ	□**willow** [wílou]	柳

(6) Nouns　名詞

MINIMAL PHRASES

Tr. 2-02

396
□the Japanese government [gʌ́vərnmənt] — 日本政府 / 政治
◇góvern — 動~を支配する，統治する
◇góvernor — 名州知事

397
□have little knowledge of English (発音?) — 英語の知識がほとんどない [nálidʒ]　cf. know [nóu]
◆to (the best of) A's knowledge — 「Aの知る限りでは」

398
□the Asian nations [néiʃən] — アジアの諸国 / 国家；国民
(形?)
◇národnal — 形国家の；国民の
◇nationálity — 名国籍
◇nátionalism — 名民族主義；国粋主義
◇nationwíde — 形全国的な，全国規模の

399
□*make* an effort *to* help him [éfərt] — 彼を助けようと努力する
★約20%がmakeを，30%がto Vを伴う。

400
□the Cold War period [píəriəd] — 冷戦時代 / 期間

401
□population growth [pɑpjuléiʃən] — 人口の増加 / 住民，(動物の)個体数
◇pópulate — 動〈場所〉に住む
★受動態(過去分詞)が90%以上。

Q「人口が多い」= have a (　　) population
A large (many不可)「少ない」はsmall。

402
□ *for* peaceful **purposes** [pə́ːrpəs] | 平和的な目的で (= object)

◆for the purpose of A 「Aの目的で」
◆on purpose 「わざと，故意に」

403
□ study human **behavior** (発音?) | 人間の行動を研究する [bihéivjər] ★《英》は behaviour。

(動?) ◇beháve 動ふるまう
◆behave oneself 「行儀よくする」

404
□ **lack** of food [lǽk] | 食糧不足 動～を欠いている

◆for lack of A 「Aの不足のために」
◆be lacking in A 「Aを欠いている」= lack A

405
□ learn basic **skills** [skíl] | 基本的な技術を学ぶ

◇skilled 形熟練した
◇skíllful 形上手な

406
□ the sound **quality** of the CD [kwɑ́ləti] | CDの音質 性質 形良質の

407
□ *the* natural **environment** [inváiərənmənt] | 自然環境

(形?) ◇environméntal 形環境の
◆environmental pollution 「環境汚染」
◇environméntalist 名環境保護主義者

408
□ *play* an important **role** [róul] | 重要な役割を果たす (= part)

◆play a role in A 「Aで役割を果たす」

Q roleと同音の単語は？ A roll「転がる」

409
□ a positive **attitude** *toward* life (アク?) | 人生に対する前向きな態度 [ǽtitjuːd] 考え方，姿勢

1 (6) 名

410 □the author of this passage [ɔ́:θər]	この文章の筆者 著者（＝writer）
411 □scientific research [rísə:rtʃ]	科学的な研究 調査　動（～を）研究［調査］する
412 □an opportunity *to* talk to her アク?	彼女と話す機会 [ɑpərtjú:nəti]　★＋to Vが多い。
413 □a source of information [sɔ́:rs]	情報源 出所
414 □carbon dioxide [ká:rbən]	二酸化炭素
415 □the shape of her nose [ʃéip]	彼女の鼻の形 動～を形作る
◆be in (good) shape	「体調がよい，よい状態だ」
416 □the advantage *of* membership [ədvǽntidʒ]	会員の利点 有利
反? ⇔disadvántage	名不利
◇advantágeous	形〈人にとって〉有利な
◆take advantage of A	「Aを利用する，A〈人〉につけこむ」
417 □a method of teaching English [méθəd]	英語を教える方法 ★wayよりも堅い言葉。
418 □be in the habit of reading in bed [hǽbit]	ベッドで本を読む習慣がある くせ　★＋to Vは不可。
◆eating habit	「食習慣」
◇habítual	形習慣的な

419	□remember the **details** of the story [dí:teil]	話を**細部**まで覚えている 詳細
形?	◇détailed	形くわしい
	◆in detail	「くわしく，細かに」
420	□within walking **distance** of my house [dístəns]	私の家から歩ける**距離**で 源 dis（離れて）＋stance（立つ）
形?	◇dístant	形遠い
	◆in the distance	「遠くで」
421	□A large **crowd** gathered. 発音?	大**群衆**が集まった [kráud] 動群がる
形?	◇crówded	形混み合った，満員の
422	□the best known **instance** [ínstəns]	最もよく知られた**例** （＝example）；場合（＝case）
	◆for instance	「たとえば」
423	□a strong **desire** *to* be a singer [dizáiər]	歌手になりたいという強い**願望** 欲望 ★過半数がto Vを伴う。動～を望む
	◇desírable	形望ましい
424	□the **standard** of living アク?	生活**水準** [stǽndərd] 基準，標準 形標準の
425	□a difficult **task** [tǽsk]	難しい**仕事** ★大きなプロジェクトの一部や，苦労する仕事が多い。
426	□for future **generations** [dʒenəréiʃən]	未来の**世代**のために

427
□ *take* **responsibility** *for* the accident　事故の責任をとる
[rispɑnsəbíləti]

◇respónsible　形責任がある；信頼できる；原因となる
⇔irrespónsible　形無責任な，責任のない

428
□ **experiment**s with animals　動物を用いる実験
[ikspérimənt]　動実験する

◇experiméntal　形実験的な

429
□ a professional **athlete**　プロの運動選手
(アク？)　[ǽθliːt]　運動の得意な人

◇athlétic　形運動の
(例) an athletic meet(ing)　「運動会」
◇athlétics　名運動競技

430
□ only a **decade** ago　ほんの10年前に
(アク？)　[dékeid]　源 dec (10)

431
□ a **loss** of $5,000　5,000ドルの損失
[lɔ́(ː)s]

◆be at a loss　「途方に暮れる」
◇lose　動①～を失う　②〈試合など〉に負ける　③〈時計が〉遅れる
◇lost　形道に迷った；途方に暮れた

432
□ have a high **fever**　高熱を出している
(発音？)　[fíːvər]　熱病，熱狂

433
□ the **theory** of relativity　相対性理論
[θíəri]

◆in theory　「理論的には」
⇔in practice　「実際には」
(形？)　◇theorétical　形理論的な，理論上の

434
□read the following **statement** [stéitmənt]
次の記述を読む
言葉；声明
◇state
動～を述べる，言う p. 331

435
□a **professor** at Boston University [prəfésər]
ボストン大学の教授
◇tútor
名チューター（大学の個別指導教官），家庭教師

436
□the basic **functions** of a computer [fʌ́ŋkʃən]
コンピュータの基本的機能
役割 動機能する，働く

437
□the **surface** of the earth [sə́ːrfis]
地球の表面
形表面の，うわべの
源 sur（上の）＋ face（顔）

438
□put the letter in a pink **envelope** [énvəloup]
ピンクの封筒に手紙を入れる

439
□an international **organization** [ɔːrgənizéiʃən]
国際的な組織
機関，団体 ★《英》-sation。
（例）World Health Organization
「（国連の）世界保健機関」（略 WHO）
◇órganize
動～を組織する；～をまとめる

440
□Japan's foreign **policy** [pálisi]
日本の外交政策
方針

441
□natural **resources** [ríːsɔːrs]
天然資源
財源；手段 ★複数形が80％を超える。

442
□the **contrast** between light and shadow [kántræst]
光と影の対比
差異 動[kəntrǽst] 対照をなす
◆in contrast to［with］A
「Aと対照的に」
◆in［by］contrast
「これに対して」★前文を受けて用いる。

443
□a **flood** of information 発音? | 情報の洪水 [flʌ́d] 殺到

444
□look for a **mate** [méit] | 連れ合いを探す つがい 動つがう

445
□buying and selling **goods** [gúdz] | 商品の売り買い ★複数扱い。品物(＝merchandise, commodity)

446
□humans and other **creatures** 発音? | 人間と他の動物 [kríːtʃər] (＝animal)
◇creáte | 動 [kriéit] ～を作り出す

447
□changes in social **structure** [strʌ́ktʃər] | 社会構造の変化
◇restrúcture | 動～を再編成する，再構築する
◇restrúcturing | 名人員削減(リストラ)，再編成
◇ínfrastructure | 名インフラ ★道路，水道，電気など社会基盤施設。

448
□history and **tradition** [trədíʃən] | 歴史と伝統 慣習；言い伝え
◇tradítional | 形伝統的な，慣習的な

449
□lose **weight** 発音? | 体重を減らす [wéit] 重さ ★ghは発音しない。
◆put on weight | 「太る」＝gain weight
◇length | 名長さ(←long)
◇width 発音 | 名 [wídθ] 幅，広さ(←wide)
◇depth | 名深さ(←deep)

450
□give money to **charity** [tʃǽrəti] | 慈善のために寄付する
◇cháritable | 形寛容な，情け深い

451
□the average American citizen [sítizn] | 平均的アメリカ市民 / 国民
◇cítizenship | 名市民権

452
□make a good impression on him [impréʃən] | 彼によい印象を与える
◇impréss | 動〈人〉を感心させる
◇impréssive | 形見事な，印象的な

453
□a popular cartoon character [kɑːrtúːn] | 人気マンガのキャラクター

454
□a long career as an actress アク？ | 女優としての長い経歴 / [kəríər] （専門的な）職業

455
□a site for a new hotel [sáit] | 新しいホテルの用地 / 場所，位置
◇Wébsite | 名（インターネットの）ウェブサイト

456
□train passengers [pǽsendʒər] | 列車の乗客

457
□violence on TV [váiələns] | テレビにおける暴力 / 激しさ
形？ ◇víolent | 形乱暴な，暴力的な；激しい

458
□low-income families [ínkʌm] | 低所得の家族 / 収入

Q 「多い収入」「少ない収入」は？

A a high [large] income, a low [small] income。expensiveやcheapは×。

459
□the average temperature in Paris | パリの平均気温
[témpərətʃər] | 温度，体温

460
□*the* majority *of* students | 大多数の学生
[mədʒɔ́(:)rəti]
反？ ⇔minórity | 名少数派，少数民族
◇májor | 形主要な　動専攻する p. 337

461
□the origin of language | 言語の起源
アク？ | [ɔ́(:)ridʒin]　生まれ，出身
◇oríginal | 形①最初の　②独創的な
名原物，原型，原作
動？ ◇oríginate | 動起こる，始まる
◇originálity | 名独創性

462
□study English literature | 英文学を研究する
[lítərətʃər] | 文献，論文
(例) scientific literature | 「科学文献」

463
□office equipment | オフィスの設備
[ikwípmənt] | 用具，機器　★不可算名詞。
◇equíp | 動～を装備させる　(p. 124)

464
□talk to a stranger | 見知らぬ人に話しかける
[stréindʒər] | (場所に) 不案内な人
Q I'm a stranger around here. の意味は？ | A「この辺はよく知らないんです」

465
□strength and weakness | 強さと弱さ
発音？ | [stréŋkθ]　★strongの名詞形だ。
◇stréngthen | 動～を強くする，強化する
(⇔weaken)

466
□**the planet Earth** [plǽnit] — 地球という惑星

◇Mércury — 名 水星
◇Vénus — 名 金星
◇Mars — 名 火星
◇Júpiter — 名 木星
◇Sáturn — 名 土星

★Uranus「天王星」; Neptune「海王星」; Pluto「冥王星」

467
□**Truth is stranger than fiction.** [fíkʃən] — 事実は小説よりも奇なり 諺

◇fíctional — 形 架空の，虚構の

468
□**science and religion** [rilídʒən] — 科学と宗教

◇relígious — 形 宗教の，信心深い

469
□**environmental pollution** [pəljúːʃən] — 環境汚染

◇pollúte — 動 ～を汚染する
◇pollútant — 名 汚染物質，汚染源

470
□**wealth and power** [wélθ] — 富と権力
財産（＝riches）

形？ ◇wéalthy — 形 裕福な，豊富な

471
□**sign an official document** [dákjumənt] — 公文書にサインする
書類

472
□**make a $2 million profit** [práfit] — 200 万ドルのもうけを得る
利益 ★主に金銭的な利益。

◇prófitable — 形 有益な，もうかる

1 (6) 名

473
□**the technique of film-making** 映画作りの技術
アク? [tekní:k]

◇téchnical 形技術の，専門の
◆technical term 「専門用語」

474
□**express emotions** 感情を表現する
[imóuʃən]

形? ◇emótional 形感情的な，感動的な

475
□**a natural phenomenon** 自然現象
[finámənan] ★複数形 phenomena [finámənə]

476
□**a horror movie** 恐怖映画
[hɔ́(:)rər] 嫌悪感

形? ◇hórrible 形身の毛がよだつ，ひどい
◇hórrify 動～をぞっとさせる

477
□**climb a ladder** はしごを登る
[lǽdər] ★walk under a ladderは不吉とされる。

478
□**8 billion people** 八十億の人々
[bíljən]

◇míllion 名100万

479
□**the social status of women** 女性の社会的地位
[stéitəs] 身分

（例）a status symbol 「ステイタスシンボル，地位の象徴」

480
□**modern youth** 現代の若者
[jú:θ] 青年期；若さ

◇yóuthful 形若々しい，若い，若者の

481
□ have confidence *in* my ability [kánfidəns] | 自分の能力に自信がある 信頼
◇self-cónfidence | 名 自信
◇cónfident | 形 確信している，自信がある
◇confidéntial | 形 秘密の(＝secret)

482
□ the edge of the Pacific Ocean [édʒ] | 太平洋の周辺 縁(ふち)；(町などの) はずれ
◆be on the edge of A | 「Aのせとぎわにある」

483
□ household goods [háushould] | 家庭用品

484
□ a great scholar [skálər] | 偉大な学者
◇schólarship | 名 奨学金

485
□ according to a new survey [sə́ːrvei] | 新しい調査によると 動 [səːrvéi] ～を調査する
★アクセントは，名詞が前，動詞が後ろだ。

486
□ a vocabulary of 5,000 words [voukǽbjəleri] | 5,000 語の語彙

487
□ a natural enemy [énəmi] | 天敵

488
□ a bridge *under* construction [kənstrʌ́kʃən] | 建設中の橋
◇constrúct | 動 ～を建設する，〈理論など〉を構築する
◇constrúctive | 形 建設的な

489
□ a lecture *on* history [léktʃər] | 歴史に関する講義 動 (～に) 講義をする

490
□follow his **instructions** [instrʌ́kʃən] | 彼の**指示**に従う 教育

◇instrúct | 動~を指示する，指導する（＝teach）
◇instrúctor | 名指導者，教師
◇instrúctive | 形ためになる，教育的な

491
□get over the economic **crisis** [kráisis] | 経済**危機**を乗り越える

形？ ◇crítical | 形①重大な，危機の　②批判的な

Q 複数形とその発音は？ | A crises [kráisiːz]

492
□a dentist's **instrument** アク？ | 歯医者の**道具** [ínstrəmənt]　器具；楽器

◆musical instrument | 「楽器」

493
□grow various **crops** [krɔ́p] | さまざまな**作物**を育てる 収穫（量）

494
□a laser **weapon** 発音？ | レーザー**兵器** [wépən]　武器

495
□an electronic **device** [diváis] | 電子**装置** 手段，工夫

動？ ◇devíse | 動~を工夫する，考案する
◇applíance | 名（電気・ガス）器具　(▶ p. 295)

496
□the **path** *to* victory [pǽθ] | 勝利への**道** 進路；軌道

◇ávenue | 名大通り，…街

497
□predict **earthquakes** [ə́ːrθkweik] | **地震**を予知する

◇quake | 名地震；揺れ　動ふるえる

498
□a clear mountain **stream** [strí:m] | きれいな山の**小川** 流れ 動流れる

499
□the **notion** of freedom [nóuʃən] | 自由の**概念** 考え（＝idea）

500
□a tree in the **yard** [já:rd] | **庭**の木 ヤード（長さの単位）

★a yard = three feet ≒ 0.91m

501
□**victims** of the war [víktim] | 戦争の**犠牲者** 被害者；いけにえ

502
□run out of **fuel** [fjú(:)əl] | **燃料**を使い果たす

503
□the common **ancestors** of all humans アク? | すべての人類の共通の**祖先** [ǽnsestər]

反?
⇔descéndant | 名子孫
◇áncient | 形古代の
◇áncestry | 名（集合的に）先祖，血統

504
□the rich **soil** of the Nile River [sɔ́il] | ナイル川の豊かな**土壌** 土，土地

505
□a **debate** on education [dibéit] | 教育についての**討論** 動（～を）討論する

506
□a violent **crime** [kráim] | 凶悪**犯罪**

◇críminal | 名犯罪者 形犯罪の

507
□**my friends and colleagues** (アク?) | 私の友人と同僚
[káli:g] ★主に知的専門職に使う。

508
□**take a book from the shelf** [ʃélf] | たなから本を取る
★複数形 shelves。

509
□**analysis *of* DNA** (アク?) | DNAの分析 ★普通不可算名詞。
[ənǽlisis] ★複数形は analyses。

(動?) ◇ánalyze | 動~を分析する ★《英》-se。
◇ánalyst | 名解説者，専門家

510
□**stars in the universe** [jú:nəvə:rs] | 宇宙の星
世界

(形?) ◇univérsal | 形普遍的な，全世界の

511
□**a machine run by electricity** [ilektrísəti] | 電気で動く機械

◇eléctric | 形電気の，電動の
◇electrónic | 形電子(工学)の
◇eléctrical | 形電気に関する

512
□**social insects like ants** [ínsekt] | アリのような社会性昆虫

源「体が節に分かれた」の意味。section と同語源。

513
□**be caught in a spider's web** [wéb] | クモの巣にかかる
網

(例) a web of expressways | 「高速道路網」
◆the World Wide Web | 「(インターネットの)ワールド・ワイド・ウェブ」

◇nest | 名(鳥・虫などの)巣

514
□a heavy storm [stɔ́ːrm] — 激しい嵐

515
□have plenty *of* time [plénti] — 十分な時間がある
(肯定文で)たくさん，多数，多量
★80%以上がplenty of Aの形だ。Aには可算名詞も不可算名詞も可。

516
□land suitable for agriculture (アク?) — 農業に向いた土地 [ǽgrikʌltʃər]
(形?) ◇agricúltural — 形農業の

517
□the gene for eye color [dʒíːn] — 目の色を決める遺伝子
源gen(生み出す)
(形?) ◇genétic — 形遺伝子の
◇genétics — 名遺伝学 ★単数扱い。
遺伝的特徴 ★複数扱い。
◆genetic engineering — 「遺伝子工学」

518
□evidence of life on Mars [évidəns] — 火星に生物がいるという証拠
★不可算名詞。(+of, that～)
(形?) ◇évident — 形明らかな

519
□*have* serious consequences [kɑ́nsikwens] — 重大な結果をまねく
(=result)
★consequenceはしばしば良くない結果を暗示する。
◇cónsequently — 副その結果として(=as a result)

520
□the mother-infant relationship [ínfənt] — 母親と幼児の関係
◇ínfancy — 名幼年時代

1 (6) 名

521	
□have no **leisure** time for sports 発音?	スポーツをする暇がない [lí:ʒər]
	★**leisure**には娯楽の意味はない。日本語の「レジャー」は，**leisure activity**に近い。
◇pástime	名娯楽，気晴らし
522	
□the gray **cells** of the brain [sél]	灰色の脳細胞 電池
◆fuel cell	「燃料電池」
◆cell phone	「携帯電話」＝cellular phone
523	
□have musical **talent** [tǽlənt]	音楽の才能がある 才能のある人
	★日本語の「(テレビ)タレント」は**personality**。
◇tálented	形才能のある
524	
□newspaper **advertising** アク?	新聞広告 [ǽdvərtaiziŋ] 宣伝活動
◇advertísement	名広告，宣伝 ★可算名詞が多い。短縮形**ad**，**ads**がよく使われる。
◇ádvertise	動(～を)宣伝する
◇propagánda	名(主義・思想の)宣伝 ★偏った情報。
525	
□increase *to* some **extent** [ikstént]	ある程度まで増える 範囲，限度
◆the extent to which ～	「～する程度[範囲]，どれほど～か，どの程度～か」
◆to the extent that ～ ＝to such an extent that ～	「～するほど，～という点で」
526	
□take out the **garbage** [gá:rbidʒ]	ゴミを出す 生ゴミ，がらくた

(7) Adjectives　形容詞

MINIMAL PHRASES　Tr. 2-20

527
□**the general public**　一般大衆
[dʒénərəl]　全体的な

◆in general　「一般に，一般の」
◇génerally　副一般に；たいてい
◇géneralize　動(～を)一般化する
◇generalizátion　名一般化

528
□**various kinds of flowers**　さまざまな種類の花
[véəriəs]　(＝varied)

名？
◇varíety　名多様(性)，変化
◆a variety of A　「さまざまなA」＝various
◇váry　動変わる，さまざまである；～を変える p. 19

529
□**be similar *to* each other**　お互いに似ている
[símələr]

◆be similar to A　「Aに似ている」
◇similárity　名類似(点)
◇líkewise　副同じように，同様に(＝similarly)

530
□**a complete failure**　完全な失敗
[kəmplí:t]　動～を完成する

反？
⇔incompléte　形不完全な
◇complétely　副すっかり，完全に

531
□**a sharp rise in prices**　物価の急激な上昇
[ʃá:rp]　鋭い

Q 下のsharpの意味は？
The store closes at eight sharp.

A 「その店は8時ちょうどに閉まる」
sharp = exactly 「きっかりに」

1 (7) 形

532

□an **expensive** restaurant [ikspénsiv]	高価なレストラン 金のかかる(=costly)
⇔inexpénsive	形安価な
名? ◇expénse	名費用, 経費, 犠牲
◇expénditure	名支出

533

□a **political** leader アク?	政治的な指導者 [pəlítikəl]
◇politics アク	名[pálətiks] 政治;政策;政治学
◇politícian	名政治家

534

□be **aware** *of* the danger [əwéər]	危険に気づいている 意識している(=conscious)
◆be aware of A	「Aに気づいている, 意識している」
◆be aware that~	「~に気づいている」
◇awáreness	名意識, 認識

535

□**ancient** Greece and Rome 発音?	古代のギリシャとローマ [éinʃənt]
◇áncestor	名先祖

536

□a **medical** study [médikəl]	医学の研究 医療の
◆medical care	「医療, 治療」
◇médicine	名薬;医学
◇medicátion	名薬物, 薬剤(=medicine);医薬, 投薬(治療)

537

□Water is **essential** *to* life. アク?	水は生命に不可欠だ [isénʃəl] 本質的な
名? ◇éssence	名本質

538

□a **huge** city [hjú:dʒ]	巨大な都市 莫大な

539
□a **terrible** accident [térəbl] — ひどい事故
恐ろしい

(動?) ◇térrify — 動～を恐れさせる
◇térrified — 形〈人が〉おびえている，恐れる
◇térrifying — 形恐ろしい
(名?) ◇térror — 名恐怖；テロ
◇térrorism — 名テロリズム

540
□**practical** English [prǽktikəl] — 実用的な英語
現実的な

◇práctically — 副① ほとんど(＝almost)
② 実際的に

541
□the **entire** world [intáiər] — 全世界
完全な(＝whole)

◇entírely — 副完全に(＝completely, altogether)

542
□my **favorite** food [féivərət] — 私のいちばん好きな食べ物
名お気に入りの物［人］

★「いちばん」の意味があるから most はつかない。

543
□enjoy a **comfortable** life (発音?)(アク?) — 快適な生活を楽しむ
[kʌ́mfərtəbl] くつろいだ(＋with)

(例) Make yourself comfortable [at home]. — (来客に)「楽にしてください」
(名?) ◇cómfort — 名快適さ，慰め　動～を慰める
◇discómfort — 名不快

544
□a **minor** problem [máinər] — 小さい問題
重要でない

(反?) ⇔májor — 形主要な，より大きい p. 337
◇minórity — 名少数，少数派；少数民族
◆minority group — 「(一国の中での)少数民族」

1 (7) 形

545
□**a typical American family** 発音? — 典型的なアメリカの家族 [típikl]

◆be typical of A 「典型的なAである，Aに特有である」

546
□**an ideal place to live** [aidíːəl] — 生活するのに理想的な土地 名理想

547
□**the principal cities of Europe** [prínsəpl] — ヨーロッパの主要な都市 名校長

★principle「原則」と同音。

548
□**the most appropriate word** [əpróupriət] — 最も適切な単語 (＝suitable)

反? ⇔inapprópriate 形不適切な

549
□**an empty bottle** [émpti] — からのビン 動〜をからにする

550
□**rapid economic growth** [rǽpid] — 急速な経済成長

◇rápidly 副急速に

551
□**a mental illness** [méntəl] — 精神の病 知能の

反? ⇔phýsical 形肉体の(＝bodily)
名? ◇mentálity 名思考方法，心的傾向

552
□**an excellent idea** [éksələnt] — すばらしいアイディア 優秀な

動? ◇excél 動優れている；〜にまさる
◇éxcellence 名優秀さ

553
□when it's **convenient** *for* you　君の都合がいいときに
[kənvíːniənt]　便利な
◇convénience　名便利さ，便利な道具
Q Call me when you are convenient. の誤りは？　A「君の都合がよい」はit is convenient for youと言う。

554
□**potential** danger　潜在的な危険
[pəténʃəl]　可能性のある　名潜在能力，可能性
◇pótent　形強い効果を持つ

555
□**financial** support from the US　アメリカからの財政的援助
[fainǽnʃəl]
◇fínance　名財政

556
□an **enormous** amount of damage　ばく大な額の損害
[inɔ́ːrməs]　巨大な
同? =huge, vast

557
□a **rare** stamp　珍しい切手
[réər]
◇rárely　副めったに～ない(=seldom)

558
□**artificial** intelligence　人工知能（AI）
[ɑːrtəfíʃəl]　不自然な
反? ⇔nátural　形自然な

559
□a **tiny** kitten　ちっちゃな子猫
[táini]　ごく小さい

560
□spend **considerable** time　かなりの時間を費やす
[kənsídərəbl]
★considerateは「思いやりがある」。
◇consíderably　副かなり

1 (7) 形

561
□Her skin is **sensitive** *to* sunlight. [sénsətiv] | 彼女の肌は日光に**敏感だ**

◇sénsible 形賢明な，分別のある
◇sensitívity 名感受性，敏感さ

Q a（ ）approach to the problem ① sensible ② sensitive
A ①「問題に対する賢明な取り組み方」

562
□high **intellectual** ability [intəléktʃuəl] | 高度な**知的**能力 名知識人

名? ◇intellect アク 名[íntəlekt] 知性
◇intélligence 名知能，知性；情報(部)，諜報機関
◆artificial intelligence「人工知能」(AI)

Q intelligentとintellectualはどう違う？
A intelligentは人や動物の知能が高いことだが，intellectualは人に限られ，高度な知性・教養を持つという意味。

563
□Salty food makes you **thirsty**. [θə́:rsti] | 塩分の多い食事で**のどが渇く** 渇望している

◇thirst 名渇き，渇望

564
□be **polite** to ladies [pəláit] | 女性に対して**礼儀正しい**

反? ⇔impolíte 形不作法な，無礼な

565
□**accurate** information | **正確な**情報
アク? [ǽkjərət]

同? ＝exáct
名? ◇áccuracy 名正確さ

566
□**rude** behavior [rú:d] | **失礼な**振る舞い 不作法な（＝impolite）

567
□pay **sufficient** attention (アク?) | 十分な注意を払う [səfíʃənt] (=enough)

(反?) ⇔insuffícient | 形不十分な

568
□**urban** life [ə́ːrbən] | 都会の暮らし

569
□**temporary** loss of memory [témpəreri] | 一時的な記憶喪失

570
□a **primitive** society [prímətiv] | 原始的な社会 未開の

571
□**permanent** teeth [pə́ːrmənənt] | 永久歯

(反?) ⇔témporary | 形一時的な，長く続かない

572
□the care of **elderly** people [éldərli] | 高齢者のケア ★oldよりていねい。

◆the elderly | 「(集合的に)高齢者」

573
□**severe** winter weather [sivíər] | 厳しい冬の天候 〈痛みなどが〉ひどい

574
□a **brief** explanation [bríːf] | 簡潔な説明 短い(=short)

◆in brief | 「手短に言うと」

1 (7) 形

575
□**a mobile society** 流動的な社会
[móubəl] 動きのある

◆mobile phone 「携帯電話」《英》= cell phone《米》
名? ◇mobílity 名動きやすさ，流動性

576
□**the latest news from China** 中国からの最新のニュース
[léitist]

源 late「遅い」の最上級。

577
□**military aid to Israel** イスラエルへの軍事的援助
[míləteri] 名軍隊，軍部

578
□**strict rules** 厳しい規則
[stríkt]

◆strictly speaking 「厳密に言えば」

579
□**a solid state** 固体の状態
[sálid] がっしりした 名固体

反? ⇔líquid 形液体の 名液体
◇solidárity 名団結，連帯

580
□**say stupid things** ばかなことを言う
[stjúːpid]

581
□**biological weapons** 生物兵器
[baiəládʒikəl] 生物学的な

◆biological clock 「体内時計，生物時計」
名? ◇biólogy 名生物学
◇biólogist 名生物学者

(8) Adverbs etc.　副詞・その他

MINIMAL PHRASES

Tr. 2-29

582
□**Probably** he won't come. [prábəbli] | おそらく彼は来ないだろう

◇próbable | 形ありそうな，起こりそうな
★形式主語構文で使うことが多い。

◇probabílity | 名見込み，可能性
★probablyは，十中八九ありそうな場合に用いる。maybe, perhaps, possiblyは，可能性が50%以下の場合に用いる。

583
□I **hardly** know Bill. [háːrdli] | ビルのことはほとんど知らない

◆hardly ... when [before] ～ | 「…してすぐに～した」

Q I studied (　　).
① hard ② hardly

A ① hardlyに「一生けんめいに」の意味はない。

584
□leave **immediately** after lunch [imíːdiətli] | 昼食後すぐに出発する

◇immediate アク | 形目の前の，直接の，即座の
[imíːdiət] ★-ateは2つ前にアクセント。

585
□He **eventually** became president. [ivéntʃuəli] | ついに彼は大統領になった
結局（＝finally）

同熟？ ＝at last, in the end

586
□a **frequently** used word [fríːkwəntli] | しばしば使われる言葉
（＝often）

◇fréquent | 形よく起きる，高頻度の
◇fréquency | 名頻度

587
□an **extremely** difficult problem [ikstrí:mli]
非常に難しい問題

◇extréme
形極端な，過激な　名極端

588
□**gradually** become colder [grǽdʒuəli]
だんだん冷たくなる

◇grádual
形徐々の，段階的な

589
□**instantly** recognizable songs [ínstəntli]
すぐにそれとわかる歌
(＝immediately)

◇ínstant
名瞬間　形瞬時の

590
□He is rich; **nevertheless** he is unhappy. [nevərðəlés]
彼は金持ちだが，それにもかかわらず，不幸だ

◇nonetheléss
副それにもかかわらず

591
□He's kind; **moreover**, he's strong. [mɔ:róuvər]
彼は親切で，その上強い
(＝besides)

同？ ＝fúrthermore
副その上，さらに，しかも

592
□**relatively** few people [rélətivli]
比較的少数の人々
相対的に

同？ ＝compáratively
副比較的

◇rélative
形相対的な，比較上の　名親せき

593
□an **apparently** simple question
アク？
一見簡単な問題
[əpǽrəntli]　見たところでは

★Apparently he is old. = It appears that he is old.

◇appárent
形①明らかだ　②外見上の，うわべの
★補語は①の意。名詞限定では②が多い。

Q 訳しなさい。
1) The difference became apparent.
2) the apparent difference

A
1)「違いが明らかになった」
2)「見かけ上の違い」

594
□I will **definitely** not marry you. [défineɪtli] — 絶対あなたとは結婚しない
はっきり，確かに；〈返事で〉そのとおり

◇définite — 形明確な，確実な
◇indéfinitely — 副漠然と

595
□**largely** because of the problem [lá:rdʒli] — 主にその問題のせいで

同？ = máinly, chíefly

596
□The class is **mostly** Japanese. [móustli] — クラスの大部分は日本人だ
たいていは

(例) I sometimes drink whisky, but mostly I drink beer. 「私は時にはウイスキーも飲むが，たいていはビールを飲む」
★このようにsometimesと対照的に使われることがある。

597
□**approximately** 10,000 years ago [əpráksəmətli] — およそ1万年前
(＝about)

◇appróximate — 形おおよその

598
□stay **overnight** in his house [óuvərnáit] — 彼の家で一晩泊まる
一晩中　形一泊の

599
□**accidentally** discover an island [æksidéntli] — 偶然島を発見する
誤って，うっかり

◇accidéntal — 形偶然の，思いがけない

600
□He lost **despite** his efforts. [dispáit] — 前努力にもかかわらず彼は負けた
★despiteは前置詞。

同熟？ = in spite of

1 (8) 副

● 虫　ジャンル別 5

□ **ant** [ǽnt]	アリ
□ **bee** [bíː]	ハチ
□ **beetle** [bíːtl]	カブトムシ，甲虫
□ **bug** [bʌ́g]	①虫 ②(プログラムの)バグ
□ **butterfly** [bʌ́tərflai]	チョウ
□ **caterpillar** [kǽtərpilər]	イモムシ，毛虫
□ **cicada** [səkéidə]	セミ
□ **cockroach** [kákroutʃ]	ゴキブリ
□ **flea** [flíː]	ノミ ★flea market「ノミの市」は中古品を扱うのでノミが出てくる。
□ **fly** [flái]	ハエ
□ **mosquito** [məskíːtou]	カ
□ **moth** [mɔ́(ː)θ]	ガ
□ **snail** [snéil]	カタツムリ
□ **spider** [spáidər]	クモ
□ **wasp** [wáːsp]	ジガバチ，スズメバチ
□ **worm** [wə́ːrm]	イモムシ，ミミズ，寄生虫

● 鳥　ジャンル別 6

□ **canary** [kənéəri]	カナリア
□ **crow** [króu]	カラス
□ **cuckoo** [kúːkuː]	カッコウ
□ **dove** [dʌ́v]	(小型の)ハト ★平和の象徴
□ **duck** [dʌ́k]	アヒル；カモ
□ **eagle** [íːgl]	ワシ
□ **goose** [gúːs]	ガチョウ ★複数形はgeese。
□ **gull** [gʌ́l]	カモメ
□ **hawk** [hɔ́ːk]	タカ
□ **hen** [hén]	めんどり
□ **owl** 発音？	フクロウ [ául]
□ **parrot** [pǽrət]	オウム
□ **peacock** [píːkɑk]	クジャク
□ **pigeon** [pídʒən]	ハト
□ **robin** [rábin]	コマドリ
□ **sparrow** [spǽərou]	スズメ
□ **swallow** [swálou]	ツバメ
□ **turkey** [tə́ːrki]	七面鳥

Stage 2

このStageの見出し語は，多くの高校教科書に登場する重要語。ここまでマスターすれば標準的な入試問題にも十分対応できる。Readingだけでなく，Speaking／Listening／Writingでも使いこなせるようにしたい。Fundamental Stage同様，単語の意味だけではなく，ポイント・チェッカーやQ&Aにも十分注意して，進んでいこう！

“In the middle of difficulty lies opportunity”

—— Albert Einstein

＊　＊　＊

困難の中にチャンスがある。

―アルバート・アインシュタイン

(1) Verbs　動詞

MINIMAL PHRASES　Tr. 2-33

□**proceed** straight ahead	まっすぐ前に**進む**
□**ensure** the safety of drivers	ドライバーの安全**を確保する**
□**interpret** the meaning of the word	その言葉の意味**を解釈する**
□Some countries **ceased** *to* exist.	いくつかの国は存在**しなくなった**
□**ban** smoking in public places	公共の場の喫煙**を禁ずる**

601
proceed
[prəsíːd]

①進む　②(＋to V) Vしはじめる
◇prócess　名過程，経過 p. 337
源 pro (前に) ＋ ceed (行く)
cf. precede「〜に先行する」 p. 218

602
ensure
[inʃúər]
同熟？

〜を確実にする，確保する；保証する　★＋that節が多い。
(例) ensure that food is safe to eat「食品の安全を確保する」
＝make sure　源 en- (make) ＋ sure

603
interpret
アク？

①〜を解釈する　②〜を通訳する
[intə́ːrprit]
◇interpretátion　名解釈，通訳(すること)
◇intérpreter　名通訳

604
cease
発音？

(＋to V) Vしなくなる，〜をやめる；終わる
[síːs]　★50％以上がto Vを伴う。
◇céaseless　形絶え間ない

605
ban
[bǽn]

(公式に) 〜を禁止する (〜ned; 〜ning)　名禁止
★受け身が多い。
◆ban A from Ving　「AがVするのを禁じる」

□**obey** the law	法に従う
□**eliminate** the need for paper	紙の必要性をなくす
□**resist** pressure from above	上からの圧力に抵抗する
□**accompany** the president	大統領に同伴する
□**commit** a crime	犯罪を犯す

606
obey
[oubéi]

～に**従う**，〈規則など〉を**守る**(⇔disobey)

◇obédient　形従順な，おとなしい

◇obédience　名服従

Q obey to your parentsはどこがいけない？

A obeyは他動詞だから，toは不要。
形容詞の場合は，be obedient to your parents となる。

607
eliminate
[ilímineit]

〈不要なもの〉を**除去する**，**根絶する**

◇eliminátion　名除去，根絶

608
resist
[rizíst]

～に**抵抗する**；〈誘惑など〉に**耐える**

◇resístance　名抵抗(力)

◇resístant　形抵抗する，抵抗力のある

◇irresístible　形抵抗できない；大変魅力的な

609
accompany
[əkʌ́mpəni]

〈人〉に**同伴する**，**おともする**，～に**付随する**

◆(be) accompanied by A 「Aを伴う，連れている」

(例) a man accompanied by a dog「犬を連れた人」

★3分の1以上がこの形だ。

610
commit
[kəmít]

①〈罪など〉を**犯す**　②～を**ゆだねる**，**委任する**

③(本気で)**取り組む**(＋to)　(～ted; ～ting)

◆commit oneself to A 「Aに献身する，本気で取り組む，
＝be committed to A　Aを約束する」

◇commítment　名①約束，責任　②かかわり，関与　③傾倒，献身

◇commíssion　名①任務，依頼　②委員会

2 (1) 動

□pursue the American Dream	アメリカンドリームを追い求める
□demonstrate *that* it is impossible	それが不可能なことを示す
□I bet you'll win.	きっと君は勝つと思う
□ruin his life	彼の人生を破滅させる
□threaten *to* tell the police	警察に言うとおどす

611
pursue
[pərsjú:]
名?

①～を追求する，追う
②〈政策，仕事など〉を続ける，実行する（＝carry out）
◇pursúit 名追求，追跡
◆in pursuit of A 「Aを求めて」

612
demonstrate
アク?

〈証拠などが〉～を明らかに示す（＝show），
証明する（＝prove）
[démənstreit]
◇demonstrátion 名デモ；実証，実演

613
bet
[bét]

①きっと～だと思う ②〈金など〉を賭ける
★①は「賭けてもいい」から「確信がある」の意味になった。50％以上がこの意味だ。
◆I ('ll) bet (that)～ 「きっと～だと思う」
★thatはふつう省略する。
◆you bet 「そのとおりだ，もちろんそうだ」

614
ruin
[rú:in]

～を台無しにする，破滅させる
名廃墟（ruins）；荒廃，破滅

615
threaten
[θrétn]

～を脅迫する，おどす；～をおびやかす
◆threaten to V 「①Vすると脅迫する
②Vする恐れがある」
◇thréatening 形脅迫的な，おびやかす
◇threat 発音 名[θrét] 脅迫，おどし

□a bookcase attached *to* the wall	壁に取り付けられた本棚
□reverse the positions	立場を逆転する
□restrict freedom of speech	言論の自由を制限する
□The body is composed *of* cells.	体は細胞で構成されている
□lean against the wall	壁にもたれる

616
attach
[ətǽtʃ]

(+A to B) AをBにくっつける，付属させる
★過去分詞が50%を超える。
◆be attached to A 「Aに愛着を持つ」
◆attach importance to A 「Aを重視する」
◇attáchment 名愛着；付属物；添付ファイル

Q He is attached (　) old customs.
A to「彼は古い習慣に愛着を持っている」

617
reverse
[rivə́ːrs]

〜を反対にする，逆転する 形名逆(の)，反対(の)
源 re(逆に)+verse(回す)
◆in reverse 「反対に，逆に」
◇revérsal 名逆転，反転

618
restrict
[ristríkt]

〜を制限する，限定する(=limit)
◆be restricted to A 「Aに制限されている」
◇restríction 名制限(条件)，限定

619
compose
[kəmpóuz]

〜を組み立てる，〈曲・文〉を作る
源 com(いっしょに)+pose(置く)
◆A be composed of B 「AがBで構成されている」
=A be made up of B, A consist of B
◇composítion 名構成，創作，作文
◇compóser 名作曲家

620
lean
[líːn]

寄りかかる，もたれる；〜を傾ける
★lean 形「やせた，貧弱な」もあるが，入試では非常に少ない。

□substitute margarine *for* butter	マーガリンをバターの代わりに用いる
□trace human history	人類の歴史をたどる
□interrupt their conversation	彼らの会話をじゃまする
□confront a difficult problem	困難な問題に立ち向かう
□This example illustrates his ability.	この例が彼の能力を示す

621
substitute
アク?
語法

~を代わりに用いる；代わりになる 名代用品，代理人
[sʌ́bstətjuːt]
◆substitute A for B 「AをBの代わりに用いる」

622
trace
[tréis]

①~の跡をたどる ②〈由来，出所など〉を追跡[調査]する，突きとめる 名跡，足跡

623
interrupt
アク?

~を妨げる，中断する；口をはさむ
[intərʌ́pt] 源 inter(間を)＋rupt(破る)
◇interrúption 名妨害，中断

624
confront
[kənfrʌ́nt]

①〈障害などが〉〈人〉の前に立ちふさがる(＝face)
②〈人が〉〈障害など〉に立ち向かう，直面する(＝face)
◆A be confronted with[by]B「A(人)がBに直面する」
＝B confront A
(例) He is confronted with difficulties.「彼は困難に直面している」
＝Difficulties confront him.
◇confrontátion 名対立，衝突，直面

625
illustrate
[íləstreit]

①~を(例で)示す，説明する(＝explain, show)
②~にさし絵を入れる，図解する (②は入試ではまれ)
◇illustrátion 名例示，説明；イラスト，図

□arrest him *for* speeding	スピード違反で彼を逮捕する
□stimulate the imagination	想像力を刺激する
□assure you *that* you will win	君が勝つことを保証する
□consult a doctor for advice	医者に相談して助言を求める
□feel too depressed to go out	憂(ゆう)うつで出かける気がしない
□crash *into* the wall	壁に激突する

626
arrest
[ərést]

~を逮捕する　名逮捕
(例) You are under arrest.「君を逮捕する」

627
stimulate
[stímjəleit]

①~を刺激する；~を元気づける(＝encourage)
②~を促す
◆stimulate A to V「Aを刺激してVさせる」
名？ ◇stímulus　名刺激(物)(複数形：stimuli)

628
assure
[əʃúər]

(~を)保証する，信じさせる；安心させる(＝reassure)
◆assure A＋that~「A（人）に~と保証する，請け合う」

629
consult 多義
[kənsʌ́lt]

①〈専門家・医者など〉に相談する　②〈辞書など〉を参照する
◆consult with A　「Aと相談する」
◇consúltant　名顧問，コンサルタント

630
depress
[diprés]

~を憂うつにさせる，落胆させる　源 de(下に)＋press(押す)
◇depréssed　形〈人が〉憂うつな，落胆した ★一番多い。
◇depréssing　形〈人を〉憂うつにさせる
◇depréssion　名①憂うつ，落ち込み　②不景気

Q depressionの2つの意味は？
A ↑(例) suffer from depression「うつ病を患う」
(例) the Great Depression「世界大恐慌」(1929～)

631
crash
[kræʃ]

激突する，墜落する；(音を立てて)壊れる
名①衝突事故，墜落　②衝撃音　(例) a plane crash「墜落事故」

2 (1) 動

□**inspire** him *to* write a poem	彼に詩を書く**気を起こさせる**
□**specialize** *in* Chinese history	中国史を**専攻する**
□**cultivate** plants	植物を**栽培する**
□**fulfill** the promise	約束を**果たす**
□**transmit** messages	メッセージを**伝える**
□**found** a computer company	コンピュータ会社を**設立する**

632
inspire
[inspáiər]

①〈人〉を奮起させる，やる気にさせる(= encourage)
②〈作品などに〉**ヒントをあたえる**
③〈感情〉**を起こさせる**　★過去分詞が多い。
源 in(中に) + spire(息)
◇inspirátion　名霊感，ひらめき，インスピレーション

633
specialize
[spéʃəlaiz]

(+ in A) Aを専門にする，専攻する，
研究する(= major in A)
◇spécialized　形専門的な
◇spécialist　名専門家

634
cultivate　多義
[kʌ́ltəveit]

①〈植物〉を栽培する，〈土地〉を耕作する
②〈感情・能力など〉を育む
◇cultivátion　名耕作，栽培；〈能力などの〉養成，開発

635
fulfill
[fulfíl]

〈約束・夢など〉を果たす；〈必要など〉を満たす
◇fulfíllment　名達成(感)

636
transmit
[trænsmít]　名?

～を送る，伝える；〈病気など〉をうつす，伝染させる
◇transmíssion　名伝達，伝導

637
found
[fáund]　同?

～を創立する，設立する
= estáblish
◇foundátion　名基礎，土台

Q 過去・過去分詞形は？
A 変化は found; founded; founded。find; found; found と混同するな。

□Clap your hands as you sing.	歌いながら手をたたきなさい
□burst *into* tears	急に泣き出す
□bow *to* the queen	女王様におじぎする
□dismiss the idea *as* nonsense	その考えをばからしいと無視する
□how to breed animals	動物を繁殖させる方法
□prohibit children *from* working	子供が働くのを禁じる

638
clap
[klǽp]

〈手など〉をたたく，〈人・演技など〉に拍手を送る；拍手する
(～ped; ～ping)　名拍手

639
burst 多義
[bə́ːrst]

①破裂する　②突然～し出す(burst; burst; burst)
名破裂，突発
◆burst into tears　「急に泣き出す」
◆burst into laughter　「急に笑い出す」
＝burst out laughing

640
bow 発音?

おじぎする；屈服する(＋to)　名おじぎ
[báu]　★同じbowでも「弓」は[bóu]。

641
dismiss 多義
[dismís]

①〈考えなど〉を無視する，しりぞける
②〈人〉を解雇する，解散させる
◇dismíssal　名解雇，解散；却下

642
breed
[bríːd]

～を繁殖させる，繁殖する；～を育てる；
〈悪いもの〉を生み出す(breed; bred; bred)
名品種

643
prohibit
[prouhíbət]

〈法・団体が〉～を禁じる，～をさまたげる(＝prevent)
◆prohibit A from Ving　「AがVするのを禁じる」

2 (1) 動

□be obliged to pay the price	対価を支払わざるをえない
□qualify for the position	その地位に適任である
□invest money in a business	ビジネスにお金を投資する
□grasp what he is saying	彼の言うことを理解する
□The building collapsed.	建物が崩壊した
□overlook the fact	事実を見逃す

644
oblige
[əbláidʒ]

~に強いる，~に義務づける ★be obliged to Vの形が約70%。

◆be obliged to V 「Vせざるをえない」

◆be obliged to A for B 「BのことでA(人)に感謝している」 = be thankful to A for B

(名?) ◇obligátion 名義務；恩義

645
qualify
[kwɑ́ləfai] (形?)

(+for A) Aに適任である；~の資格を得る(+as)

◇quálified 形資格のある，有能な

◇qualificátion 名資格，技能

646
invest
[invést]

(〈金〉を)投資する；〈金・時間など〉を使う(+in)

★約60%がinを伴う。

◇invéstment 名投資，出資

647
grasp
[grǽsp]

~を理解する，つかむ 名理解力，つかむこと；届く範囲

648
collapse
[kəlǽps]

崩壊する，つぶれる，倒れる；〈価格などが〉急落する

名崩壊，挫折；卒倒；急落

649
overlook
[ouvərlúk]

①~を見落とす，~を見逃す ②~を見渡す

★②を最初に挙げている本もあるが，実際には少ない。

◆look over A 「Aを調べる」= examine A

□accuse him *of* lying	彼がうそをついたと非難する
□be frustrated by the lack of money	金がなくて欲求不満になる
□deprive him *of* the chance	彼からチャンスを奪う
□an astonishing memory	驚異的な記憶力
□register a new car	新車を登録する
□The fact corresponds *to* my theory.	その事実は私の理論と一致する

650
accuse
[əkjú:z]

①～を非難する　②～を告訴する
◆accuse A of B　「A(人)をBの理由で非難する，告訴する」　★このofは穴埋め頻出!
◇accusátion　名①非難　②告訴

651
frustrate
[frʌ́streit]

①〈人〉を欲求不満にさせる，いらだたせる
②〈計画など〉を挫折させる（②はまれ）
◇frústrated　形〈人が〉欲求不満である
◇frústrating　形〈人を〉いらだたせる
◇frustrátion　名欲求不満；挫折

652
deprive
[dipráiv]

(+ A of B) AからB(機会・自由・睡眠など)を奪う
★ofを必ず伴う。受け身も多い。

653
astonish
[əstániʃ]

～を驚嘆させる　★下の形容詞として使うことが多い。
◇astónishing　形驚異的な(＝amazing)
◇astónished　形驚いている

654
register
[rédʒistər]

～を登録する，記録する　名登録(表)
◇registrátion　名登録

655
correspond
アク?

①一致する(＋to, with)　②連絡しあう(＋with)
[kɔrəspánd]
◆correspond to A「Aに一致[相当]する」
◇correspónding　形相当した，対応する
◇correspóndence　名連絡；一致，対応

2 (1) 動

□cast a shadow on the wall	壁に影を投げかける
□attribute success *to* luck	成功は幸運のおかげだと思う
□neglect human rights	人権を無視する
□feed starving children	飢えた子どもたちに食事を与える
□resolve disagreements	意見の不一致を解決する

656
cast
[kǽst]

①～を投げる，〈影〉を投げかける，〈疑い・目など〉を向ける
②〈俳優〉に役を与える(cast; cast; cast)　名配役

657
attribute 多義
[ətríbjuːt]

(+A to B) ①A(結果)はB(原因)のおかげだと思う
②A(性質)がB(人)にあると思う
③(be ～ed to A) Aの作品だと考えられる
名[ǽtribjuːt]　特質，性質
★動詞は全て，2つのものを「結びつけて考える」ということ。受動態が多い。
(例) ③ The picture is attributed to Picasso.
「その画はピカソの作品だと考えられている」

658
neglect 多義
[niglékt]

①～を無視する，怠る　②〈子供など〉の世話をしない
名怠慢，無視
◇négligent　形怠っている

659
starve
[stáːrv]

飢える，餓死する；〈人〉を飢えさせる
◇starvátion　名餓死，飢餓

660
resolve
[rizálv]
名?

①〈問題など〉を解決する(= solve)
②～と決心する　(②は少ない)
◇resolútion　名解決；決議，決心

□impose rules *on* students	学生に規則を押しつける
□convert sunlight *into* electricity	太陽の光を電気に転換する
□The noise scares him.	その音が彼をおびえさせる
□Cars constitute 10% of exports.	車が輸出の10%を占める
□*be* appointed *to* an important post	重要なポストに任命される

661
impose
[impóuz]

(＋A on B) AをBに課す，押しつける
★Aは税・罰金・規則・労働・意見など。

662
convert
[kənvə́ːrt]

～を転換する(＝change)；改宗させる
◆convert A into [to] B「AをBに転換する」
★60%以上がこの形。

663
scare
発音?

～をおびえさせる，こわがらす　名恐怖，不安
[skéər]　★areは[eər]と発音する(例外はbe動詞のare)。
◇scared　形〈人が〉おびえた，こわがった
◇scáry　形〈人を〉こわがらせる，こわい

664
constitute　多義

①～を構成する，占める(＝make up, account for)
②～である(＝be)，～とみなされる　★堅い表現。
[kάnstətjuːt]　★語尾-ituteは直前にアクセント。
(例) Brain death constitutes legal death.「脳死は法的な死である」

665
appoint
[əpɔ́int]
名?

①～を任命する，指名する　②〈会う日時・場所〉を指定する
(②は少数)　★80%以上が過去分詞。
◆appointed time「指定された時刻」
◇appóintment　名(人に会う)約束；任命　▶ p. 42

□What does her smile **imply**?	彼女の微笑みは何を意味するのか
□**assign** work *to* each member	各メンバーに仕事を割り当てる
□**nod** and say "yes"	うなずいて「はい」と言う
□*be* **elected** president	大統領に選ばれる
□He was **transferred** *to* Osaka.	彼は大阪に転勤した

666
imply
[implái]　名?

～を(暗に)意味する，ほのめかす（＋that～）
◇implicátion　名①（～s）影響，効果（＋for）
②（隠れた）意味，暗示

667
assign
[əsáin]

〈仕事・物〉を割り当てる；〈人〉を任務につかせる(＋to V)
(例) I was assigned to help him.「私は彼を手伝えと命じられた」
◆assign A to B＝assign B A　「AをBに割り当てる」
◇assígnment　名宿題，（仕事などの）割り当て

Q assignmentの意味は？

A ↑　homeworkは不可算名詞だが，assignmentは可算名詞。
(例) a history assignment

668
nod
[nád]

①うなずく　②うとうとする，居眠りする(～ded; ～ding)
名会釈，うなずき
★①はあいさつや同意の身ぶり。

669
elect
[ilékt]

①～を選挙で選ぶ　②(～すること)を選ぶ(＋to V)（②はまれ）
◆elect A B　「AをBに選ぶ」
★受身形A be elected B「AがBとして選ばれる」が多い。
◇eléction　名選挙

670
transfer
[trænsfə́ːr]

～を移す；(be transferred)転勤する　名移転，譲渡
(～red; ～ring)
★transferには「〈バス・列車などを〉乗り換える；乗り換え」の意味もある。
源 trans(越えて)＋fer(運ぶ)

□rob the bank *of* $50,000	銀行から5万ドル奪う
□capture wild animals	野生動物を捕らえる
□undertake the work	仕事を引き受ける
□save a drowning child	おぼれている子供を救う
□split into two groups	2つのグループに分裂する

671
rob
[ráb]

(+A of B) AからBを奪う，AからBを盗む
(～bed; ～bing)
★robはstealと異なり，人を目的語にとる。また，robは暴力や脅しを用いた行為をいう。

名？ ◇róbbery 名盗難(事件)，盗み

672
capture
[kǽptʃər]

～を捕らえる(＝catch)；〈注意など〉を引きつける
◇cáptive 形捕らわれた 名とりこ
◇captívity 名捕らわれの身 ★約80%が↓
◆in captivity 「飼育されて，捕らわれて」

673
undertake
[ʌndərtéik]

①〈仕事など〉を引き受ける ②～に取りかかる，～を始める
(undertake; undertook; undertaken)

674
drown
発音？

おぼれ死ぬ；～を溺死させる
[dráun]
諺 A drowning man will catch [clutch] at a straw.
「おぼれる者はわらをもつかむ」

675
split
[splít]

～を割る，裂く；分裂する，割れる 名裂け目，割れ目
(split; split; split; splitting)
(例) split the bill「割り勘にする」

2 (1) 動

□resort *to* violence	暴力に訴える
□descend to the ground	地面に降りる
□irritating noise	いらいらさせる騒音
□pronounce the word correctly	正確にその単語を発音する
□The car is equipped *with* AI.	その車はAIが装備されている

676
resort
[rizɔ́ːrt]

(+ to A) A(手段)に**訴える**　名行楽地，リゾート；手段
(例) (as) a last resort「最後の手段として」

677
descend　多義
発音?

①**下る，降りる**　②(祖先から)**伝わる**
[disénd]　源de (down) + scend (登る)
★②から派生する次の語句は重要。
◆be descended from A「Aの子孫である，Aに由来する」

名?　(2つ)
◇descént　名①家系，血統　②降下
◇descéndant　名子孫
◇ascénd　動登る，上がる

678
irritate
[íriteit]

〜を**いらだたせる，怒らせる**
◇írritating　形〈人を〉いらいらさせる
◇írritated　形〈人が〉いらいらしている

679
pronounce
[prənáuns] 名?

①〈単語など〉を**発音する**　②〜と**言う，断言する**
◇pronunciátion　名発音　★つづりに注意。

680
equip
[ikwíp]
名?

〜を**装備させる，準備させる** (〜 ped; 〜 ping)
★equipped with A「Aを備えている」の形が40%近い。
◇equípment　名設備，装備　▶ p. 88

□cheat consumers	消費者をだます
□A new problem has emerged.	新たな問題が出現した
□He devoted *himself to* his work.	彼は仕事に身をささげた
□Time heals all wounds.	時はすべての傷をいやす
□urge him *to* go home	帰宅するよう彼を説得する

681
cheat
[tʃíːt]

いかさまをする；～をだます

Q cheat on an examの意味は？

A「試験でカンニングする」
（cunning 形「ずるい」には「カンニング」という意味はない）

682
emerge
[iməː́rdʒ]

〈隠れていたものが〉現れる（＝appear），台頭する

（例）Japan emerged as a modern state.
「日本は近代国家として台頭した」

◇emérgence 名出現
cf. emérgency 名緊急事態 p. 130

683
devote
[divóut]

～をささげる，〈時間など〉を費やす

◆devote A to B 「AをBにささげる，費やす」
◇devóted 形献身的な，熱愛する
◆be devoted to A「Aに専念する，打ち込む」
= devote oneself to A
◇devótion 名献身，愛情

684
heal
[híːl]

〈けがなど〉を治す；治る

◇héaling 名治療（法）

685
urge
[ə́ːrdʒ]

～に強く迫る，～を説得する

名衝動 （例）the urge to create「創造したい衝動」
◆urge A to V 「AにVするように説得する；促す」

2 (1) 動

□envy the rich	金持ちをうらやむ
□chase the car	その車を追跡する
□prompt him to speak	彼に話をするよう促す
□withdraw my hand	手を引っ込める
□how to detect lies	うそを発見する方法

686
envy
[énvi]

～をうらやむ　名①うらやみ　②羨望の的
◇énvious　　形うらやんでいる
◆be envious of A「Aをうらやんでいる」

687
chase
[tʃéis]

～を追いかける，捜し求める　名追跡

688
prompt
[prámpt]

～を促す　形すばやい，敏速な
◆prompt A to V　「AにVするよう促す」
◇prómptly　　副すばやく

Q take prompt actionを訳せ。
A「すばやい行動をとる」形容詞としてもよく使われるので注意。

689
withdraw 
[wiðdrɔ́ː]

①～を引っ込める　②引きこもる，退く　③〈預金など〉を引き出す(withdraw; withdrew; withdrawn)
(例) withdraw into oneself「自分の世界に引きこもる」
◇withdráwal　　名引っ込めること；撤退；撤回

690
detect
[ditékt]

～を探知する，〈誤り・病気など〉を発見する(＝discover)，検出する
源 de (分離) ＋ tect (覆い) ＝ (覆いをとる)
　ちなみに protect「を守る」は pro (前) ＋ tect ＝ (前を覆う) から。
◇detéctive　　名刑事，探偵
◆detective story「推理小説」

MINIMAL PHRASES

Tr. 2-50

□interfere *with* his work	彼の仕事をじゃまする
□You must be kidding.	冗談でしょう
□launch a space shuttle	スペースシャトルを発射する
□an endangered species	絶滅危惧種
□foster creativity	創造性を養う
□His power diminished.	彼の力は衰えた

691
interfere アク?

(+ with A) Aをじゃまする，Aに干渉する
[intərfíər]
◇interférence　名妨害，干渉

692
kid
[kíd]

冗談を言う，からかう 名子供
◆ I'm not kidding.「冗談じゃないよ，本気だよ」
◆ No kidding.「本当か，まさか」 ★疑いを表す。

693
launch 多義
[lɔ́:ntʃ]

①〈ロケットなど〉を打ち上げる ②〈事業など〉を始める
(②も多い) (例) launch a campaign「キャンペーンを始める」

694
endanger
[endéindʒər]

～を危険にさらす ★80%以上が過去分詞。
◇dánger　名危険
◇dángerous　形〈人に対して〉危険な
◆be in danger「危険にさらされている」

695
foster
[fɔ́(:)stər]

①～を促進する，育成する(= promote, encourage)
②〈他人の子〉を養育する (入試では②は少ない)

696
diminish
[dimíniʃ]

減少する，衰える；～を減らす(= decrease, decline)
源 mini (小さい)

2 (1) 動

□spill coffee on the keyboard	キーボードにコーヒーをこぼす
□be infected *with* the virus	ウイルスに感染している
□stem *from* an ancient tradition	古い伝統に由来する
□tap her on the shoulder	彼女の肩を軽くたたく
□embrace a new idea	新しい考えを受け入れる

697
spill
[spíl]

～をこぼす，まく　名流出
★過去・過去分詞形は《米》ではspilled,《英》ではspilt。
諺 It's no use crying over spilt milk.
「こぼれたミルクのことを嘆いても無駄だ」(覆水盆に返らず)

698
infect
[infékt]

〈人〉に感染[伝染]する，〈人〉にうつす
★過去分詞infected「〈人が〉感染している」が多い。
◇inféction　名感染
◇inféctious　形感染性の

699
stem
[stém]

(＋from A) Aから生じる，Aに由来する
(～med; ～ming)
名(草の)茎，(木の)幹
◆stem cell　「幹細胞」
◇root　名根　動(be rooted)根付いている

700
tap
[tǽp]

①～を軽くたたく　②～を開発[利用]する；〈能力など〉を引き出す(～ped; ～ping)　名蛇口
(例) tap water「水道水」

701
embrace　多義
[imbréis]

①〈思想など〉を受け入れる　②～を含む(＝include)
③～を抱く　名抱擁　源em(中に)＋brace(腕)
★③は約20%。

(2) Nouns　名詞

MINIMAL PHRASES　Tr. 2-53

□the proportion of boys *to* girls	男子と女子の比率
□sign a contract *with* Google	グーグルとの契約にサインする
□have chest pains	胸が痛む
□discover treasure	財宝を発見する
□the Tokyo stock market	東京株式市場

702
proportion
[prəpɔ́ːrʃən]

①比率；つり合い　②部分　③規模
◆in proportion to A　「Aに比例して」
◆a large proportion of A「大部分のA」

703
contract
[kántrækt]

契約
動[— ⁻́]　①契約する　②〈病気〉にかかる
③縮まる，～を縮める
◇contráction　名短縮(形)，収縮

704
chest
[tʃést]

①胸　②箱（少数）
★chestはもともと「箱」の意味で，肋骨（ろっこつ）などに囲まれた胸部を言い，肺，心臓などを含み，男女共に用いる言葉だ。breastも胸だが，普通女性の乳房の意味だ。
◇bréast　名胸，乳房
◆breast cancer　「乳がん」
◆breast milk　「母乳」

705
treasure
[tréʒər]

財宝，貴重品　動～を大事にする
◆national treasure「国宝」

706
stock
[sták]

①株(式)　②在庫品，貯蔵品　動〈商品〉を置いている
◆in stock　「在庫がある」
◆out of stock　「在庫がない」

□public facilities	公共施設
□a large sum of money	多額のお金
□a man of high rank	高い地位の人
□a modern democracy	近代民主国家
□an emergency room	救急治療室
□a protest *against* war	戦争に対する抗議

707
facility
[fəsíləti]

①設備，施設　②能力，器用さ（②は少数）
★①の意味では複数形。
◇facílitate　動～を容易にする，促進する

708
sum　多義
[sʌ́m]

①金額　②合計　③要約　動(sum A up) Aを要約する
◇súmmary　名要約
◇súmmarize　動～を要約する

709
rank
[rǽŋk]

Q Japan ranks third in GDP. の意味は？

地位，階級
動位置する，(上位を) 占める；～を評価する，順位をつける
A「GDPでは日本は3位を占める」

710
democracy
アク？

民主主義，民主制；民主国家
[dimάkrəsi]　源 demo(民衆)＋cracy(統治)
◇democrátic　形民主的な
◇démocrat　名民主党員，民主主義者

711
emergency
[imə́ːrdʒənsi]

緊急事態　形非常の，救急の
◆in an emergency　「緊急時には」

712
protest
アク？

抗議　動抗議する
名[próutest]　動[prətést]

□immigrants from Mexico	メキシコからの移民
□a vehicle for communication	意思伝達の手段
□a healthy daily routine	健康的ないつもの日課
□write really good stuff	本当によいものを書く
□sit in the front row	最前列に座る
□your online profile	君のオンラインのプロフィール

713
immigrant
[ímigrənt]

(外国からの)移民　源 im(中へ)+migr(移住する)+ant(人)
◇immigrátion　名(外国からの)移住
◇émigrate　動(外国へ)移住する(e-は=ex「外へ」)

714
vehicle　多義
[ví:əkl]

①車，乗り物　②(伝達)手段，媒体
★vehicleはcar, bus, truckなどを含む。

715
routine

決まりきった仕事，日課　形決まりきった，型どおりの
[ru:tí:n]

716
stuff
[stʌ́f]

(漠然と)物，こと，材料　動～を詰め込む
★stuffは，文脈次第で，さまざまなもの，考え，出来事を表す。
★staff [stǽf] は「人員，スタッフ」だから混同しないこと。

717
row
[róu]

列，並び　動(ボートを)こぐ
★rowは横に並んだ列，縦の列はline。
◆in a row　「①１列に　②連続して」

718
profile
[próufail]

プロフィール，人物紹介；横顔
◆have a high profile　「注目を集めている」
◇prófiling　「プロファイリング」
★分析に基づいて人物像を作成すること。
(例) DNA profiling「DNA個人識別法」

2 (2) 名

□leave home *at* dawn	夜明けに家を出る
□social welfare	社会福祉
□see life *from* a new perspective	新しい見方で人生を考える
□his enthusiasm *for* soccer	彼のサッカーに対する情熱
□have faith *in* technology	技術を信頼する

719
dawn
[dɔ́:n]

夜明け；始まり　動わかりはじめる；始まる
(例) at the dawn of civilization「文明の夜明けに」

反？
⇔dusk　名たそがれ
◆dawn on [upon] A「A(人)にだんだんわかってくる」

720
welfare
[wélfeər]

福祉，幸福；生活保護
★健康・快適な生活を含めた幸福を言う。

同？
＝wéll-béing　名幸福，繁栄，福祉

721
perspective
[pərspéktiv]

①見方；正しい見方，大局的な見方　②遠近法
◆put [get/see] A in perspective「Aを正しく判断する」
源 per(全体的に)＋spect(見る)

722
enthusiasm
熱意，情熱，熱中(＝eagerness, passion)

アク？
[inθjú:ziæzm]

形？
◇enthusiástic　形熱心な，熱狂的な (＋about [for] A)

723
faith
[féiθ]

①信頼(＝confidence, belief)　②信仰
★約30％がinを伴う。

形？
◇fáithful　形忠実な，信心深い

□a well-paid occupation	給料のよい職業
□a witness to the accident	事故の目撃者
□the kingdom of Denmark	デンマーク王国
□There's no English equivalent *to* haiku.	俳句に相当するものは英語にない
□achieve the objective	目標を達成する
□put the plates in a pile	皿を積み重ねて置く

724
occupation (多義)
[ɑkjəpéiʃən]

①職業　②占領，占拠
★occupy「～を占める」(▶ p. 31) の名詞形だ。
◇vocátion　名天職；職業
◇vocátional　形職業(上)の

725
witness
[wítnəs]

証人，目撃者(＝eyewitness)　動～を目撃する
★動詞で使う例も非常に多い。

726
kingdom
[kíŋdəm]

①王国　②(学問などの)世界，領域
◆the United Kingdom　「英国，連合王国」
◆the animal kingdom　「動物界」

727
equivalent
[ikwívələnt]

同等のもの，相当するもの(＋of, to)
形同等の(＝equal)
源 equi(同じ)＋valent(＝value)

728
objective (多義)
[əbdʒéktiv]

目的，目標　形客観的な

Q objective factsの意味は？
A「客観的な事実」

729
pile
[páil]

①積み重ね　②(a pile of A/piles of A) たくさんのA
動～を重ねる，～を積む

□find shelter *from* the cold	寒さから逃れる場所を見つける
□trial and error	試行錯誤
□It's a great honor to work here.	ここで働けるのは大変名誉です
□defend a territory	なわ張りを守る
□a window frame	窓わく
□cross the Russian border	ロシア国境を越える

730
shelter
[ʃéltər]

避難(所) 動避難する；～を保護する
◆food, clothing, and shelter 「衣食住」

731
trial 多義
[tráiəl]

①試み，試し ②裁判
(例) be on trial「裁判にかけられている」
◆controlled trial「対照試験」

732
honor
[ánər]

名誉，光栄 動～を尊敬する；～に栄誉を授ける
◆in honor of A 「Aに敬意を表して，Aのために」
◇hónorable 形立派な，名誉な

733
territory
[térətɔ:ri]

①領土，なわ張り ②地域，領域
源 terra(土地)＋ory(場所)

734
frame
[fréim]

わく，額縁，骨組み
動①～をわくにはめる ②～を組み立てる
◆frame of mind 「気分」(＝mood)
◆frame of reference 「基準の枠組み，価値体系」
◇frámework 名枠組み

735
border
[bɔ́:rdər]

国境地帯，境界 動(～に)接する
◇cróss-border 形国境をまたぐ

□according to official statistics	公式の統計によると
□a private enterprise	民間企業
□the meaning *in* this context	この文脈における意味
□carry a heavy load	重い荷物を運ぶ
□world grain production	世界の穀物生産高
□a review of the law	その法律の再検討

736
statistics
[stətístiks]

統計(学)，統計の数字 ★「統計」は複数扱い。
◇statístical 形統計の，統計上の

737
enterprise
アク?

企業，事業；企て
[éntərpraiz]

738
context 多義
[kάntekst]

①文脈 ②(文化・社会的な)状況，背景(= situation)
(例) in the social context「社会的背景の中で」

739
load
[lóud]

荷物，積み荷；重荷，負担
動〈荷など〉を積む，詰め込む

740
grain
[gréin]

①穀物 ②粒；少量
◆whole grain 「全粒」

741
review
[rivjúː]

①再検討，入念な調査；批評 ②復習
動①～を批評する ②～を復習する
源 re(= again) + view(見る)

2 (2) 名

□prejudice against women	女性に対する偏見
□put a strain *on* the heart	心臓に負担をかける
□fall into a trap	わなにはまる
□have a quick temper	すぐかっとなる気性である
□a black slave	黒人の奴隷
□a knife wound	ナイフの傷

742
prejudice
[prédʒədəs]

偏見，先入観
源 pre(先に)＋judice(判断)

743
strain
[stréin]

負担，重圧；緊張　動～に無理な負担をかける，酷使する
◇stráined　形緊張した

744
trap
[trǽp]

わな，計略
動(be ～ped) 閉じ込められる；～をわなにかける
(～ped; ～ping) (動詞が多い)

Q heat-trapping gasとは？
A「温室効果ガス，温暖化ガス」(⇦熱を閉じ込めるガス)

745
temper
[témpər]

①気性，気分(＝mood)　②平静な気分；短気
◆lose one's temper　「かっとなる，腹を立てる」★頻出！
◆keep one's temper　「平静を保つ」

746
slave
[sléiv]

奴隷
◇slávery　名奴隷制度，奴隷の身分

747
wound
発音？

傷，けが　動～を傷つける
[wú:nd]　★wind「曲がる」の過去形woundは[wáund]。
◇wóunded　形負傷した，けがをしている
★woundは，戦闘やけんかなどで受けた傷。事故による負傷はinjury。

□an increase in the divorce rate	離婚率の増加
□the beauty of the tune	その曲の美しさ
□Summer is *at* its height.	夏真っ盛りだ
□the science faculty	理学部
□the average *life* span	平均寿命
□the moral dimension of science	科学の道徳的側面

748
divorce
[divɔ́ːrs]

離婚(⇔marriage)
動～と離婚する；～を切り離す(＝separate)

749
tune
[tjúːn]

曲，メロディー
動(番組に)チャンネルを合わせる；～を調和させる
◆be in tune with A 「Aと合っている」

750
height
発音？

高さ；高地；最盛期，絶頂期 ★highの名詞形。
[háit]
◇héightened 形高まった，増大した

751
faculty 多義
[fǽkəlti]

①(大学の)学部，教授スタッフ ②(心身の)能力(＝ability)
(例) mental faculties「知的能力」

752
span
[spǽn]

期間，長さ
◆life span 「寿命」 ★半分近くがこの形。

753
dimension 多義
[diménʃən]

①〈問題などの〉側面(＝aspect)，要素(＝factor) ②次元
③(dimensions)大きさ，規模
◆three-dimensional 「3次元の，立体の」(=3D)

2 (2) 名

□the latest version of the software	そのソフトの最新版
□have no parallel in history	歴史上匹敵するものがない
□the moon rising *on* the horizon	地平線に昇る月
□friends and acquaintances	友人と知人
□become a burden *on* society	社会の重荷になる

754
version 
[vә́ːrʒәn]

①型，…版　②翻訳，脚色
③(ある立場からの)説明，解釈
(例) his version of events「事態についての彼の説明」

755
parallel
[pǽrәlel]

類似(物)，匹敵するもの(+ to)
形①類似した　②平行の　動～に似ている，匹敵する

756
horizon

①地平線，水平線　②(horizons) 視野
[hәráizn]
(例) broaden［expand］one's horizons「視野を広げる」
◇horizóntal　形水平な(⇔vertical)

757
acquaintance
[әkwéintәns]

①知人　②交際　③知識(②，③は少ない)
◆be acquainted with A　「Aを知っている」
= be familiar with A
◆acquaint A with B　「AにBを教える，知らせる」

758
burden
[bә́ːrdn]

重荷，負担，重圧　動(重荷を)～に負わせる(少数)
★精神的・経済的意味で使うことが多い。

□the scientific **basis** of his theory	彼の理論の科学的**根拠**
□**poison** gas	**毒**ガス
□the **Constitution** of Japan	日本国**憲法**
□business **administration**	企業の**経営**
□a city full of **charm**	**魅力**にあふれた都市

759
basis 
[béisis]

①基礎，根拠　②方式，やり方(＝way, manner)
★複数形はbases。
(例) on a regular basis「規則的に」(＝regularly)
◆on the basis of A「Aに基づいて」

760
poison
[pɔ́izn]

毒，毒物　動～を毒殺する，～を害する
◇póisonous　形有毒な，有害な
諺 One man's meat is another man's poison.
「ある人の食べ物が別の人には毒になる」(甲の薬は乙の毒)

761
constitution
[kɑnstətjúːʃən]

①憲法　②体質，体格 (②はまれ)
★特定の国の憲法はthe Constitution。

762
administration
[ədministréiʃən] 多義

①経営，運営(＝management)　②行政，政府；～局
(例) the Food and Drug Administration「食品医薬品局」(＝FDA)
(例) the Trump Administration「トランプ政権」
◇admínister　動～を管理[運営]する
◇admínistrative　形行政の，管理上の
◇admínistrator　名管理者；理事

763
charm
[tʃɑ́ːrm]

①魅力　②まじない；お守り　動〈人〉を魅了する
◇chárming　形魅力的な，感じのいい

□sense organs	感覚器官
□the prey of the lion	ライオンのえじき
□a *joint* venture with Taiwan	台湾との共同事業
□carry out a dangerous mission	危険な任務を果たす
□an inquiry into the accident	事故に関する調査

764
organ
[ɔ́:rgən]

①臓器，(動植物の)器官　②オルガン
◇orgánic　形有機的な；生物の
◇órganism　名生物 p. 181

765
prey
[préi]

獲物，えじき　動(+ on A) Aを捕まえて食べる
(例) **fall prey to A**「Aのえじきになる」

766
venture
[véntʃər]

冒険的事業；冒険
動危険を冒して行く；～を思い切ってする
(例) **venture into the unknown**「未知の世界へ乗り出す」
◇advénture　名冒険

767
mission
[míʃən]

①使命，任務　②[宇宙]飛行任務　③布教(団)
◇míssionary　名伝道師，宣教師
★**mission**の**miss**は「送る」という意味で，**míssile**「ミサイル」の**miss**と同語源だ。

768
inquiry 多義
[inkwáiəri]

①調査；探究(+ into)
②質問，問い合わせ(= question)
(例) **Thank you for the inquiry.**「お問い合わせありがとうございます」

動？
◇inquíre　動～を質問する(= ask)
★**inquire into A**「Aを調査する」は少ない。
inquire after A「Aの安否をたずねる」はまれ。

□the Academy Award *for* Best Picture	アカデミー最優秀作品賞
□a long strip of paper	長い紙切れ
□be in economic distress	経済的苦難におちいる
□increase blood circulation	血液の循環を高める
□keep the beer in the shade	ビールを日陰に置く
□a stereotype of Americans	アメリカ人に関する型にはまったイメージ

769
award 発音?
賞，賞品，賞金(＝prize)　動～を授与する
[əwɔ́ːrd]

770
strip
[stríp]
細長い一片　動～を裸にする，～から取り除く
★紙，土地，布などの細長い一片のこと。
◆comic strip　「(数コマからなる)漫画」

771
distress
[distrés]
苦しみ，悲嘆，苦難　動～を苦しめる

772
circulation 多義
[səːrkjuléiʃən]
①循環；流通　②発行部数　★circle「円」と同語源。
◇círculate　動循環する，流通する
◇círcular　形円形の；循環的な
◇círcuit　名回路，サーキット

773
shade
[ʃéid]
①陰，日陰　②(濃淡の)色合い　③(意味などの)わずかな違い　④(a ～)ほんの少し(＝a little)
(例) delicate shades of meaning「微妙な意味の違い」

Q shadeとshadowはどう違う？
A shadeは日陰の場所を言うが，shadowは光によってできる像としての影を言う。

774
stereotype
[stériətaip]
典型的なイメージ，類型；固定観念

2 (2) 名

□a lawyer and his **client**	弁護士とその**依頼人**
□the factory's **output**	その工場の**生産高**
□praise the **Lord**	**神**をたたえる
□follow social **conventions**	社会の**慣習**に従う
□discover a gold **mine**	金**鉱**を発見する
□a traditional Japanese **craft**	日本の伝統**工芸**

775
client
[kláiənt]

(弁護士などの)**依頼人**，(会社・店などの)**顧客**

776
output
[áutput]
反？

①**生産高**　②出力，アウトプット
◆put A out　「①A(火など)を消す　②Aを生産する」
⇔ínput　名入力，インプット

777
lord
[lɔ́ːrd]

①(Lord)**神**，キリスト　②**領主**，**貴族**
◇lándlord　名家主，地主，主人

778
convention　多義
[kənvénʃən]

①**慣習**，**しきたり**　②(大規模な)**会議**，**大会**　③**協定**
◇convéntional　形平凡な，慣習的な

779
mine
[máin]

鉱山　動～を掘る
◇míneral　名鉱物，鉱石
◇míner　名鉱夫
◇lándmine　名地雷

780
craft　多義
[krǽft]

工芸，**技術**　動～を巧みに作る
★まれにspacecraftの意味で用いられる。
◇áircraft　名航空機
◇spácecraft　名宇宙船 (＝spaceship)
◇cráftsman　名職人

□the core *of* the problem	問題の核心
□have a stroke	脳卒中になる
□America's last frontier	アメリカ最後の辺境
□He's popular with his peers.	彼は同僚に人気だ
□blood vessels	血管
□people with disabilities	障害を持つ人々

781
core
[kɔ́ːr]

中心，（問題の）核心
形（名詞の前で）主要な，中心的な

782
stroke 多義
[stróuk]

①脳卒中，発作　②打撃，一撃　③字画，一筆
動～をなでる，さする
（例）a stroke of luck「思いがけない幸運」

783
frontier
[frʌntíər]

①国境，辺境　②未開拓の分野，最前線
源 front「前面」

784
peer 多義
[píər]

同僚，仲間　動じっと見る
★「貴族」を一番にあげる本があるが，実際にはまれ。動詞は多い。
◆peer pressure　「仲間［周囲］の圧力」
◆peer review　「（学会などの）同僚の評価」

785
vessel 多義
[vésl]

①血管，管　②船　③器
★②は ship より堅い語で，比較的大型の船。
（例）a fishing vessel「漁船」

786
disability
[disəbíləti] 同?

〈身体・精神の〉障害
＝hándicap
★handicap は古くさく，disability より差別的とされる。
◇disábled　形障害を持つ（＝handicapped）

2 (2) 名

□zero gravity in space	宇宙の無重力状態
□a question of medical ethics	医学の倫理の問題
□a railroad terminal	鉄道の終点
□swim against the tide	潮流に逆らって泳ぐ
□child abuse	児童虐待

787
gravity
[grǽvəti]

①重力，引力(＝gravitation)　②重大さ，重み
◇gravitátional　形引力[重力]の

788
ethic
[éθik]

倫理(学)，価値観　★～sとする方が多い。
◆the work ethic 「労働を善とする価値観」
◇éthical　形倫理的な，道徳的な

789
terminal
[tə́ːrmənl]

①(バスなどの)終点，ターミナル
②(コンピュータなどの)端末
形末期の，終わりの，終点の
動？
◇términate　動～を終わらせる；終わる

Q terminal illnessの意味は？
A 「末期［命取り］の病気」

790
tide
[táid]

①潮流，潮の干満　②傾向，時流
諺 Time and tide wait for no man.「歳月人を待たず」

791
abuse
発音？

①虐待　②(薬などの)乱用　動～を虐待する；～を乱用する
名[əbjúːs]　動[əbjúːz]

(3) Adjectives　形容詞

MINIMAL PHRASES

Tr. 2-70

□feel guilty about leaving him	彼を捨てたことに罪の意識を感じる
□be vital *to* human health	人の健康にきわめて重要だ
□his fellow workers	彼の仕事仲間
□contemporary Japanese society	現代の日本社会
□his annual income	彼の年収
□become accustomed *to* driv*ing*	車の運転に慣れる

792
guilty
[gílti]

有罪の(⇔innocent)；罪の意識がある，うしろめたい
◆be guilty of A　「Aの罪で有罪だ」
◇guilt　名罪の意識；有罪

793
vital　多義
[váitl]

①きわめて重要な，必要な　②活気のある
◇vitálity　名生命力，活気

794
fellow
[félou]

仲間の，同僚の　名男，やつ
★名詞の前に置く。
（例）fellow citizens「同胞市民」，fellow students「学友」

795
contemporary

①現代の　②同時代の　名同時代人
[kəntémpəreri]　源 con(一緒の)＋tempor(時代)

796
annual
[ǽnjuəl]

①年に1度の，恒例の　②1年間の
◇ánnually　副年に1度

797
accustomed
[əkʌ́stəmd]

慣れた
◆be accustomed to A [Ving]　「A[Vすること]に
＝be used to A [Ving]　慣れている」

2 (3) 形

□steady economic growth	着実な経済成長
□very dull work	とても退屈な仕事
□I'm keen *to* talk to him.	私は彼と話をしたい
□wear loose clothes	ゆったりとした服を着る
□the delicate balance of nature	自然界の微妙なバランス
□internal medicine	内科

798
steady
[stédi] 同?

しっかりした；変わらない，一定の
＝cónstant
(例) a steady job「定職」
◇stéadily 副着々と，絶えず

799
dull
[dʌ́l]

①(人を)退屈させる(＝boring)
②(刃物・色彩・人が)鈍い；頭が悪い
諺 All work and no play makes Jack a dull boy.
「勉強ばかりで遊ばないとばかになる」

800
keen
[kíːn]

①熱望して，熱中して
②〈刃物などが〉鋭い；〈頭・感覚が〉鋭敏な
◆be keen to V 「Vしたがっている」
◆be keen on A 「Aに熱中している，Aが好きだ」

801
loose 発音?

①ゆるい，たるんだ ②解き放たれた，自由の
[lúːs] ★lose [lúːz] と混同しないこと。

802
delicate 多義 アク?

①〈問題などが〉微妙で難しい，慎重を要する
②繊細な，上品な；か弱い
[délikət]

803
internal
[intə́ːrnəl] 反?

①内部の(＝interior) ②国内の(＝domestic)
⇔extérnal 形外部の，国外の

□wear casual clothes	気楽な服装をする
□mature adults	成熟した大人
□give a concrete example	具体的な例をあげる
□How awful!	なんてひどい！
□be exhausted from overwork	過労で疲れ切っている

804
casual
[kǽʒuəl] 反?  

①形式ばらない，気楽な，さりげない　②偶然の，ふとした
①⇔fórmal　形形式ばった，堅苦しい

805
mature
[mətúər] 反? 同?

成熟した
動成熟する，大人になる(＝grow)；～を成熟させる
⇔immatúre　形未熟な，大人げない(＝childish)
＝ripe　形熟した，円熟した
★ mature「成熟した」は人に，ripe「熟した」は果物などに使うことが多い。
◇prematúre　形早すぎる
◇matúrity　名成熟(期)，円熟

806
concrete
[kɑ́nkriːt] 反?

具体的な，形のある　名コンクリート
⇔ábstract　形抽象的な

807
awful
[ɔ́ːfl]

ひどい，いやな(＝terrible)　副すごく
(例) an awful lot of time「すごく多くの時間」
◇áwfully　副ひどく
(例) I'm awfully sorry.「本当にすみません」
◇awe　名畏敬，おそれ多い気持ち

808
exhausted
[igzɔ́ːstid]

疲れ切っている(＝tired out)
◇exháust　動～を疲れさせる；使い切る
名排気，排出
◇exháusting　形〈仕事などが〉疲れさせる
◇exháustion　名極度の疲労；枯渇

□part of an overall plan	全体的な計画の一部
□tight jeans	きついジーンズ
□the prime cause	主要な原因
□a genuine interest in science	科学に対する真の関心
□a modest dress	控えめな服装
□an intimate relationship	親密な関係

809
overall
[óuvərɔ̀ːl]
全面的な，全体的な　副全体として，概して

810
tight
[táit]
動？
①引き締まった，(服などが) きつい　②厳しい
副きつく，堅く
◇tíghten　動～を引き締める，きつくする

811
prime
[práim]
最も重要な，主要な，第一の
◆the prime minister　「総理大臣」
◇prímary　形第一の；主要な
◆primary school　「小学校」

812
genuine
[dʒénjuin]
〈関心・愛情などが〉真の，本物の(＝real)，心からの
(例) a genuine smile「心からの笑顔」

813
modest　多義
[mádəst]
①控えめな，謙虚な(⇔arrogant)　②質素な
③少しの，わずかな (③も重要)
(例) a quite modest number of books「わずかな数の本」

814
intimate
発音？
親密な，親しい
[íntəmət]
★性的ニュアンスもあるので，代わりにcloseを用いることがある。
◇íntimacy　名親密さ

□minimum effort	最小の努力
□sophisticated computer technology	高度なコンピュータ技術
□I have a dog and a cat. *The* latter is bigger.	犬と猫を飼っているが，後者の方が大きい
□a bitter experience	苦い経験
□expressions peculiar *to* English	英語特有の表現
□a passive attitude	消極的な態度

815
minimum
[mínimәm] 反?

最小限の，最低限の　名最小限，最低限
⇔máximum　形 名最大限(の)
◇mínimal　形最小の，非常に少量の

816
sophisticated
[sәfístikeitid]

①高度な，精巧な
②洗練された，教養のある

817
latter
[lǽtәr]

後者の；後の，後半の
◇láter　形 副もっと遅い；後で(⇔earlier)
◆the latter　「後者」

Q「前者」は？
A the former ▶ p. 56

818
bitter 多義
[bítәr]

①苦い；つらい
②腹を立てた，いまいましい気持ちの

819
peculiar
[pikjúːliәr]

①独特の，固有の　②変な，妙な　★やや堅い語。
◇peculiárity　名 特性，特色

Q The custom is peculiar (　) Japan.
A to「その習慣は日本独特のものだ」

820
passive
[pǽsiv] 反?

受動的な，消極的な，活発でない
⇔áctive　形 活動的な，積極的な
◆passive smoking「受動喫煙」
★他人のタバコの煙を吸わされること。

2 (3) 形

□different ethnic groups	異なる民族集団
□a person of noble birth	高貴な生まれの人
□make a vain effort	むだな努力をする
□blame innocent people	罪の無い人々を責める
□the underlying cause	根本的な原因
□an alien species	外来種

821
ethnic
[éθnik]

民族的な，民族の
◆ethnic group 「民族集団」
★主に文化的集団。肉体的特徴を持つ「人種」はrace。
◆ethnic minority「少数民族」

822
noble
発音?

高貴な，気高い 名(nobles)貴族
[nóubl]

823
vain
[véin]

①むだな，むなしい ②虚栄心の強い (②は少ない)
◆in vain 「むだに，むなしく」★頻出!
◇vánity 名①虚栄心 ②むなしさ

Q He tried ( ) vain to save her.
A in「彼は彼女を助けようとしたがむだだった」

824
innocent 多義
[ínəsənt] 反?

①無罪の，罪の無い ②無邪気な，うぶな
⇔guílty 形有罪の
◇ínnocence 名無罪；無邪気

825
underlying
[ʌndərláiiŋ]

根本的な，基礎となる；裏に潜んだ
◇underlíe 動～の背後にある；〈理論・行動など〉の基礎となる

826
alien
[éiljən]

①外国(人)の(＝foreign) ②異質な，なじみのない(＝strange) 名①外国人(市民権が無い人) ②宇宙生物
◇álienate 動～を疎外する

□be relevant *to* the question	その問題に関係がある
□I *am* inclined *to* believe him.	彼の言葉を信じたい気がする
□an awkward silence	気まずい沈黙
□That's a brilliant idea!	それはすばらしいアイディアだ！
□a desperate attempt	必死の試み

827
relevant
[réləvənt] 反？

関連のある；適切な　★20%以上が＋to A。
⇔irrélevant　形不適切な，無関係な
◇rélevance　名関連(性)

828
inclined 
[inkláind]

(be inclined to V) ①Vしたい気がする　★＝feel like Ving
②Vする傾向がある　★＝tend to V, be likely to V
(例) be inclined to accept a rumor as true
「うわさを本当だと受けとる傾向がある」
◇inclinátion　名①(～したい)気持ち　②傾向

829
awkward
[ɔ́:kwərd]

①〈状況などが〉気まずい，やっかいな　②〈物が〉扱いにくい　③〈人・動作が〉ぎこちない(＝clumsy)

830
brilliant
[bríljənt]

すばらしい，輝かしい；〈人・才能などが〉極めて優秀な

831
desperate
[déspərət]

①〈人・努力が〉必死の　②〈事態が〉絶望的な
◆be desperate to V　「Vしたくてたまらない」
◆be desperate for A　「Aを死ぬほど欲しい」
◇désperately　副必死に，ひどく

□a refreshing drink	さわやかな飲み物
□I'm thrilled to hear your voice.	君の声が聞けてとてもうれしい
□her inner self	彼女の内なる自分
□be consistent *with* the theory	理論と一致する
□be written in plain English	平易な英語で書かれている

832
refreshing
[rifréʃiŋ]

さわやかな，すがすがしい，清新な
◇refrésh 動①〈人〉の気分をさわやかにする ②〈記憶〉を思い出させる
(例) The cool air refreshed me.
「冷たい空気のおかげで私はさわやかな気分になった」
◇refréshment 名軽い飲食物；元気回復

833
thrilled
[θríld]

〈人が〉とてもうれしい，わくわくしている
◇thrill 名〈感動・喜び・恐怖などで〉わくわくする気持ち
★thrillの動詞用法は比較的少ない。
◇thrílling 形〈人を〉わくわくさせるような

834
inner
[ínər]
反?

内側の，心の奥の
◆the inner city 「都心の貧困層が住む地域，スラム」
⇔outer 形外の，中心から離れた
◆outer space 「宇宙空間」

835
consistent
[kənsístənt]
反?

①矛盾のない，一致した(+ with) ②一貫した，不変の
★30％以上がwithを伴う。
◇consístency 名一貫性
⇔inconsístent 形矛盾した，一貫性のない

836
plain
[pléin]
多義

①明白な，わかりやすい ②簡素な，無地の 名平野

□have vivid memories	鮮やかな思い出がある
□a miserable life	惨めな生活
□a substantial number of people	相当な数の人々
□She is very fond *of* reading.	彼女は読書が大好きだ
□True or false?	正しいかまちがいか
□a lazy student	怠惰な学生

837
vivid
[vívid]

①鮮やかな，鮮明な　②〈描写などが〉生き生きした
源 viv (生きる)

838
miserable
[mízərəbl]

惨めな，不幸な；不十分な
◇mísery　名悲惨さ，惨めさ，不幸

839
substantial 多義
[səbstǽnʃəl]

①相当な，多大な　②実質的な，重要な
◇súbstance　名物質；中身 p. 184

840
fond
[fánd]

(be fond of A) Aが好きだ
★約80%がこの形で用いる。
★be fond of A very muchは誤り。be very fond of Aは可。

841
false
[fɔ́:ls]

まちがいの，いつわりの
★wrongが「うっかりまちがえた」のニュアンスを持つのに対し，falseは「わざとまちがえた，にせの」というニュアンスを持つ。テストの選択肢がまちがいなのはfalseで，それにひっかかったら"Wrong!"だ。
反？ ⇔true　形真の，正しい

842
lazy
[léizi]

①(やる気がなくて)怠惰な，無精な，なまけものの
②くつろいだ，のんびりした (少数)
(例) enjoy lazy weekends「のんびりした週末を楽しむ」

(4) Adverbs etc.　副詞・その他

MINIMAL PHRASES　　Tr. 2-80

□precisely at noon	ちょうど正午に
□She was cooking. Meanwhile, I was drinking.	彼女は料理をしていた。その間，私は酒を飲んでいた。
□disappear altogether	完全に消滅する
□Have you seen him lately?	最近彼に会いましたか
□barely survive the war	かろうじて戦争を生き延びる

843
precisely
[prisáisli]

正確に，まさに，ちょうど(= exactly)
◇precíse　形 正確な，まさに
◇precísion　名 正確さ

844
meanwhile
[mí:n*h*wail]

①その間に　②一方では
◆in the meantime「その間に」
源 mean(中間) + while(時間)
while には「時間(= time)」の意味がある。

845
altogether
[ɔ:ltəgéðə*r*]

①完全に，まったく　②全部で

846
lately
[léitli]

最近，近頃
★現在完了形と共に用いられることが多い。(▶ p. 62 recently)
★lately には「遅く」の意味はない。 cf. late 形 副「遅い；遅く」

847
barely
[béə*r*li]

①かろうじて，やっとのことで(= only just)
②ほとんど〜ない(= hardly)
◇bare　形 ①むき出しの；〈部屋などに〉なにもない ②ぎりぎりの，最小限の
◇bárefoot　副 裸足で

□I could scarcely believe it.	ほとんど信じられなかった
□You're an adult, so act accordingly.	君は大人なのだからそれ相応に行動しなさい
□deliberately ignore him	彼をわざと無視する
□beneath the surface of the water	水面下で
□The British say "lift," whereas Americans say "elevator."	イギリス人は「リフト」と言うが，アメリカ人は「エレベータ」と言う

848
scarcely
[skéərsli]

ほとんど〜ない(＝hardly)
◆scarcely ... when [before] 〜「…してすぐに〜した」
★普通 ... には過去完了形，when [before] 節中は過去形。
◇scarce 形乏しい，不十分な

Q We (　) scarcely reached the station when the train left.

A had 「私たちが駅に着くとすぐに，列車は出発した」過去完了形に注意。

849
accordingly
[əkɔ́:rdiŋli]

①それ相応に，それに応じて
②したがって(＝therefore)
★②はしばしば文頭で，穴埋め問題にも出る。
◆according to A 「①A(情報源)によると②Aに応じて」

850
deliberately
アク？
同熟？

①わざと，故意に(＝intentionally)　②慎重に
[dilíbərətli]
＝on purpose 「わざと」
◇delíberate 形意図的な，慎重な

851
beneath
[biní:θ]

前〜の下で(＝under, below)　副下の方に

852
whereas
[hweərǽz]

接〜だが一方，〜であるのに
★while より堅い語で比較・対照を表す。

2 (4) 副

(5) Verbs　動詞

MINIMAL PHRASES

Tr. 3-02

853
□**declare** independence from Britain　イギリスからの独立を宣言する
[dikléər]　〜と明言する (+ that〜)

◇declarátion　名宣言，明言
(例) the Declaration of Independence　「アメリカ独立宣言」

854
□**alter** the pattern of behavior　行動パターンを変える
発音？　[ɔ́:ltər]　変わる (= change)

◇alterátion　名変更，改変(= change)

855
□Problems **arise** *from* carelessness.　不注意から問題が生じる
[əráiz]

Q 過去・過去分詞形は？　A arose; arisen

856
□**transform** food *into* energy　食べ物をエネルギーに変える
[trænsfɔ́:rm]　〜を変形する

◆transform A into B　「AをBに変える」
名？　◇transformátion　名変形，変化

857
□**defeat** the champion　チャンピオンを打ち負かす
[difí:t]　(= beat)　名敗北，失敗

Q Brazil won Italy. の誤りは？　A Brazil defeated Italy. が正しい。〈win +試合・賞〉なら可。ex. He won the match［first prize］.

858
□**investigate** the cause of the failure　失敗の原因を調査する
[invéstəgeit]

同熟？　= look into
◇investigátion　名調査，捜査

859
□**distinguish** a lie *from* the truth [distíŋgwiʃ]
うそと真実を見分ける
～を区別する

◆distinguish A from B 「AとBを区別する」 = distinguish between A and B
名? ◇distínction 名区別
形? (3つ) ◇distínct 形はっきりした；全く異なる
◇distínctive 形独特の
◇distínguished 形著名な

860
□**bury** treasure 発音?
宝物を埋める
[béri]～を埋葬する ★過去分詞が多い。

◆be buried 「埋葬され(てい)る，埋まっている」
◇búrial 名埋葬

861
□**cope** *with* problems [kóup]
問題にうまく対処する

862
□This problem often **occurs**. [əkə́ːr]
この問題はしばしば起こる
(＝happen) (～red; ～ring)

◆occur to A 「〈考えなどが〉A(人)に浮かぶ」
◆naturally occurring 「天然に存在する，人工物でない」
名? ◇occúrrence 名出来事；起こること

863
□**accomplish** the difficult task [əkámpliʃ]
困難な仕事をやりとげる
(＝carry out)

同? (2つ) ＝achíeve, attáin
◇accómplishment 名完遂，達成；業績
◇accómplished 形熟練した；できあがった

864
□Don't **hesitate** *to* ask questions. [héziteit]
質問するのをためらうな
★約50%がto Vを伴う。

◇hesitátion 名ためらい
◇hésitant 形ためらっている

865
□**endure** great pain　ひどい苦痛に耐える
[endjúər]　持続する

同?　同熟?　(2つ)　= stand, bear, put up with
◇endúrance　名忍耐，耐久力
◇endúring　形長続きする
◇dúrable　形耐久性のある

866
□**conclude** that he is OK　彼は大丈夫だと結論づける
[kənklú:d]　～をしめくくる

◇conclúsion　名結論，結末

867
□**guarantee** your success　君の成功を保証する
アク?　[gærəntí:]　～を請け負う　名保証

868
□**dominate** the world economy　世界経済を支配する
[dáməneit]　(= control, rule)

◇dóminant　形優位の，支配的な

869
□**confirm** Darwin's theory　ダーウィンの理論を裏づける
[kənfə́:rm]　～を確認する　源 firm (確かな)

870
□**greet** people with a smile　笑顔で人にあいさつする
[grí:t]　～を迎える

◇gréeting　名あいさつ

871
□**entertain** the audience　観客を楽しませる
[entərtéin]　～をもてなす；〈考え〉を持つ

★動詞の語尾 -tain にはアクセントがある。
名?　◇entertáinment　名娯楽，興行，催し物
◇pástime　名気晴らし，娯楽，趣味(= hobby)

872
□**defend** ourselves *against* attack　攻撃から自分たちを守る
[difénd]　～を弁護する

◇defénse　名防衛；弁護

873
□**forbid** him *to* go out [fərbíd]
彼の外出を禁じる (forbid; forbade; forbidden)

◆forbid A to V 「AがVするのを禁じる」
反？(2つ) ⇔allów, permít
★forbid A from Ving も可。

874
□**broadcast** the concert live [brɔ́:dkæst]
生でコンサートを放送する
名放送，番組

875
□**sacrifice** everything for love [sǽkrəfais]
愛のためすべてを犠牲にする
名犠牲，いけにえ

876
□**punish** him *for* the crime [pʌ́niʃ]
その罪で彼を罰する

◆punish A for B 「AをB(悪事など)のことで罰する」
◇púnishment 名罰すること，処罰

877
□**glance** *at* the clock [glǽns]
時計をちらりと見る
名ちらりと見ること

◆at first glance 「一見したところでは」

878
□**retain** the world title [ritéin]
世界タイトルを保持する
～を保つ (＝keep)

源 tain (＝hold 保つ，持つ)

879
□**calculate** the cost [kǽlkjəleit]
コストを計算する
～と推定する (＋that～)

◇calculátion 名計算

880
□leave a **sinking** ship [síŋk]
沈む船から逃げる
～を沈める　名(台所の)流し

881
□**rescue** a man from a fire [réskju:]
火事で人を救助する
名救助

882
□**beg** him *to* come back | 彼に帰って来てと乞う
[bég] | 請い求める（＋for）
◇béggar | 名乞食

883
□**define** a day *as* twenty-four hours | 1日を24時間と定義する
[difáin]
名？ ◇definítion | 名定義
形？ ◇définite | 形明確な，限定された
◇defíning | 形典型的な

884
□It is easy to **deceive** people. | 人をだますのは簡単だ
発音？ | [disíːv]
同熟？ ＝take in
◇decéption | 名だますこと
◇decéit | 名詐欺，ぺてん

885
□**convey** information | 情報を伝える
[kənvéi]

886
□energy to **sustain** life | 生命を維持するためのエネルギー
[səstéin] | 源 sus（＝under）＋tain（＝hold）
◇sustáinable | 形地球にやさしい，（環境破壊をせず）持続可能な

887
□**purchase** the land | その土地を購入する
アク？ | [pə́ːrtʃəs]（＝buy） 名購入（品）

888
□Memories of the war **fade** *away*. | 戦争の記憶が薄れる
[féid] | 色あせる，弱まる

889
□**regulate** traffic | 交通を規制する
[régjəleit] | ～を調整する
◇regulátion | 名規制，規則

890
□**distribute** food equally — 平等に食料を分配する
(アク?) [distríbjuːt] ～を配布する
◇distribútion 名分配；分布

891
□**enhance** the quality of life — 生活の質を向上させる
[inhǽns] 〈能力・価値〉を高める

892
□**chat** *with* friends — 友達とおしゃべりする
[tʃǽt] 名おしゃべり
◆have a chat 「おしゃべりする」
◇chátter 動ぺちゃくちゃしゃべる，うるさく鳴く

893
□Demand **exceeds** supply. — 需要が供給を超える
[iksíːd] ～にまさる
源 ex（＝out）＋ceed（進む）

894
□**wipe** the table — テーブルをふく
[wáip]
◆wipe A out 「Aを絶滅させる，根絶する」
（例）wipe out the dinosaurs 「恐竜を絶滅させる」
◇wíper 名（自動車の）ワイパー；ふく物

895
□**cooperate** *with* each other — お互いに協力する
[kouάpəreit] ★約40％がwithを伴う。
◇cooperátion 名協力
◇coóperative 形協力的な

896
□**inherit** genes *from* our parents — 親から遺伝子を受け継ぐ
[inhérit]
(名?) ◇inhéritance 名継承，遺伝，遺産

897
□**unite** the Arab world [ju:náit] | アラブ世界を団結させる 源 uni（1つ）

◆the United Nations 「国際連合：国連」
◇únity 名統一(体)，単一(性)
◇únify 動～を1つにする，統合する

898
□Look before you **leap**. [lí:p] | 跳ぶ前によく見よ 諺 名跳ぶこと，跳躍

(例) by leaps and bounds 「どんどん，トントン拍子で」

899
□**exaggerate** the size of the fish [igzǽdʒəreit] | 魚の大きさを誇張する 〈重要性など〉を強調しすぎる

◇exaggerátion 名誇張，大げさな表現

900
□**conquer** the world 発音? | 世界を征服する [káŋkər]

名? ◇cónquest 名[kánkwest] 征服

901
□The snow will **melt** soon. [mélt] | 雪は間もなく溶けるだろう 〈固体〉を溶かす

(例) a melting pot 「(人種・文化などの)るつぼ」

902
□**invade** Poland [invéid] | ポーランドに侵入する ～を侵略する

◇invásion 名侵入，侵略
◇invásive 形侵入する
◆invasive species 「侵入種，外来種」

903
□**modify** the plan [mádifai] | 計画を修正する ～を変更する

名? ◇modificátion 名修正，変更

904
□**scatter** toys on the floor [skǽtər] | 床におもちゃをばらまく ～をまき散らす
◇scáttered | 形点在する，散在する，散らばった
(例) scattered islands | 「点在する島」

905
□**undergo** great changes [ʌndərgóu] | 大きな変化を経験する (＝experience)；〈苦難〉を受ける
(undergo; underwent; undergone)

906
□**evaluate** online information [ivǽljueit] | オンライン情報を評価する ～を見積もる 源 value(価値)
◇evaluátion | 名評価

907
□**bend** down to pick up the can [bénd] | カンを拾おうと身をかがめる 曲がる；～を曲げる
(bend; bent; bent)

908
□The word **derives** *from* Latin. [diráiv] | その単語はラテン語に由来する 〈利益など〉を引き出す
◆be derived from A | 「Aに由来する，Aから得られる」
◆derive A from B | 「BからAを引き出す」

909
□a girl **screaming** for help [skrí:m] | 助けを求め悲鳴をあげる少女 名悲鳴，金切り声

910
□**gaze** *at* the stars [géiz] | 星を見つめる 名視線，凝視
同? ＝stare

911
□**pray** for a sick child [préi] | 病気の子供のために祈る
名? ◇práyer | 名祈り(のことば)

2 (5) 動

912
□**polish** the shoes [pálɪʃ] | 靴を磨く

913
□**classify** man *as* an animal [klǽsifai] | 人間を動物として分類する
◇classificátion | 名 分類

914
□**assert** *that* it is impossible [əsə́ːrt] | それは不可能だと主張する
◆assert oneself | 「自己主張する」
◇assértion | 名 主張
◇assértive | 形 自己主張をする，自分の意見を言う

915
□**grab** him by the arm [grǽb] | 彼の腕をつかむ
〈注意など〉をひきつける
(~bed; ~bing)

916
□**fold** a piece of paper [fóuld] | 紙を折りたたむ
〈腕など〉を組む
◇unfóld | 動 進展する；(～を) 展開する

917
□**sweep** the floor [swíːp] | 床を掃く
～を一掃する；(～で) 急速に広まる
(sweep; swept; swept)
(例) Cholera swept through the area. | 「コレラがその地域で急速に広まった」

918
□**whisper** in her ear [hwíspər] | 彼女の耳にささやく
名 ささやき (声)

919
□**imitate human behavior** 人間の行動をまねる
アク? [ímәteit] 模造する
同? ◇mímic 動〜をまねる，物まねをする
◇imitátion 名まね，模造品

920
□**stop and stare *at* her** 立ち止まって彼女をじっと見る
[stéәr]

921
□**emphasize the importance of health** 健康の大切さを強調する
[émfәsaiz]
名? ◇émphasis 名強調
◆put emphasis on A 「Aを強調する」＝emphasize A

922
□***get* rid *of* stress** ストレスを取り除く
[ríd] 〜を脱する
★ridの90%以上が上の形。 (rid; rid; rid)
◆rid A of B 「AからBを取り除く」

923
□**pour wine into the glass** グラスにワインを注ぐ
発音? [pɔ́ːr]

924
□**vanish from sight** 視界から消える
[vǽniʃ] (＝disappear)

925
□**restore the old building** 古い建物を修復する
[ristɔ́ːr] 〜を回復する

926
□**deserve *to be* punished** 罰を受けて当然だ
[dizә́ːrv] 〈称賛・罪など〉を受けるに値する

2 (5) 動

(6) Nouns　名詞

MINIMAL PHRASES

Tr. 3-13

927
□a space science **laboratory** [lǽbərətɔ̀ːri]
宇宙科学研究所
源 labor(働く) + atory(場所)

928
□an international **conference** [kɑ́nfərəns]
国際会議
(+ on A : Aに関する)

◆press conference　「記者会見」 cf. press p. 346
◇cháirman　名議長(= chairperson)

929
□cross the American **continent** [kɑ́ntinənt]
アメリカ大陸を横断する
★continueが語源。「ずっと続く陸地」の意。

◇continéntal　形大陸の

930
□national health **insurance** [inʃúərəns]
国民健康保険

動? ◇insúre　動①〜に保険をかける
②〜を確実にする(= ensure)

931
□the **crew** of the space shuttle [krúː]
スペースシャトルの乗組員たち
(作業の)チーム

932
□live in **poverty** [pɑ́vərti]
貧乏な生活をする

933
□water **shortage** [ʃɔ́ːrtidʒ]
水不足

◆be short of A　「Aが不足している」
◆run short of A　「Aが不足する」

934
□international **affairs** [əféər] — 国際**情勢**

◆love affair 「恋愛(関係)，情事」
◆the state of affairs 「情勢，事態」

935
□the only **exception** *to* the rule [iksépʃən] — その規則の唯一の**例外**

◆with the exception of A 「Aという例外を除き」
形？ ◇excéptional 形特に優れた，例外的な

936
□work for *low* **wages** [wéidʒ] — 安い**賃金**で働く

★wageは，主に肉体労働に対する時間給・日給を言う。salaryは，月給などを指す。

937
□knowledge and **wisdom** [wízdəm] — 知識と**知恵**

◆ conventional wisdom 「世間一般の通念」
形？ ◇wise 形賢い，賢明な

938
□pay **taxes** *on* the land [tǽks] — その土地にかかる**税金**を払う

939
□human **evolution** [evəljúːʃən] — 人類の**進化**

◆the theory of evolution 「進化論」
動？ ◇evólve 動進化する
◆natural selection 「自然選択[淘汰]」

940
□the language **barrier** アク？ — 言葉の**壁**
[bǽriər] 障害(＋to)

941
□fall into the same **category** [kǽtəgɔːri] — 同じ**範ちゅう**に属する
カテゴリー，分類(＝group)

2 (6) 名

942
□the family as a social **unit** [júːnit] | 社会の単位としての家族

943
□the restaurant's **reputation** [repjutéiʃən] | そのレストランの評判
名声

944
□the **virtue** of hard work [vəːrtʃuː] | 勤勉の美徳

反? ⇔vice 名悪徳 ▶ p.352
◆by virtue of A 「Aの理由で」= because of A
◇vírtuous 形有徳の，高潔な

945
□have the **courage** *to* tell the truth [kə́ːridʒ] | 真実を話す勇気を持つ

動? ◇encóurage 動～をはげます，促進する
形? ◇courágeous 形勇敢な

946
□feel **sympathy** *for* the victim [símpəθi] | 犠牲者に同情する
共感

同? =compássion 名同情
◇sympathétic 形同情に満ちた，共感する
動? ◇sýmpathize 動同情する，賛同する(=agree)
源 sym(共に，同じ)+pathy(感情)

947
□a labor **union** [júːnjən] | 労働組合
同盟；連邦 源 uni(1つ)

948
□Western **civilization** [sivəlizéiʃən] | 西洋文明

◇cívilized 形文明化した

949
□a 10,000-**volume** library アク? | 蔵書1万冊の図書館
[válju(ː)m] 本；量，容積

950
□cherry **blossoms** [blásəm] — サクラの花
動開花する，盛りになる（＝bloom）
★果樹の花を指す。（草の花は flower）

951
□the beginning of a new **era** [í:rə] — 新しい時代の始まり
（＝age）

952
□*settle* international **disputes** [dispjú:t] — 国際紛争を解決する
論争　動～を議論する

953
□the **tourism** industry in Japan [túərizm] — 日本の観光産業
◇ecotóurism — 名エコツーリズム
★環境保護に配慮した観光。

954
□the history of **mankind** [mænkáind] — 人類の歴史

955
□mass **murder** [mə́:rdər] — 大量殺人
殺りく　動〈人〉を殺す

956
□**landscape** painting [lǽndskeip] — 風景画

957
□reach the final **destination** [destinéiʃən] — 最終目的地に着く
行き先
◆tourist destination — 「観光地」

958
□tell a *fairy* **tale** [téil] — おとぎ話をする
物語（＝story）
★fairy は「妖精」の意味。

959
□political reform [rifɔ́ːrm] | 政治改革
動 ～を改善する

Q 「家をリフォームする」は？
A remodel [remake;renovate] a house。reformは政治や制度の改革に使う言葉で，左の意味では使わない。

960
□muscles and bones [mʌ́sl] | 筋肉と骨

◇múscular | 形 筋肉の；たくましい

961
□future prospects [práspekt] | 将来の見通し
見込み

源 pro(前を)＋spect(見る)

962
□run a large corporation [kɔːrpəréiʃən] | 大企業を経営する
法人

◇córporate | 形 企業の，会社の

963
□a former British colony [káləni] | 元イギリスの植民地
(ある場所に住む生物の)群

964
□a quarrel *with* my wife [kwɔ́(ː)rəl] | 妻との口論
動 口論する，言い争う

965
□an intellectual profession [prəféʃən] | 知的職業

◆the medical profession | 「医療従事者」
◇proféssional | 形 専門的な，プロの

966
□unique aspects *of* Japanese culture アク? | 日本文化のユニークな側面
[ǽspekt] 様相 ★約80%にofがつく。

967	
□a three-minute **pause** [pɔ́:z]	3分間の休止 動休止する，一休みする
968	
□the **conflict** *between* the two sides [kɑ́nflikt]	その両者間の対立 衝突；紛争
	動[kənflíkt] 矛盾する(＋with)
969	
□white **privilege** [prívilidʒ]	白人の特権
◇prívileged	形特権のある
970	
□economic **prosperity** [prɑspérəti]	経済的繁栄
◇prósperous	形繁栄している
◇prósper	動栄える，成功する
971	
□a musical **genius** 発音?	音楽の天才 [dʒí:njəs] 天才的才能
972	
□plant pumpkin **seeds** [sí:d]	カボチャの種をまく
◇sow	動(種を)まく
973	
□**symptoms** of a cold [símptəm]	カゼの症状 兆候，きざし
974	
□his greatest **merit** [mérit]	彼の最大の長所
反? ⇔demérit	名欠点，短所
975	
□destroy the ozone **layer** [léiər]	オゾン層を破壊する

2 (6) 名

976
□a clue *to* the mystery | その謎を解く手がかり
[klú:] | ヒント ★25%以上がtoを伴う。

977
□*under* any circumstances | いかなる状況においても ★9割が複数。
アク? | [sə́:rkəmstænsiz] 周囲の事情

◆under the circumstances | 「そういう状況では；現状では」

978
□the city's business district | その都市の商業地区
[dístrikt] | 地域 ★特に行政上の区域。

◆school district | 「学区」

979
□spend two years in prison | 刑務所で2年過ごす
[prízn]

◇prísoner | 名囚人，捕虜
◇impríson | 動～を投獄する
同? ＝jail | 名刑務所，監獄，拘置所
動～を投獄する

980
□my traveling companion | 私の旅行仲間
[kəmpǽnjən] | 道連れ

981
□chief executive officer | 最高経営責任者(CEO)
[igzékjətiv] | 幹部，重役

982
□a strong sense of justice | 強い正義感
[dʒʌ́stis]

動? ◇jústify | 動～を正当化する
◇justificátion | 名正当化

983
□the check-in procedure | チェックインの手続き
[prəsí:dʒər] | 手順；処置

★proceed「進む」(▶ p. 110)と同語源。

984
□**the sun's rays** [réi] — 太陽光線
放射線

◆X-ray 「レントゲン写真；X線」
◆ultraviolet rays 「紫外線」

985
□**go to heaven** [hévən] — 天国に昇る
(the heavens) 空

反? ⇔hell 名地獄 cf. earth「地上，この世」
◆heavenly body 「天体」

986
□**lead a life of luxury** [lʌ́gʒəri] — ぜいたくな生活を送る

(例) a luxury hotel 「豪華なホテル」 ★形容詞用法も多い。
形? ◇luxúrious 形豪華な，一流好みの

987
□**oxygen in the air** [ɑ́ksidʒən] — 空気中の酸素
源 oxy(酸)＋gen(生む)

◇hýdrogen 名水素 源 hydro(水)＋gen(生む)
◇nítrogen 名窒素

988
□**lack of funds** [fʌ́nd] — 資金不足
基金 動～に資金を出す

989
□**the theme of the book** 発音? — その本の主題
[θiːm] テーマ

990
□**the boundary *between* two countries** [báundəri] — 二国間の境界
(＝border)；範囲，限界

991
□**his ambition *to* be a writer** [æmbíʃən] — 作家になりたいという彼の熱望
野心，野望

形? ◇ambítious 形野心的な，熱望している
(＋to V, ＋for)

2 (6) 名

992
□the *weather* forecast　[fɔ́ːrkæst]
天気予報
予測　動～を予報する

993
□study social psychology　発音?
社会心理学を研究する
[saikɑ́lədʒi]
◇psychólogist　名心理学者
◇psycholόgical　形心理学の
◇cóunselor　名カウンセラー

994
□do hard labor　[léibər]
重労働を行う
骨折り，努力
形?　◇labórious　形骨の折れる，困難な

995
□the International Olympic Committee　アク?
国際オリンピック委員会（IOC）
[kəmítiː]
源 commit（委任する）＋ ee（～された）

996
□a physician at the hospital　[fizíʃən]
その病院の医者
内科医

997
□his philosophy of life　[filɑ́səfi]
彼の人生哲学
人生観　源 philo（愛する）＋ soph（知恵）
◇philósopher　名哲学者

998
□a deep affection *for* animals　[əfékʃən]
動物への深い愛情
好意
◇afféctionate　形愛情ある，やさしい

999
□a candidate *for* President　[kǽndideit]
大統領候補

1000
□an atomic **bomb** (発音?) | 原子**爆弾**
[bάm] ★bは黙字。
◇bómbing | 名 爆撃，爆破

1001
□give top **priority** to safety | 安全を最**優先**する
[praiɔ́(:)rəti] | 優先事項

1002
□an **obstacle** *to* communication | コミュニケーションの**障害**
[άbstəkl] | じゃま（な物）

1003
□have no **appetite** | **食欲**がない
[ǽpitait] | 欲望（＝desire）（＋for）

1004
□relieve **tension** | **緊張**を緩和する
[ténʃən] | ★relieve p. 350
(形?) ◇tense | 形 緊張した；張りつめた　名 時制

1005
□a Native American **tribe** | アメリカ先住民の**部族**
[tráib] | 種族

1006
□cut the defense **budget** | 防衛**予算**を削減する
[bʌ́dʒit] | 予算案

1007
□the **campaign** *to* promote tourism | 観光を促進する**運動**
[kæmpéin]

1008
□joy and **sorrow** | 喜びと**悲しみ**
[sάrou]
◆to A's sorrow | 「Aが悲しんだことには」

1009
□a communications satellite [sǽtəlait] | 通信衛星
人工衛星(＝artificial satellite)

1010
□a deep insight *into* life [ínsait] | 人生に対する深い洞察
見識，理解(力)

1011
□have a bad cough 発音? | ひどいせきが出る
[kɔ́(:)f] 動せきをする
◇snéeze | 名くしゃみ 動くしゃみをする

1012
□decide the fate of the world [féit] | 世界の運命を決定する
(悪い)運；破滅
形? ◇fátal | 形致命的な(＝deadly)

1013
□a training scheme for pilots 発音? | パイロットの訓練計画
[skí:m] (＝plan)

1014
□an insult to women アク? | 女性に対する侮辱
名[ínsʌlt] 動[insʌ́lt] ～を侮辱する

1015
□the inhabitants *of* the country [inhǽbitənt] | その国の住民
(＝resident) p. 43
動? ◇inhábit | 動～に住む(＝live in)

1016
□burn fossil *fuels* [fá(:)səl] | 化石燃料を燃やす
★この形が約50%。

1017
□the motive for the crime [móutiv] | 犯罪の動機
動? ◇mótivate | 動〈人に〉動機[刺激]を与える
(＝stimulate)
◇motivátion | 名動機づけ，刺激

1018	
□human instinct to fight アク?	人間の闘争本能 [ínstiŋkt] 直観
◇instínctive	形本能的な
1019	
□the legend of Robin Hood [lédʒənd]	ロビン・フッドの伝説 言い伝え
◇légendary	形伝説の，伝説上の
1020	
□the Roman Empire アク?	ローマ帝国 [émpaiər]
◇émperor	名皇帝，天皇 ★普通the Emperor。
◇impérial	形帝国の
1021	
□live in the suburbs of London [sʌ́bəːrb]	ロンドンの郊外に住む
1022	
□study modern architecture 発音?	近代建築を学ぶ [áːrkitektʃər] 建築様式
◇árchitect	名建築家
◇architéctural	形建築の
1023	
□love and passion [pǽʃən]	愛と情熱
◇pássionate	形情熱的な，熱烈な
1024	
□the treatment of cancer [kǽnsər]	がんの治療
◆lung cancer	「肺がん」
1025	
□persuade him with logic [ládʒik]	彼を論理で説得する 論理学
◇lógical	形論理的な，筋の通った

1026	
□two **dozen** eggs [dʌ́zn]	2 **ダース**の卵 ★数詞の後ではdozensとしない。
◆dozens of A	「何ダースものA」
1027	
□a good **harvest** of rice [hɑ́ːrvist]	米の豊かな**収穫** 動~を収穫する
1028	
□the **ingredients** of the cake [ingríːdiənt]	ケーキの**材料** 構成要素，成分（＋in, of）
1029	
□*test* the **hypothesis** [haipɑ́θəsis]	**仮説**を検証する 仮定 ★複数形はhypotheses。
1030	
□the first **voyage** of Columbus [vɔ́iidʒ]	コロンブスの最初の**航海** 宇宙旅行
1031	
□the **editor** of a fashion magazine [éditər]	ファッション雑誌の**編集長** 編集者
◇édit	動~を編集する
◇edítion	名（出版物の）版
◇editórial	名社説　形編集の
1032	
□have no **option** [ɑ́pʃən]	**選択の自由**がない （＝choice）；選択肢
形？ ◇óptional	形随意の，自由に選択できる（⇔compulsory 形義務的な）
◇opt	動選択する，決める
1033	
□the southern **hemisphere** [hémisfiər]	南**半球** （左右の）脳半球
	源 hemi（半）＋sphere（球）

1034 □the mechanism of a clock — 時計の仕組み
アク? [mékənizm] 機構，装置
◇mechánical 形機械の，機械的な
◇mechánics 名力学；仕組み，構造
◇mechánic 名機械工

1035 □Anthropologists study people. — 人類学者は人間を研究する
[ænθrəpálədʒist]
◇anthropólogy 名人類学

1036 □Greek tragedy — ギリシャ悲劇
[trǽdʒədi]
反? ⇔cómedy 名喜劇
◇trágic 形悲劇の，悲劇的な

1037 □resistance to antibiotics — 抗生物質に対する耐性
[æntibaiátik] 源 anti (抗，反) + bio (= life 生物)
◇ántibody 名抗体

1038 □pay the bus fare — バスの運賃を払う
[féər]

1039 □pay the debt — 借金を返す
発音? [dét] ★bは黙字。 恩，借り

1040 □the high school curriculum — 高校の教育課程
[kəríkjələm]

1041 □the components of the body — 人体の構成要素
[kəmpóunənt] 部分 (= part)，成分
★compose (▶ p. 113) の関連語だ。

1042 □plant **wheat** and corn [*h*wíːt]	小**麦**とコーンを植える
1043 □modern English **usage** [júːsidʒ]	現代英語の**語法** 使用（法）
1044 □a sand **castle** [kǽsl]	砂の**城**
1045 □a terrible **famine** in Africa [fǽmin]	アフリカのひどい**飢饉**
1046 □animals in danger of **extinction** [ikstíŋ*k*ʃən]	**絶滅**の危機にある動物たち
◆mass extinction	「大量絶滅」
◇extínct	形絶滅した
1047 □take money out of the **purse** [pə́ːrs]	**財布**からお金を取り出す ハンドバッグ《米》
◇wállet	名札入れ，財布　★《英》は「書類入れ」。
1048 □English **folk** music 発音？	イギリスの**民族**音楽 [fóuk]　人々，国民
◇fólklore	名民間伝承
1049 □the population **explosion** [ikspló uʒən]	人口**爆発**
動？ ◇explóde	動爆発する(= blow up, go off)； ～を爆発させる
◇explósive	形爆発的な　名爆発物

1050
□**a large portion of your salary** [pɔ́ːrʃən] — 給料の大部分 (＝part)

1051
□**marine organisms** [ɔ́ːrgænizm] — 海洋生物 / 微生物

◆living organism — 「生物，生体」

1052
□**The Merchant of Venice** [mə́ːrtʃənt] — ヴェニスの商人 (シェイクスピアの戯曲)

◇mérchandise — 名 (集合的に) 商品 (＝goods)

1053
□**ancient Greek myths** [míθ] — 古代ギリシャの神話

◇mythólogy — 名 神話(学)　★集合的に。

1054
□**the small incidents of everyday life** [ínsidənt] — 日常生活の小さな出来事 / 事件

◇incidéntal — 形 付随的な，ささいな

1055
□**protect wildlife** [wáildlaif] — 野生生物を保護する ★不可算名詞。

1056
□**the United States Congress** [kɑ́ŋgrəs] — 合衆国議会

◇(the) Párliament — 名 (イギリスの) 国会
◇the Díet — 名 (日本などの) 国会

1057
□**a boat in Tokyo Bay** [béi] — 東京湾に浮かぶ船

同? ＝gulf — ★bay は gulf より小さい。

1058
□the death **penalty** [pénəlti] | 死刑 / 刑罰，罰金

1059
□Japanese cultural **heritage** [héritidʒ] | 日本の文化遺産 / 伝統

◆World Heritage Site | 「世界遺産(地)」

1060
□American cultural **diversity** [divə́ːrsəti] | アメリカの文化的多様性

同? =variety
形? ◇divérse | 形多様な(=various)
◇biodivérsity | 名生物の多様性

1061
□the **thumb** of my left hand | 私の左手の親指
発音? [θʌ́m] ★bは発音しない。

◇palm | 名手のひら
◇fist | 名握りこぶし
◇wrist | 名手首
◇ánkle | 名足首
◇toe | 名足の指
◇fórefinger | 名人差し指(=index finger)

★middle finger「中指」, ring finger「薬指」, little finger「小指」。

1062
□history and **geography** [dʒiágrəfi] | 歴史と地理 / 地形 源 geo(土地)+graphy(記述)

◇geográphical | 形地理的な(=geographic)

1063
□an important **factor** *in* success [fǽktər] | 成功の重要な要因 / 要素

1064
□**discrimination** *against* women [diskriminéiʃən] | 女性に対する差別

◆racial discrimination | 「人種差別」
◇discríminate | 動差別する(+against)

1065
- □the flu **virus** 発音?
  インフルエンザ**ウイルス**
  [váiərəs]
  - ◇vaccíne　名ワクチン

1066
- □the **Statue** of Liberty
  自由の女神**像**
  [stǽtʃuː]　彫像

1067
- □a **priest** in the church
  教会の**神父**
  [príːst]　牧師，聖職者
  - ◇monk　名修道士

1068
- □a rock'n'roll **pioneer** アク?
  ロックンロールの**先駆者**
  [paiəníər] 開拓者　動～を開拓する

1069
- □personality **traits**
  人格の**特徴**
  [tréit]　(＝characteristic)

1070
- □strong family **bonds**
  家族の強い**きずな**
  [bánd]

1071
- □go to the **grocery** store
  食料品店に行く
  [gróusəri]　(groceriesで) 食料品

1072
- □his **secretary**'s desk
  彼の**秘書**の机
  [sékrəteri]　書記官，(各省の) 長官
  - ◆the Secretary of State　「国務長官」
  - ◆the Secretary General　「(国連などの) 事務総長」

1073
- □speak the local **dialect**
  地元の**方言**を話す
  [dáiəlekt]

2 (6) 名

1074
□Galileo's astronomy [əstrάnəmi]	ガリレオの天文学 源 astro(星)＋nomy(法則)
◇astrónomer	名天文学者
◇ástronaut	名宇宙飛行士

1075
□today's youngsters [jʌ́ŋstər]	今日の子供たち ★youth より下で，12歳ぐらいまで。

1076
□a dangerous substance [sʌ́bstəns]	危険な物質

★食品，薬品など人体に取り入れるものには，material より substance が普通。

1077
□recent research findings [fáindiŋ]	最近の研究による発見 ★複数形が普通。

1078
□British military strategy [strǽtədʒi]	イギリスの軍事戦略 作戦，計画

1079
□his heart and lungs [lʌ́ŋ]	彼の心臓と肺
◇stomach 発音	名[stʌ́mək] 胃，腹
◇líver	名肝臓

1080
□beat an opponent [əpóunənt]	敵を倒す (ゲームなどの)相手，対抗者
	★oppose「～に反対する」(▶ p. 75)が語源。

1081
□a religious ritual [rítʃuəl]	宗教的な儀式
◇rite	名儀式(＝ritual)

1082
□**the outcome of the race** [áutkʌm] — レースの結果
成果（＝result）

◆come out 「現れる；〈本が〉出版される」
★income「収入」は，outcomeの反意語ではない。

1083
□**conservation groups** [kɑnsərvéiʃən] — 環境保護団体
（資源などの）節約

◇consérve 動～を保護する，保存する
◇conservátionist 名環境保護論者（＝environmentalist）

1084
□**whales and other sea mammals** [mǽməl] — クジラなどの海の哺乳類

◇réptile 名は虫類
◇vértebrate 名脊椎動物

1085
□**NASA's space telescope** [téləskoup] — NASAの宇宙望遠鏡
源 tele（遠く）＋scope（見る）

◇télegram 名電報
◇míсroscope 名顕微鏡

1086
□**refugee camps in Palestine** [refjudʒíː] — パレスチナの難民キャンプ
亡命者

◇réfuge 名避難（所）
◆take refuge (from A) 「（Aから）避難する」

1087
□**a strict dress code** [kóud] — 厳しい服装規則
規範，記号，暗号

◆genetic code 「遺伝子情報」
◆Morse code 「モールス信号」
◆area code 「市外局番」

1088
□the flavor of fresh fruit [fléivər] | 新鮮なフルーツの風味 動～に味をつける
★《英》は flavour。

1089
□the particles of light [pá:rtikl] | 光の粒子 微粒子

1090
□24-hour nursing [nə́:rsiŋ] | 24時間看護
◆nursing home | 「療養所；介護施設」
★nursing の用例の半分が nursing home だ。
◇nurse | 名看護師　動～を看護する
◇núrsery | 名託児所，保育所；養殖場
◆nursery school | 「保育所」

1091
□commit suicide [sú:əsaid] | 自殺をする
◆assisted suicide | 「ほう助自殺；自殺ほう助」
★医師などの助けをかりた自殺。
Q commit suicide =(　　)(　　)　A kill oneself

1092
□the natural habitat of bears [hǽbitæt] | クマの自然生息地

1093
□bullying in schools [búliiŋ] | 学校のいじめ
◇búlly | 動～をいじめる　名いじめっ子

1094
□Dinosaurs died out. [dáinəsɔ:r] | 恐竜は絶滅した

1095
□**the New York City Council** [káunsl]	ニューヨーク市議会 会議

1096
□**age and gender** [dʒéndər]	年齢と性別 ★主に文化・社会的文脈で使う。
◆gender difference	「性差，男女の違い」

1097
□**have open heart surgery** [sə́:rdʒəri]	心臓切開手術を受ける 外科
◇súrgeon	名外科医

1098
□**technological innovation** [inəvéiʃən]	技術革新 源in(入れる)＋nova(新しい)＋tion(名詞語尾)
◇ínnovative	形革新的な

1099
□**high-protein food** [próuti:n]	高タンパク質の食べ物
◇fat	名脂肪　形太った
◇carbohýdrate	名炭水化物 源carbo(炭素) ＋ hydrate(含水化合物)

1100
□**enough sleep and nutrition** [nju:tríʃən]	十分な睡眠と栄養 栄養をとること
◇nútrient	名栄養素，栄養になる食べ物[薬]

1101
□**prepare for *natural* disaster** [dizǽstər]	自然災害に備える 惨事，災難
◇disástrous	形破滅的な 源dis(離れる)＋aster(星)＝「幸運の星から離れること」

1102
□**greenhouse gas emissions** [imíʃən]
温室効果ガスの排出
★carbon emissions「CO_2排出(量)」
◇emít 動~を排出する
◇gréenhouse 名温室

1103
□**monkeys and apes** [éip]
猿と類人猿
★gorilla, chimpanzee, bonoboなど。

1104
□**a single DNA molecule** [máləkju:l]
1つのDNA分子
◇molécular 形分子の，分子的な
◇átom 名原子
◇atómic 形原子の，原子力の

1105
□**the smell of sweat** 発音?
汗の臭い
[swét]★sweet [swi:t]「甘い」と区別せよ!

1106
□**a heart transplant operation** [trǽnsplænt]
心臓移植の手術
動[— ˊ]〈木・臓器など〉を移植する
源 trans(移して)+plant(植える)

1107
□**many species of birds** 発音?
多くの種の鳥
[spí:ʃi:z] ★単複同形。
◆our species 「人類」= human species

1108
□**the tip of my finger** [típ]
私の指の先
先端 動~の先に付ける
◆the tip of the iceberg 「氷山の一角」
◆be on the tip of my tongue 「のどまで出かかって(思い出せない)」

1109
□raise sheep and cattle [kǽtl]	羊と牛を育てる ★集合的に複数扱い。
	★ people に似た用法の名詞で,「牛の集合」を指す。a cattle, cattles とは言わない。
◇sheep	名羊 ★複数形も sheep。

1110
□high population density [dénsəti]	高い人口密度
◇dense	形密集した,〈霧などが〉濃い (= thick)
◆densely populated	「人口が密集した」

1111
□the concept *of* time [kánsept]	時間の概念
◇concéption	名①概念,考え方,想像(力) ②妊娠 (②は入試ではまれ)
◇concéive	動①~を想像する,思いつく ②妊娠する ▶ p. 217

● 図形 ジャンル別 7

□angle [ǽŋgl]	角,角度
□circle [sə́:rkl]	円 動円を描く,せん回する
□cone [kóun]	円すい
□cube [kjú:b]	立方体
□oval [óuvl]	卵形(の),楕円(の)
□pentagon [péntəgɑn]	5角形 ★ the P ~は米国防総省の5角形の建物。
□plane [pléin]	面
□rectangle [réktæŋgl]	長方形
□side [sáid]	(3角形の)辺;(立方体の)面
□square [skwéər]	正方形;2乗,平方;(四角い)広場
□triangle [tráiæŋgl]	3角形

2 (6) 名

(7) Adjectives 形容詞

MINIMAL PHRASES

Tr. 3-38

1112
□You look **pale**. [péil]
君は**青白い**顔をしている
青ざめた

(例) a pale blue 「淡い青色」

1113
□**precious** jewels [préʃəs]
貴重な宝石
高価な (=valuable)

源 preci(価値) = price

1114
□a worker **loyal** *to* the company [lɔ́iəl]
会社に**忠実な**労働者
誠実な

名? ◇lóyalty 名忠誠，誠実

Q royalの意味は？
A 「国王の」

1115
□be **isolated** *from* the world [áisəleitid]
世界から**孤立している**
源 isola (島)

◇ísolate 動～を孤立させる，隔離する
◇isolátion 名孤立，隔離

1116
□a **generous** offer [dʒénərəs]
気前のよい申し出
たっぷりした 源 gen (産む)

◇generósity 名気前のよさ

1117
□**tropical** rain forests [trápikəl]
熱帯雨林
熱帯地方の

◇trópics 名熱帯地方
◇témperate 形温帯の，温暖な
◇frígid 形寒帯の，寒冷な

1118
□ be reluctant to talk about the past — 過去について話したがらない
[rilʌ́ktənt] (=unwilling)
◆be reluctant to V 「～したがらない」
◇relúctance 名気が進まないこと，不承不承

1119
□ a vague feeling of uneasiness — 漠然とした不安感
発音? [véig] はっきりしない(⇔clear)

1120
□ the vast land of Russia — ロシアの広大な土地
[vǽst] ばく大な(=large)
(例) the vast majority 「大多数」

1121
□ numerous species of birds — たくさんの種の鳥
[njúːmərəs] (=many ; countless)

1122
□ move to a small rural town — 小さな田舎の町に引っ越す
[rúərəl]
反? ⇔úrban 形都会の，都市の p. 103

1123
□ the widespread use of cell phones — 広まっている携帯電話の利用
[wáidspréd]
(例) the widespread use of personal computers 「パソコンの普及」

1124
□ a complicated problem — 複雑な問題
アク? [kámpləkeitəd] (=complex)
◇complicátion 名複雑化；合併症

1125
□ make visible progress — 目に見える進歩をとげる
[vízəbl] (⇔invisible)
◇vísual 形視覚の，視覚による

1126
□ eat raw meat — 生の肉を食べる
[rɔ́ː] 加工されていない
◆raw material 「原料」

1127
□live in a **remote** village [rimóut] | へんぴな村に住む 遠い (= distant)

(例) remote control | 「リモコン」

1128
□need **urgent** action [ə́ːrdʒənt] | 緊急の行動を必要とする

名? ◇úrgency | 名 緊急(性)

1129
□tell **silly** jokes [síli] | ばかな冗談を言う

1130
□a **striking** contrast [stráikiŋ] | いちじるしい対照 ★strike ▶ p. 342

1131
□provide **adequate** food [ǽdikwət] | 十分な食料を供給する 適切な

反? ⇔inádequate | 形 不十分な；不適切な

1132
□a man of **extraordinary** talent [ikstrɔ́ːrdəneri] | 並はずれた才能の持ち主 異常な

反? ⇔órdinary | 形 普通の，並みの

1133
□the **odd** couple [ɑ́d] | おかしな2人 奇妙な (= strange)

1134
□an **abstract** concept [ǽbstrækt] | 抽象的な概念

反? ⇔cóncrete | 形 具体的な

1135
□**mutual** understanding [mjúːtʃuəl] | 相互の理解 共通の (= common)

1136
□**excessive** use of alcohol ― 過度のアルコール摂取
[iksésiv] ― 源 ex(外に)+cess(行くこと)
名? ◇excéss ― 名 過剰，超過
動? ◇excéed ― 動 ～を超える，～にまさる

1137
□I'*m* **ashamed** *of* myself. ― 自分が恥ずかしい
[əʃéimd]
◆be ashamed of A ― 「Aを恥ずかしく思う」
◆be ashamed to V ― 「恥ずかしくてVしたくない，Vするのが恥ずかしい」
◇shame ― 名 ①恥　②(a shame)残念なこと p. 351
◇shámeful ― 形〈行為などが〉恥ずべき，みっともない

1138
□a **tremendous** amount of energy ― とてつもない量のエネルギー
[triméndəs] ― 大きな，巨大な

1139
□Change is **inevitable.** ― 変化は避けられない
[inévitəbl] ― 必然的な
◇inévitably ― 副 必然的に

1140
□**pure** gold ― 純金
[pjúər] ― 純粋な
◇púrity ― 名 純粋，清らかさ

1141
□a **stable** condition ― 安定した状態
[stéibl] ― 一定の
◇stabílity ― 名 安定(性)，固定

1142
□be **indifferent** *to* politics ― 政治に無関心だ
[indífərənt]
◇indífference ― 名 無関心

1143
□**children's aggressive behavior** 子供の攻撃的な行動
[əgrésiv] 積極的な，強引な
◇aggréssion 名攻撃，侵略

1144
□**the ultimate goal** 究極の目標
[ʌ́ltimət] 最終の

1145
□**a quiet, shy girl** 静かで内気な女の子
[ʃái] 恥ずかしがりな

1146
□**solar energy** 太陽エネルギー
[sóulər]
◆the solar system 「太陽系」
◆solar cell 「太陽電池」
◇lúnar 形月の

1147
□**a profound meaning** 深い意味
[prəfáund] (＝deep)；〈影響・変化などが〉大きい

1148
□**a subtle difference** 微妙な違い
[sʌ́tl] ★bは黙字。

1149
□**the Conservative Party** 保守党
[kənsə́:rvətiv] 控えめな
反? ⇔progréssive 形進歩的な

1150
□**a brave young soldier** 勇敢な若い兵士
[bréiv] (＝courageous)

1151
□**feel intense pressure** 強烈なプレッシャーを感じる
[inténs] 〈関心・感情が〉強い，〈競争などが〉激しい
◇inténsive 形集中的な，激しい
◇inténsify 動～を強める
◇inténsity 名激しさ，強さ

1152
□**alcoholic** drinks like wine ワインのようなアルコール飲料
[ælkəhálik] アルコール(性)の 名アルコール依存症患者
◇workahólic 名仕事中毒の人 源 -holic「中毒の人」

1153
□**manual** work 手を使う仕事（肉体労働）
[mǽnjuəl] 名手引書

1154
□**cruel** treatment of animals 動物に対する残酷な扱い
[krú:əl] (+to)
◇crúelty 名残酷さ，残虐な行為

1155
□**rational** thought 理性的な思考
[rǽʃənəl] 合理的な
反? ⇔irrátional 形理性のない，分別のない
◇rátion 名配給(量)，割り当て(量)
動～を配給[制限]する
源 ration の語源は「計算する」だ。

1156
□the **initial** stages of development 発達の最初の段階
アク? [iníʃəl] 名頭文字
動? ◇inítiate 動～を始める，〈計画など〉に着手する
◇inítially 副最初は(＝at first)，最初に

1157
□the body's **immune** *system* 人体の免疫機構
[imjú:n]

1158
□the **linguistic** ability of children 子供の言語能力
[liŋgwístik] 言語学の
◇línguist 名言語学者
◇linguístics 名言語学

1159
□play a **crucial** role 重大な役割を果たす
[krú:ʃəl] (＝essential)；決定的な

2 (7) 形

1160
□**verbal communication** 言葉によるコミュニケーション
[vә́:rbәl]

反? ⇔nonvérbal 形言葉を用いない(ジェスチャーなど)

1161
□**an optimistic view of the future** 将来に関する楽観的な見方
[ɑptimístik]

反? ⇔pessimístic 形悲観的な
名? ◇óptimism 名楽観主義
◇óptimist 名楽天家，楽観主義者

1162
□**have flexible thinking** 柔軟な考えを持っている
[fléksәbl] 変更可能な

◆flexible working hours 「自由勤務時間制，フレックスタイム」
◇flexibílity 名柔軟性

1163
□**I'm grateful *for* your help.** 君の助けに感謝している
[gréitfәl]

◆be grateful (to A) for B 「(Aに) Bのことで感謝する」
◇grátitude 名感謝の気持ち

1164
□**a lively conversation** 生き生きとした会話
発音? [láivli] 元気な

◇alíve 形生きている(⇔dead)

1165
□**an overwhelming majority** 圧倒的な多数
[ouvәrhwélmiŋ]

動? ◇overwhélm 動~を圧倒する

1166
□**an abundant supply of food** 豊富な食料供給
[әbʌ́ndәnt] (=rich) (+in)

◇abúndance 名多量，豊富
◇abóund 動富む(+in)

1167
□a selfish attitude | 利己的な態度
[sélfiʃ]

1168
□an ugly duckling | みにくいアヒルの子
発音? | [ʌ́gli]　不快な (＝unpleasant)

1169
□racial differences | 人種の違い
[réiʃəl] | 民族の
名? ◇race | 名民族；競争 p.327
◇rácism | 名人種差別，人種的偏見

1170
□a prominent scientist | 有名な科学者
[prámənənt] | 目立った，卓越した
◇próminence | 名目立つこと，重要

1171
□a controversial social *issue* | 論議を呼ぶ社会問題
[kɑntrəvə́ːrʃəl] | 意見が対立する
名? ◇cóntroversy | 名論争

1172
□the Federal Government | 連邦政府
[fédərəl] | ★州政府に対するアメリカ中央政府のこと。

1173
□a ridiculous error | ばかげたまちがい
アク? | [ridíkjuləs]
◇rídicule | 動～をあざ笑う　名あざ笑い，嘲笑

1174
□an imaginary country | 架空の国
[imǽdʒəneri] | 想像上の

□an imaginative writer | 想像力豊かな作家
□*every* trouble imaginable | 想像しうるあらゆる困難

★この3つの違いがよく問われるので注意。

2 (7) 形

1175
□**the harsh realities of life** 厳しい人生の現実
[háːrʃ] 無慈悲な

1176
□**a random choice** 無作為な選択
[rǽndəm] でたらめの，手当たり次第の
◆at random 「でたらめに，無作為に」

1177
□**adolescent boys and girls** 思春期の少年少女
[ædəlésnt] 名（10代の）若者（＝teenager）
◇adoléscence 名思春期（＝teenage）

1178
□**up-to-date fashions** 最新の流行
[ʌ́ptədéit]
反？ ⇔out-of-date 形時代遅れの，すたれた

1179
□**liberal politics** 自由主義の政治
[líbərəl]
◆liberal arts 「（大学の）教養科目」
名？ ◇líberty 名自由
◇líberate 動～を解放する
◇liberátion 名解放

1180
□**the period prior *to* the war** 戦争より前の時代
[práiər]
◆prior to A 「Aより前の」
名？ ◇priórity 名優先 p. 175

1181
□**do moderate exercise** 適度な運動をする
[mádərit] 節度ある，控えめな
反？（2つ） ⇔excéssive 形過度の，度を越した
⇔extréme 形極端な

1182
□**be fluent *in* English** 英語が流ちょうだ
[flúːənt] 源 flu (流れる＝flow)

◆be fluent in A 「A（言語）をすらすら話せる」
◇flúency 名流ちょうさ
◇flúently 副流ちょうに

1183
□**an elaborate system** 手の込んだシステム
[ilǽbərit] 複雑な ★labor（努力）が語源。

1184
□**an incredible story** 信じられない話
[inkrédəbl] 途方もない

◇incrédibly 副信じられないほど

1185
□**radical changes** 根本的な変化
[rǽdikəl] 過激な 源 radic（根）

1186
□**acid rain** 酸性雨
[ǽsid] 名酸

◆fatty acid 「脂肪酸」
◆amino acid 「アミノ酸」

1187
□**sign language for deaf people** 耳が不自由な人のための手話
発音？ [déf]

◇blind 形目の見えない
◆turn a deaf ear to A 「Aに耳を貸さない」

1188
□**a medieval castle** 中世の城
[miːdiíːvəl]

源 medi（中間の）

1189
□**protect the ecological system** 生態系を保護する
[ekəládʒikəl] 自然環境の

名? ◇ecólogy 名①自然環境 ②生態学
◇écosystem 名生態系(= ecological system)
◇ecólogist 名環境保護主義者

1190
□**without the slightest doubt** 少しの疑いもなく
[sláit] わずかな

◆not ... in the slightest 「全然…ない」(= not ... at all)

1191
□**be ignorant *of* the fact** その事実を知らない
[ígnərənt] 無知な ★40%近くがofを伴う。

名? ◇ígnorance 名無知 ★ignore p. 71

1192
□**children's cognitive abilities** 子供の認知能力
[kágnətiv]

◆cognitive science 「認知科学」
◇cognítion 名認知，認識

● 食事 ジャンル別 8

□**chopsticks** [tʃápstiks]	はし	□**mug** [mʌ́g]	マグカップ ★mug cupとは言わない。
□**dessert** アク?	デザート [dizə́ːrt]	□**plate** [pléit]	取り皿
□**dish** [díʃ]	皿	□**saucer** [sɔ́ːsər]	受け皿
□**kettle** [kétl]	やかん	□**steak** 発音?	ステーキ [stéik]
□**lid** [líd]	(鍋・箱の)ふた	□**stew** [stjúː]	シチュー

(8) Adverbs　副詞

MINIMAL PHRASES　Tr. 3-50

1193
□It's absolutely necessary.　絶対に必要だ
[æbsəlu:tli]　全く
★会話で「全くそのとおり」も重要。
◇ábsolute　形絶対の，完全な
⇔rélative　形相対的な

1194
□virtually every woman　ほとんどすべての女性
[vɑ́:rtʃuəli]　(＝almost)；事実上
◇vírtual　形実際の，事実上の
◆virtual reality　「仮想現実」

1195
□somewhat better than last year　去年より多少よい
[sʌ́mhwɑt]

1196
□It is merely bad luck.　単に運が悪いだけです
[míərli]　(＝only; just)
◇mere　形ほんの，単なる

1197
□There's literally nothing there.　そこには文字通り何もない
[lítərəli]
★次の3つの形容詞を区別しよう。

□the literal meaning of the word	その単語の文字通りの意味
□literary history	文学の歴史
□literate people in India	読み書きのできるインド人

◇illíterate　形読み書きできない
◇líteracy　名①読み書きの能力
②(ある分野の)能力，知識

2 (8) 副

1198
□a **seemingly** impossible task [sí:miŋli] — 一見不可能な仕事

1199
□**regardless** *of* age [rigɑ́:rdləs] — 年齢に関係なく
★ほぼ常にofを伴う。
★regardless of + wh節も多い。
(例) regardless of what you do 「君が何をするかに関係なく」

1200
□**thoroughly** enjoy the party (発音?) — パーティを徹底的に楽しむ
[θə́:rouli] 完全に
◇thórough — 形完全な，徹底的な，十分な

● 海の生き物 ジャンル別 9

□a school of fish	魚の群れ
□cod [kɑ́:d]	タラ
□dolphin [dɑ́lfin]	イルカ
□jelly fish [dʒéli fiʃ]	クラゲ
□octopus [ɑ́ktəpəs]	タコ
□oyster [ɔ́istər]	カキ
□salmon [sǽmən]	サケ
□sardine [sɑ:rdí:n]	イワシ
□shark [ʃɑ́:rk]	サメ
□shell [ʃél]	貝，貝殻
□squid [skwíd]	イカ
□trout [tráut]	マス
□tuna [tjú:nə]	マグロ
□whale [hwéil]	クジラ

● 人体　ジャンル別 10

□ **ankle** [ǽŋkl]	足首
□ **beard** [bíərd]	あごひげ
□ **bone** [bóun]	骨
□ **bowel** [bául]	腸
□ **breast** [brést]	(女性の)胸
□ **brow** 発音?	額(ひたい) [bráu] ◇éyebrow 名まゆ毛
□ **cheek** [tʃíːk]	ほお
□ **chest** [tʃést]	胸
□ **cortex** [kɔ́ːrteks]	(脳の)皮質
□ **elbow** [élbou]	ひじ
□ **forehead** [fɔ́(:)rəd]	額(ひたい)
□ **jaw** [dʒɔ́ː]	(上下の)あご
□ **kidney** [kídni]	腎臓
□ **knee** [níː]	ひざ
□ **liver** [lívər]	肝臓
□ **shoulder** [ʃóuldər]	肩
□ **skeleton** [skélətn]	骨格
□ **skin** [skín]	はだ
□ **stomach** [stʌ́mək]	腹部, 胃
□ **throat** [θróut]	のど
□ **toe** [tóu]	足の指
□ **tooth** [túːθ]	歯 ★複数形はteeth。
□ **wrinkle** [ríŋkl]	しわ

● 衣服　ジャンル別 11

□ **blanket** [blǽŋkət]	毛布
□ **collar** [kálər]	えり
□ **cosmetics** [kazmétiks]	化粧品
□ **cotton** [kátn]	綿
□ **dye** [dái]	染料 動～を染める
□ **feather** [féðər]	羽毛
□ **fur** [fə́ːr]	毛皮
□ **leather** [léðər]	革(かわ), レザー
□ **lipstick** [lípstìk]	口紅
□ **pants** [pǽnts]	ズボン ★下着の「パンツ」はshorts, underpantsだ。
□ **razor** [réizər]	かみそり
□ **silk** [sílk]	絹
□ **wool** 発音?	羊毛 [wúl]

2 (8) 副

● 公共施設・建物 ジャンル別 12

□ **aquarium** [əkwéəriəm]	水族館
□ **bank** [bǽŋk]	銀行
□ **botanical garden** [bətǽnikl gá:rdn]	植物園
□ **church** [tʃə́:rtʃ]	教会
□ **college** [kálidʒ]	(単科)大学 ★しばしばuniversityを含む。
□ **dormitory** [dɔ́:rmətɔ:ri]	寮，寄宿舎
□ **factory** [fǽktəri]	工場
□ **gallery** [gǽləri]	美術館，画廊
□ **garage** [gərá:dʒ]	車庫，車修理工場
□ **hall** [hɔ́:l]	①会館，ホール ②玄関ホール；ろうか
□ **hospital** [háspitl]	病院
□ **museum** [mju:zíəm]	博物館，美術館
□ **palace** [pǽləs]	宮殿，大邸宅
□ **park** [pá:rk]	公園，駐車場 動〈車を〉駐車する
□ **restaurant** [réstərənt]	レストラン，飲食店
□ **theater** [θíətər]	劇場
□ **university** [ju:nəvə́:rsəti]	(総合)大学

● 住 居 ジャンル別 13

□ **apartment** [əpá:rtmənt]	アパート，マンション
□ **backyard** [bǽkjá:rd]	裏庭
□ **ceiling** [sí:liŋ]	天井
□ **chamber** [tʃéimbər]	小部屋
□ **closet** [klázət]	クロゼット，押入れ
□ **corridor** [kɔ́(:)rədər]	ろうか
□ **downstairs** [daunstéərz]	階下(へ[の])
□ **drawer** [drɔ́:r]	引き出し
□ **elevator** アク?	エレベーター [éləveitər] ◇ élevate 動 ～を持ち上げる
□ **escalator** [éskəleitər]	エスカレーター
□ **gate** [géit]	門，入口
□ **rail** [réil]	手すり；レール
□ **roof** [rú:f]	屋根
□ **stairs** [stéərz]	階段
□ **study** [stʌ́di]	書斎，勉強部屋
□ **upstairs** [ʌpstéərz]	階上(へ[の])
□ **wall** [wɔ́:l]	壁，塀(へい)
□ **yard** [já:rd]	庭

Stage 3

自然科学や社会科学の用語など，かなり難しい単語も出てくるが，このStageをマスターできれば，複雑な文章でも主要な内容を理解でき，母語話者とも自然に言葉のやり取りができる。もちろん，たいていの難関大学の入試問題にも十分対応できるはずだ。

"All the world's a stage,
And all the men and women merely players"

— *Shakespeare*

* * *

この世はすべて1つの舞台，男も女も皆役者にすぎない。

—シェイクスピア

Advanced Stage

(1) Verbs　動詞

MINIMAL PHRASES　Tr. 3-53

□submit *to* authority	権威に服従する
□*be* tempted *to* call her	彼女に電話をかけたくなる
□The president will resign soon.	社長はまもなく辞任する
□conform *to* the rules	ルールに従う
□*be* confined *to* a small room	小さな部屋に閉じ込められる

1201
submit　多義
[səbmít]
①(+ to A) Aに服従する　★30%近くがtoを伴う。
②〈案・書類など〉を提出する(= hand in)

Q submit a report
= ( )( ) a report
A hand in a report「報告書を提出する」 ★言い換え頻出。

1202
tempt
[témpt]
~を誘惑する；~する気にさせる
★be tempted to Vが約30%，tempting 形 が約30%だ。
◆be tempted to V　「Vしたくなる」
◇témpting　形魅力的な
◇temptátion　名?　名誘惑(するもの)

Q a tempting offerの意味は？
A 「魅力的な申し出」

1203
resign
[rizáin]
(~を)辞職する，やめる
◆resign oneself to A　「Aをあきらめて受け入れる」
◇resignátion　名辞職，辞任

1204
conform
[kənfɔ́ːrm]
〈規則・慣習などに〉従う，合わせる(+ to)
◇confórmity　名(全体への)服従，一致
源 con(同じ)+ form(形)

1205
confine
[kənfáin]
~を限定する(= limit)，閉じ込める，縛りつける
◆A be confined to B　「AがBに限定される」
★約50%がこの形。
◆confine A to B　「AをBの範囲に限定する」

□**assemble** small parts	小さい部品**を組み立てる**
□I *am* **dedicated** *to* my work.	私は仕事に**身をささげている**
□**advocate** peace	平和**を主張する**
□a **thriving** economy	**繁栄する**経済
□**provoke** a reaction	反応**を引き起こす**

1206
assemble
[əsémbl] 同熟? (2つ)

①〜を組み立てる　②〜を集める；集まる
①= put together, ②= get together
◇assémbly　名①集会　②組み立て
◆assembly line　「(流れ作業の)組み立てライン」

1207
dedicate
[dédikeit] 同?

(+A to B) AをBにささげる，費やす　★+toが約50%。
= devóte
◇dédicated　形熱心な；専門の
◆be dedicated to A「Aに献身している；A専用である」
◆dedicate oneself to A「Aに専念する」

1208
advocate
アク?

〈主義など〉を主張する，唱える，支持する　名主張する人
動[ǽdvəkeit]　名[ǽdvəkət]　★名詞も多い。
(例) an advocate of human rights「人権の擁護者」

1209
thrive
[θráiv]

繁栄する(= prosper, flourish)；よく成長する
★約3分の1がthrivingの形だ。

1210
provoke
[prəvóuk]

①〈人の反応など〉を引き起こす　②〜を怒らせる
★①が圧倒的に多い。

□The market dictates prices.	市場が価格を決める
□exploit natural resources	天然資源を開発する
□surrender *to* the US army	アメリカ軍に降参する
□accurately reproduce the sound	正確に音を再生する
□acknowledge that a problem exists	問題があると認める

1211
dictate
[díkteit]

①～を命じる，要求する，決定する
②〈文〉を書き取らせる，口述する
(例) Their custom dictates that they cannot eat meat.
「彼らの慣習では肉は食べられないと決まっている」
◇díctator 名独裁者
◇dictátion 名書き取り；口述

1212
exploit
[iksplɔ́it]

①〈資源など〉を利用する，開発する(＝develop)
②〈人〉を搾(さく)取する
◇exploitátion 名(資源などの)開発，利用；搾取

1213
surrender
[səréndər] 同熟?

①降伏する(＋to) ②～を引き渡す
＝give in 「降参する，屈服する」

1214
reproduce 多義
[riːprədjúːs]

①〈音・場面など〉を再生する，複製する(＝copy)
②繁殖する；〈子〉を繁殖させる
◇reprodúction 名①再生，複製 ②生殖作用

1215
acknowledge
[əknálidʒ] 同?

〈事実，過失，重要性など〉を認める
＝admít
◆be acknowledged as A「A(地位など)と認められる」

□swell like a balloon	風船のようにふくらむ
□Trees shed their leaves.	木々が葉を落とす
□the long and winding road	長く曲がりくねった道
□cite two examples	2つの例を引き合いに出す
□digest food	食べ物を消化する
□skip lunch	昼食を抜く

1216
swell
[swél]

①ふくらむ，はれる　②増加する
(swell; swelled; swollen [swelled])

1217
shed
[ʃéd]

①〈葉など〉を落とす，〈皮など〉を脱ぐ　②〈血・涙など〉を流す
(shed; shed; shed)
◆shed light on A「Aを照らす，明らかにする」

1218
wind

曲がる；～を巻く
[wáind]

発音?

Q 過去・過去分詞形woundの発音は？

A wound [wáund]
wound「傷」は [wúːnd]。なお，wind「風」の発音は [wínd]。

1219
cite
[sáit]

～を引き合いに出す，
〈例・証拠〉をあげる(= mention)，引用する

1220
digest
[daidʒést]

①～を消化する　②〈情報など〉をよく理解する
◇digéstive　形消化の，消化によい
◇digéstion　名消化

1221
skip
[skíp]

①～をとばす，抜かす(= omit, miss)；(～を)とばし読みする　②(～を)軽く跳ぶ，スキップする(～ped; ～ping)
★ほとんど①の意味。

□*be* bound *by* tradition	伝統に縛られている
□dissolve sugar in water	水に砂糖を溶かす
□implement the secret plan	秘密の計画を実行する
□steer the ship	船を操縦する
□congratulate you *on* your success	君の成功を祝福する

1222
bind
[báind]

①～を縛る，束縛する　②～を束ねる，団結させる
(bind; bound; bound)　p. 348 bound
★過去分詞が60％近くを占める。time-bound「時間に束縛された」のようにA-bound「Aに縛られた」の形も多い。
◆be bound up with A 「Aと密接な関係がある」

1223
dissolve
[dizálv]

①(～を)溶解する
②(be dissolved)解散[解消]される

1224
implement
[ímpləment]

～を実行する，実施する(＝carry out)
名 道具，器具(＝tool, instrument)

1225
steer
[stíər]

〈船，車など〉を操縦する；～を導く
◆steering wheel 「(車の)ハンドル」

1226
congratulate
アク?

〈人〉を祝福する，〈人〉におめでとうと言う
[kəngrætʃuleit]　源 con(共に)＋gratulate(喜ぶ)
★celebrateは「〈物事・祭りなど〉を祝う」cf. He celebrated my success.
◆congratulate A on B 「AをBのことで祝う」
◇congratulátions　名 祝いの言葉；「おめでとう」

Q He congratulated me (　) my victory.
A on(穴埋め頻出！)

□a designated smoking area	指定された喫煙場所
□violate the law	法律に違反する
□He is presumed innocent.	彼は無罪だと推定される
□recruit new staff	新しいスタッフを入れる
□His birthday coincides *with* mine.	彼の誕生日は私のと重なる
□enforce the new law	新しい法律を施行する

1227
designate
[dézigneit]

~を指定する(+as)，明示する
★60%以上が過去分詞。 源 de(強意) + sign(印をつける)

1228
violate
[váiəleit]

①〈法律・約束など〉を破る，~に違反する
②~を侵害する，乱す
(例) violate basic human rights「基本的人権を侵害する」

名?
◇violátion 名違反(行為)；侵害

1229
presume
[prizjú:m] 副?

~と推定する，思う
◇presúmably 副たぶん，おそらく(=probably)

1230
recruit
[rikrú:t]

〈新人など〉を入れる 名新人，新入生

1231
coincide
[kouinsáid]

同時に起きる，重なる；〈考えなどが〉一致する(+with)
★約80%がwithを伴う。

名?
◇coíncidence 名偶然の一致
(例) What a coincidence!「なんという偶然だろう」
◇íncidence 名(悪いことの)発生率，頻度

1232
enforce
[enfɔ́:rs]

①〈法律など〉を施行する
②~を強制する(=force)

□people **displaced** by war	戦争で**国を追われた**人々
□The shirts will **shrink.**	そのシャツは**縮む**だろう
□**betray** a good friend	親友**を裏切る**
□The group **comprise**s ten members.	そのグループは10人**から構成される**
□**indulge** *in* bad habits	悪い習慣**にふける**
□**penetrate** deep into the jungle	ジャングルに奥深く**入り込む**

1233
displace 
[displéis]
同熟?

①〈災害などが〉〈人〉を**故郷から追い出す**
②～に**とって代わる** 源 dis(離して) + place(置く)
②= take the place of

1234
shrink 
[ʃríŋk]

①**縮む**，～を**縮ませる** ②〈量などが〉**減る** ③**しり込みする**（③は少ない） (shrink; shrank; shrunk)

1235
betray
[bitréi]

①～を**裏切る** ②〈秘密など〉を**もらす**；～を**うっかり表す**
（②は少ないが要注意）
（例）His accent betrayed him.「彼のなまりで出身がばれた」

1236
comprise
[kəmpráiz]

①～から**構成される**(= consist of)，～を**ふくむ**
②～を**構成する**；〈割合〉を**占める**(= constitute)
★①と②は正反対だが文脈でわかる。
★The group is comprised of ten members. とも言う。

1237
indulge
[indʌ́ldʒ]

①(+ in A) A(快楽など)に**ふける**，Aを**楽しむ**
②〈人〉を**甘やかす**（②はまれ）
◇indúlgence 名道楽，快楽；甘やかすこと

1238
penetrate
[pénətreit]

①(～に)**入り込む**；**貫通する**
②～に**浸透する**，**しみ込む**

□a devastating effect on nature	自然に対する壊滅的な影響
□plunge *into* the water	水に突っ込む
□The ball bounces back.	ボールがはね返る
□contradict what he said	彼の言ったことと矛盾する
□prescribe medicine	薬を処方する
□oppress small nations	小国をしいたげる

1239
devastate
[dévəsteit]

①~を壊滅させる，破壊する(= destroy)
②〈人〉を打ちのめす，〈人〉に衝撃を与える(= shock)
◇dévastating 形 壊滅的な，ひどい

1240
plunge
[plʌ́ndʒ]

①(+ into A) Aに突っ込む，A(状態)におちいる
②(+ A into B) AをBに突っ込む，
AをB(状態)におとしいれる

1241
bounce
[báuns]

はね返る，反射する，はずむ；
~をはね返らせる

1242
contradict
[kɑntrədíkt]

①~と矛盾する，食い違う ②〈主張など〉に反論する，
~を否定する (②は少数) 源 contra(反対に) + dict(言う)
名? ◇contradíction 名 矛盾
形? ◇contradíctory 形 矛盾した

1243
prescribe
[priskráib] 名?

①〈薬〉を処方する ②〈行為など〉を指示する
◇prescríption 名 ①処方せん(薬) ②指示

1244
oppress
[əprés]

~をしいたげる，~を圧迫する
◇oppréssion 名 圧迫，苦痛

□cherish a dream	夢を胸に抱く
□illuminate the road	道を照らす
□trigger war	戦争の引き金を引く
□commute from Chiba to Tokyo	千葉から東京に通勤する
□induce deep sleep	深い眠りを誘う
□utilize waste materials	廃棄物を利用する

1245
cherish
[tʃériʃ]

①〈思い出・希望など〉を**胸に抱く**　②~を**大切にする**
◇chérished　形大切にしている

1246
illuminate 多義
[ilú:mineit]

①~を**照らす**　②〈事実など〉を**解明する**(= clarify)
(例) illuminate the origin of life「生命の起源を解明する」
◇illuminátion　名照明；解明

1247
trigger
[trígər]

~のきっかけになる，~を**誘発する**
名(銃の)引き金；きっかけ

1248
commute
[kəmjú:t]

通勤[通学]する　名通勤，通学
◇commúter　名通勤者，通学者
◆commuter train「通勤電車」

1249
induce
[indjú:s]

①~を**誘う，引き起こす**(= cause)　②(+ A to V) Aを**Vする気にさせる，説得する**(= persuade)

1250
utilize
[jú:təlaiz]

~を**利用する，活用する**(= make use of)　★堅い語。
◇utílity　名①役立つこと，実用
②(ガス・電話などの)公益事業
◆public utility　「公共企業(体)」

□The stick snapped.	棒がポキンと折れた
□donate blood and organs	血液や臓器を提供する
□a newly hatched chick	かえったばかりのヒヨコ
□live in an enclosed space	閉ざされた空間で暮らす
□the prevailing view	広まっている考え方
□sigh deeply	深くため息をつく

1251
snap
[snǽp]

①ポキンと折れる；~をポキンと折る；~をパチンと鳴らす　②素早く動く　③ピシャリと言う
(~ ped; ~ ping)

1252
donate
[dóuneit]

~を提供する
◇dónor　名(血・臓器の)提供者；寄贈者
◇recípient　名受け手；臓器をもらう人
◇donátion　名提供；寄付

1253
hatch
[hǽtʃ]

〈卵・ヒナ〉をかえす；かえる
諺 Don't count your chickens before they are hatched.
「かえる前にヒヨコを数えるな」(とらぬ狸の皮算用)

1254
enclose
[enklóuz]

①~を囲む；~を閉じこめる　②~を同封する
◇enclósed　形閉ざされた，隔離された

1255
prevail
[privéil] 

①普及している，広まる　②勝つ，まさる (②はまれ)
◇prévalent　形普及している，流布している

1256
sigh
発音？

ため息をつく；~とため息まじりに言う　名ため息
[sái]　★ghは発音しない。

□Oil **leaked** from the tank.	油がタンクから漏れた
□*be* **compelled** *to* work hard	重労働を強制される
□*be* **crushed** by the pressure	プレッシャーに押しつぶされる
□the ability *to* **comprehend** language	言語を理解する能力
□**negotiate** for peace	和平交渉をする

1257
leak
[lí:k]

漏れる；~を漏らす 名漏れ

◆gas leak 「ガス漏れ」

1258
compel
[kəmpél] (同?) (2つ)

〈人〉に強制する(~ led; ~ ling)

= force, oblíge

◆compel A to V 「AにVすることを強制する」

◆be compelled to V 「Vするよう強制される，Vせざるをえない」

◇compélling 形心を動かす，説得力のある

1259
crush
[krʌ́ʃ]

~を押しつぶす；つぶれる；~を鎮圧する

★過去分詞形が50%近く。

1260
comprehend
[kɑmprihénd]

~を理解する(= understand, grasp)

★約30%がto comprehendの形で使われる。

◇comprehénsion 名理解

◇comprehénsible 形理解できる

1261
negotiate
[nigóuʃieit] (名?)

①交渉する ②~を取り決める

◇negotiátion 名交渉，話し合い

□**persist** throughout life	生涯を通じて残る
□**multiply** by five	5倍に増える
□**conceive** *of* life *as* a game	人生をゲームと考える
□**compensate** *for* the loss	損失を埋め合わせる

1262
persist
[pərsíst] 形？

①持続する，残る ②(+in A) Aを辛抱強く続ける
◇persístent 形持続する；ねばり強い，しつこい
◇persístence 名持続する事，ねばり強さ

Q He persisted ( ) talking.
A in「彼は辛抱強く話し続けた」

1263
multiply 多義
[mʌ́ltəplai]
名？
形？

①～を増やす，増える(＝increase) ②(+A by B) A(数)にB(数)を掛ける ③〈動・植物が〉繁殖する
◇multiplicátion 名増加，繁殖
◇múltiple 形複合的な，多様な(＝various)
◇múltitude 名①多数 ②群衆(＝crowd)
★2×3＝6は，Two multiplied by three is six. または，Two times three is [are] six. と読む。
源 multi-(多く)＋ply(重ねる)

1264
conceive
発音？
名？(2つ)

①(～を)想像する，思いつく，考える ②妊娠する
[kənsíːv] (②は入試ではまれ)
◇cóncept 名概念，とらえ方 ➡ p. 189
◇concéption 名①概念，考え方，想像(力) ②妊娠 (②は入試ではまれ)

1265
compensate
アク？
同熟？

埋め合わせる，〈損失などを〉補償する
[kámpənseit]
＝make up (for)
◆compensate for A 「Aを埋め合わせる」
◇compensátion 名埋め合わせ，補償

□suspend the project	計画を中止する
□stir emotions	感情をかきたてる
□soak a towel in hot water	湯にタオルを浸す
□refine techniques	技術に磨きをかける
□arouse her curiosity	彼女の好奇心をかきたてる
□Speech precedes writing.	話し言葉は書き言葉に先行する

1266
suspend 多義
[səspénd]

①～を中止する，停止する　②～をつるす，ぶら下げる
★②の意味では過去分詞が多い。

名?
◇suspénse　名不安，気がかり；サスペンス
源 sus(下に)＋pend(つるす)。pendant「ペンダント」も同語源だ。

1267
stir
[stə́ːr]

〈感情など〉をかきたてる；～をかき回す，かき混ぜる
(例) stir coffee「コーヒーをかき混ぜる」(～red; ～ring)

1268
soak 多義
[sóuk]

①～を浸す，びしょぬれにする
②(＋A up) Aを吸収する
◇sóaked　形びしょぬれで

1269
refine
[rifáin]

①～を洗練する，磨きをかける
②〈石油など〉を精製する（入試では②はまれ）
◇refíned　形上品な，洗練された

1270
arouse
発音?

〈感情〉を刺激する，かきたてる；〈人〉を興奮させる
[əráuz]

1271
precede
[prisíːd]

～に先行する，(時間的に)先立つ
◇precéding　形(時間・順序において)前の，先の
(⇔following 形次の)

名?
◇précedent　名先例，前例
★pre(先に)＋cede(行く)。pre-は「先に，前もって」だが，pro-は「前方へ」の意味。cf. proceed「進む」pro(前へ)＋ceed(行く)
◇unprécedented　形先例のない，空前の

□render water undrinkable	水を飲めなくする
□mount the engine in the car	車にエンジンをすえつける
□retreat to a safe distance	安全な距離まで退く
□startling results	驚くような結果
□No one dares *to* tell the truth.	真実を話す勇気がある人はいない

1272
render 語法
[réndər]

①(+O C) OをCにする，変える(=make O C)
②(+A B) AにBを与える(=give A B)
(例) render service「貢献する，奉仕する」
★①のCには，-less，in-，un-など否定的な形容詞が多い。

1273
mount 多義
[máunt]

①~をすえつける　②〈馬・自転車など〉に乗る
③増える(=increase)
(例) mounting pressure「増える重圧」
★mountain「山」と同語源。

1274
retreat
[ritrí:t]

退く，引きこもる　名退くこと；休養の場所，隠れ家
源 re(=back)+treat(引く)

1275
startle
[stá:rtl]

~を驚かせる，びっくりさせる
◇stártling　形〈人を〉びっくりさせる，驚かせる
◇stártled　形〈人が〉びっくりしている

1276
dare
[déər]

(+(to) V) Vする勇気がある；あえてVする
★否定文が多い。助動詞として原形の動詞を伴うこともある。
◆How dare SV?　「Sはよくもvすることができるな」
★Sの行為に対する怒りの表現。　(例) How dare you doubt us?
◇dáring　形大胆な

(2) Nouns　名詞

MINIMAL PHRASES

Tr. 3-68

□a wide **sphere** of activity	幅広い活動**範囲**
□a **sequence** of events	**一連**の事件
□a large **deposit** in the bank	多額の銀行**預金**
□an opinion **poll**	世論**調査**
□proceed *with* **caution**	**慎重**に進む
□feel a great **rage**	激しい**怒り**を感じる

1277
sphere
[sfíər]

①領域，範囲(＝area)　②球体
(例) a perfect sphere「完全な球体」

1278
sequence　(多義)
[síːkwəns]

①連続(するもの)　②順序，順番(＝order)　③場面
★①と②が多い。(例) in the proper sequence「適切な順序で」
◆a sequence of A　「一連のA」＝a series of A

1279
deposit　(多義)
[dipázit]

①預金；頭金　②堆積物，鉱床　動～を置く，預ける
(例) fatty deposit「脂肪沈着」

1280
poll　(多義)
[póul]

①世論調査　②投票　動〈人々〉の世論調査をする
★②は普通複数形。(例) go to the polls「投票に行く」

1281
caution
[kɔ́ːʃən]　(形?)

①用心，慎重　②警告　動～に警告する
◇cáutious　形用心深い

1282
rage
[réidʒ]

激怒，怒り　動〈病気などが〉猛威を振るう，荒れ狂う
◇ráging　形〈海などが〉荒れ狂う

□a mathematical **formula**	数式
□the **plot** of the movie	その映画の筋
□beyond the **scope** of science	科学の範囲を越えて
□the socially accepted **norm**	社会的に認められた規範
□look at them in **disgust**	反感を持って彼らを見る
□make a small **compromise**	小さな妥協をする

1283
formula [fɔ́ːrmjulə]　多義
①式，公式　②方法(＝way)，秘けつ，解決策
③決まり文句（★少数）
◇fórmulate　動①〈計画・規則など〉を作成する　②〜を表現する

1284
plot [plát]　
①(小説・演劇などの)筋　②陰謀，たくらみ
③(土地の)区画　動〈悪事〉をたくらむ，〜を秘かに企てる

1285
scope [skóup]
①範囲(＝area)
②(活動の)機会，余地(＝room)

1286
norm [nɔ́ːrm]
①(ある社会の)規範，行動基準
②普通のこと，ありふれたこと(＝rule ⇔ exception)
(例) Nuclear families have become the norm in Japan.
「日本では核家族は普通になった」
◇nórmal　形正常な，普通の
(⇔ abnormal 形異常な)

1287
disgust [disgʌ́st]
嫌悪，反感，むかつき　動〜に嫌悪を抱かせる
◇disgústing　形〈人を〉むかつかせる
◇disgústed　形〈人が〉むかついている

1288
compromise [kámprəmaiz]
妥協　動妥協する；〈信用など〉を汚す
◆compromised immune system　「免疫不全」

□a production supervisor	生産監督者
□a strange paradox	奇妙な逆説
□nerve tissue	神経組織
□the breakdown of the family	家庭の崩壊
□a new peace initiative	新たな平和構想
□the social fabric of Japan	日本の社会組織

1289
supervisor
[sú:pərvaizər]

監督者，管理者

◇súpervise　動～を監督[管理]する

源 super（上から）＋ vise（見る）

◇supervísion　名監督，管理

1290
paradox
[pǽrədɑks]

逆説，パラドックス；矛盾して見えるもの

★ 諺 Make haste slowly.「急がば回れ」のように，一見矛盾しているが実は真実を含むことを指す。

1291
tissue
[tíʃu:]

①(動植物の細胞の)組織

②ティッシュペーパー

1292
breakdown
[bréikdaun]

(組織・関係などの)崩壊(＝collapse)，決裂；

(心身の)衰弱；(機械の)機能停止

◆nervous breakdown「神経衰弱」

1293
initiative　多義
[iníʃiətiv]

①(新)構想，計画，戦略　②主導権　③自発性；独創性

(例) take the initiative in the game「ゲームで主導権をにぎる」

◇inítial　形最初の

◇inítiate　動～を始める，〈計画など〉に着手する

1294
fabric　多義
[fǽbrik]

①織物，布　②組織，構造(＝structure)

◇fíber　名繊維

□newspaper publicity	新聞広告
□reach the summit	頂上に達する
□a flock of white sheep	白いヒツジの群れ
□prevent the spread of plague	疫病の広がりを防ぐ
□write a letter *in* haste	あわてて手紙を書く
□*take a* nap in the afternoon	午後にうたた寝をする

1295
publicity
[pʌblísəti]

①宣伝，広告
②評判，知名度

1296
summit 多義
[sʌ́mit]

①頂上，頂点(＝peak, top)　②首脳会議
(例) the World Summit「世界首脳会議」

1297
flock
[flɑ́k]

(鳥・羊などの)群れ　動群がる，集まる
諺 Birds of a feather flock together.
「同じ羽の(同類の)鳥はいっしょに群れる」(類は友を呼ぶ)

◇herd　名(動物の)群れ
◇féather　名羽，羽毛

1298
plague
[pléig]

疫病，伝染病；災害
動～を苦しめる，悩ます　★動詞も多い。

1299
haste
[héist]

急ぐこと(＝hurry)
諺 Make haste slowly.「ゆっくり急げ」(＝急がば回れ)
諺 Haste makes waste.「あわてると損をする」

◆in haste　「急いで，あわてて」(＝hastily, in a hurry)
◇hásty　形あわてた
◇hasten 発音　動[héisn]　～を早める；急ぐ

1300
nap
[nǽp]

うたた寝，居眠り　動うたた寝する，居眠りする
◇snore　名いびき(の音)　動いびきをかく

□America and its allies	アメリカとその同盟国
□the first draft of his novel	彼の小説の最初の草稿
□a dramatic spectacle	劇的な光景
□the major premise	大前提
□a valuable asset	価値ある財産
□suffer from *jet* lag	時差ぼけで苦しむ

1301
ally
[ǽlai]

同盟国，協力者
◇allíance　名同盟，協力

1302
draft
[drǽft]

①下書き，草稿　②(the draft) 徴兵（②はまれ）
動～を下書きする

1303
spectacle
[spéktəkl]
形？

①光景，情景　②見せ物，スペクタクル
◆(a pair of) spectacles　「眼鏡」
◇spectácular　形見ごたえのある
◇spéctator　名見物人，（スポーツなどの）観客

1304
premise
[prémis]

①前提　②(～s) 敷地，建物

1305
asset
アク？

①財産，資産；重要な物[人]　②長所，とりえ
[ǽset]

1306
lag
[lǽg]

遅れ，遅延　動（他のものより）遅れる
◆jet lag　「時差ぼけ」

□gene therapy	遺伝子療法
□receive a warm reception	あたたかいもてなしを受ける
□organic compounds	有機化合物
□the blessings of nature	自然の恵み
□the sensation of flying	飛んでいるような感覚

1307
therapy
[θérəpi]

療法，治療法
◇thérapist　名セラピスト，療法士

1308
reception
[risépʃən]

①もてなし，歓迎(会)　②(ホテルの)フロント，受付
◆wedding reception「結婚披露宴」
◇recéive　動～を受け取る
◇receipt 発音　名[risíːt]　領収書，受領
◇recéptionist　名受付係
◇recípient　名受取人，臓器受容者(donorから臓器を受け取る人)

1309
compound
[kámpaund]

化合物，複合体　形複合的な，複雑な
動[kəmpáund]　〈問題〉を込み入らせる

1310
blessing
[blésiŋ]

ありがたいもの，恵み；祝福
◇bléssed　形恵まれた，祝福された
◆be blessed with A　「Aに恵まれている」

Q blessed 形の発音は？
A [blésid]

1311
sensation
[senséiʃən]

①感覚，感じ　②大事件，大評判，センセーション
(②は入試では少ない)
◇sensátional　形センセーショナルな，扇情的な

□the worst economic **recession**	最悪の**不況**
□the North **Pole**	北**極**
□a positive **outlook** *on* life	人生に対する肯定的な**考え方**
□every field of human **endeavor**	人間**活動**のあらゆる分野
□war without **mercy**	**情け容赦**のない戦争

1312
recession
[riséʃən]

不景気，不況
★ recede「後退する」の名詞形なので，recessionに「後退」の意味はあるが，入試では非常にまれ。

1313
pole 多義
[póul]

①棒，さお ②(天体の) 極，北極，南極
◇pólar 形極の，極地の
◇the Árctic 名北極(圏)
◇the Antárctic 名南極(圏)

1314
outlook 多義
[áutluk]

①考え方，態度 ②見通し，見込み
(例) China's economic outlook「中国経済の見通し」
cf. look out 「気をつける」

1315
endeavor
[endévər]

活動(＝activity)，企て；努力(＝effort)
動努力する(＝try) (＋to V) ★《英》-our。

1316
mercy
[mə́ːrsi]

慈悲，情け；幸運
◆at the mercy of A 「Aのなすがままに」
＝at A's mercy ★この熟語が40％以上だ。
(例) at the mercy of fate「運命のなすがままに」
◆mercy killing 「安楽死」
形? ◇mérciful 形慈悲[情け]深い

□Chinese children work harder than *their* Japanese counterparts.	中国の子供は日本の子供よりよく勉強する
□a training session	訓練期間
□a wide spectrum of interests	広範囲の関心事
□avoid junk food	ジャンクフードを避ける
□the worship of God	神に対する崇拝

1317
counterpart
[káuntərpɑːrt]

(A's～) Aに相当するもの　★約60％がtheirを伴う。
★上のフレーズのように前に出た名詞の代用とされることが最も多い。

1318
session 
[séʃən]

①(ある活動の)期間，(訓練・議会などの)会期
②討論，会議
(例) have a session with him「彼と会合する」
源 sess-(座る) + sion(こと)

1319
spectrum
[spéktrəm]

①(the/a ～ of A) A(意見・気分など)の変動範囲，領域
②(光の)スペクトル　★複数形はspectra。
(例) autism spectrum disorder「自閉症スペクトラム障害」
at the other end of the spectrum「その対極に」

1320
junk
[dʒʌ́ŋk]

くず，がらくた　★用例の約半分がjunk foodだ。
◆junk food　「ジャンクフード」
★安い高カロリーの食べ物。ファーストフード，ポテトチップスなど。
◆junk mail　「迷惑メール，ジャンクメール」

1321
worship
[wə́ːrʃip]

崇拝，礼拝　動～を崇拝する
源 wor(価値のある) + ship(状態)

(3) Adjectives 形容詞

MINIMAL PHRASES

Tr. 4-02

□*be* apt *to* forget names	名前を忘れやすい
□a humble attitude	謙虚な態度
□*be* entitled *to* the money	そのお金をもらう権利がある
□a valid reason for being late	遅れてくる正当な理由
□see a faint light	かすかな光が見える

1322
apt
[ǽpt]

①(be apt to V) Vしがちである，Vする傾向がある
②**適切な**（②は少数）（例）an apt description「適切な描写」
同?（2つ） ①= líkely, líable p. 51, 230
◇áptitude 名素質，才能（+ for）

1323
humble 多義
[hʌ́mbl]

①謙虚な(= modest ⇔ arrogant)；**卑下した**
②粗末な，**卑しい**
◇humílity 名謙虚さ(⇔ arrogance)

1324
entitled 多義
[intáitld]

①(be entitled to A) Aを得る[する] 権利がある
②〜と題された
（例）a book entitled *War and Peace*
「『戦争と平和』と題された本」
◆be entitled to V「Vする権利がある」

1325
valid 多義
[vǽlid]

①妥当な，正当な
②〈切符・文書などが〉有効な，**効力がある**
◇valídity 名正当性，妥当性

1326
faint 多義
[féint]

かすかな 動気絶する
★ notとfaintestを組み合わせて否定を強める。
（例）I don't have the faintest idea.「まったく知らない」

□a stiff reply	堅苦しい答え
□for some obscure reason	はっきりとわからない理由で
□survive the fierce competition	激しい競争に生き残る
□the most acute problem	最も深刻な問題
□sit idle all day	何もせず一日座っている
□crude stone tools	粗末な石器

1327
stiff 多義
[stíf]
①堅い，〈筋肉などが〉凝った　②堅苦しい
③〈競争などが〉厳しい

1328
obscure
[əbskjúər]
①わかりにくい，はっきりしない　②無名の
動 ～をあいまいにする，隠す（＝hide）

1329
fierce
[fíərs]
①〈競争・反対・嵐などが〉激しい　②どう猛な

1330
acute 多義
[əkjú:t]
①〈問題が〉深刻な（＝serious）　②〈感覚・痛みが〉鋭い（＝sharp ⇔dull 鈍い）　③〈症状が〉急性の（⇔chronic 慢性の）
（例）an acute sense of smell「鋭い嗅覚」
an acute illness「急性の病気」

1331
idle
[áidl]
①（仕事がなくて）何もしていない（⇔busy）　②なまけものの（＝lazy）　③無意味な（＝meaningless）
動 ぶらぶら過ごす　★idol「アイドル，偶像」と同音。

1332
crude
[krú:d]
①粗末な，荒けずりの（＝rough）
②粗野な，下品な（＝rude）　③未加工の
◆crude oil　「原油」

□be jealous *of* his success	彼の成功をねたむ
□his pregnant wife	彼の妊娠している妻
□*be* liable *to* forget it	それを忘れがちである
□a stubborn father	頑固な父親
□make a decent living	まともな暮らしをする

1333
jealous
[dʒéləs]

嫉妬(しっと)深い；うらやましい
◇jéalousy 名嫉妬，ねたみ

Q She was jealous (　) his happiness.
A of「彼女は彼の幸福をねたんでいた」

1334
pregnant
[prégnənt]

妊娠している 源 pre (前) + gnant (生まれる)
◇prégnancy 名妊娠

1335
liable
[láiəbl]

①(be liable to V) Vしがちである，可能性が高い
②(+ to A)〈病気など〉にかかりやすい，受けやすい
③(+ for A)(法律上)責任がある
★①が50%以上。よくないことになりそうなときに用いる。
★③(例) be liable for damage「損害の責任がある」

同? (2つ) ①= likely, apt
★aptは性質的傾向，likelyは可能性，liableは危険な傾向を主に言う。
◇liabílity 名(法的)責任

1336
stubborn
[stʌ́bərn]

頑固な，断固たる；変えにくい
◇stúbbornly 副頑固に；執拗(しつよう)に

1337
decent

(世間から見て)まともな，ちゃんとした(= respectable)；かなり良い

発音? [dí:snt]

□a marvelous record	驚くべき記録
□a misleading expression	誤解を招く表現
□synthetic fiber	合成繊維
□classical music	クラシック音楽
□in the Muslim world	イスラム世界で

1338
marvelous
[mάːrvələs] 動?

驚くべき，不思議な；すばらしい
◇márvel 動驚く(＝wonder) 名驚くべきもの
★ I marveled at the news.「私はそのニュースに驚いた」
＝ I was very surprised at the news.

1339
misleading
[mislíːdiŋ]

誤解を招く，まぎらわしい
◇misléad 動～を誤った方向に導く，だます

1340
synthetic
[sinθétik]

合成の，人工的な
(例) synthetic diamonds「人工ダイヤ」
◇sýnthesize 動～を合成する，統合する
◇sýnthesis 名合成，統合

1341
classical
[klǽsikl]

①〈音楽が〉クラシックの ★classic music ではないので注意。
②ギリシャ・ローマの；古典的な
◇clássic 形①古典の，名作の ②典型的な
名古典
(例) a classic example「典型的な例」

1342
Muslim
[mʌ́zləm]

イスラム教の 名イスラム教徒，回教徒
◇Islám 名イスラム教，全イスラム世界
◇Islámic 形イスラム教の
◇Búddhist 名仏教徒

(4) Verbs　動詞

MINIMAL PHRASES

Tr. 4-07

1343
□**anticipate** the future　未来を予想する
[æntísəpeit]　(= expect)
◇anticipátion　名期待；予想

1344
□**rub** the skin with a towel　タオルで肌をこする
[rʌ́b]
◆rub against A　「Aをこする，摩擦する」
◇rúbber　名ゴム　源こするもの

1345
□**dispose** *of* garbage　ゴミを処分する
[dispóuz]　捨てる　★75%がofを伴う。
同熟？　= get rid of
◇dispósal　名処分，廃棄
◇dispósable　形使い捨ての
◆at A's disposal　「Aの思うがままに」

1346
□**refrain** *from* smoking　タバコを吸うのを控える
[rifréin]　つつしむ

1347
□**accumulate** knowledge　知識を蓄積する
[əkjúːmjuleit]　たまる
◇accumulátion　名蓄積

1348
□**boost** the economy　経済を活気づける
[búːst]　～を高める　名促進，活気づけ

1349
□**drag** a heavy bag to the car　車まで重いかばんを引きずる
[drǽg]

1350
□**revise the guidelines** [riváiz] — ガイドラインを修正する
〈本など〉を修正する
◇revísion — 名修正；改訂

1351
□**scratch your back** [skrætʃ] — 君の背中をかく
名ひっかき傷
◆from scratch — 「ゼロから，最初から」

1352
□**roar like a lion** [rɔ́ːr] — ライオンのようにほえる
どよめく　名ほえ声，とどろき
◆roar with laughter — 「大声で笑う」

1353
□**quote the Bible** [kwóut] — 聖書を引用する

1354
□**when roses bloom** [blúːm] — バラの花が咲く頃
盛りになる　名（観賞用の）花
◆be in full bloom — 「満開である」

1355
□**insert the key into the hole** [insə́ːrt] — 穴にかぎを差し込む
〈文・遺伝子など〉を挿入する

1356
□**patients awaiting a heart transplant** [əwéit] — 心臓移植を待つ患者
★他動詞。await＝wait for

1357
□**dread going to the dentist** [dréd] — 歯医者に行くのを恐れる
◇dréadful — 形ひどい，恐い(＝terrible)

1358
□**conceal the fact *from* him** [kənsíːl] — 彼に事実を隠す
同? ＝hide

1359	
□Art **enriches** our lives. [inrítʃ]	芸術は人生を豊かにする ～を向上させる
1360	
□**cling** *to* tradition [klíŋ]	伝統に固執する くっつく ★約75%がtoを伴う。
同? = stick	(cling; clung; clung)
1361	
□**surpass** the US in technology [sərpǽs]	科学技術でアメリカにまさる ～を越える 源 sur (= over)
同? = excél	動～にまさる
1362	
□**suppress** anger [səprés]	怒りを抑える ～を抑圧[抑制]する 源 sup (= under)
◇suppréssion	名抑制，抑圧
1363	
□**portray** natural beauty [pɔːrtréi]	自然の美を描く ～を描写する
◇pórtrait	名肖像(画)；描写
1364	
□the **soaring** price of oil [sɔ́ːr]	急上昇する石油の価格 舞い上がる
1365	
□**drain** water *from* the tank [dréin]	タンクから水を排出する 流出する 名下水路；流出
◆go down the drain	「むだになる」
1366	
□**glow** in the dark [glóu]	暗闇でボーッと光る ほてる 名輝き
1367	
□**migrate** to California [máigreit]	カリフォルニアに移住する
◇migrátion	名移住，(鳥・魚の)移動

1368
□**exclaim** in surprise　驚いて叫ぶ
[ikskléim]

1369
□**exert** a strong *influence*　強い影響を及ぼす
[igzə́:rt]　〈力など〉を行使する

1370
□**disguise** anger with a smile　笑顔で怒りを隠す
[disgáiz]　(= hide, conceal) 名変装, 見せかけ
◆disguise oneself as A　「Aに変装する」

1371
□**accelerate** the process of reform　改革の進行を加速する
[æksélәreit]　～を速める

1372
□**dwell** in the forest　森の中に住む
[dwél]　(= live)
◆dwell on A　「Aを考え続ける；長々と話す」
◇dwélling　名住居
◇dwéller　名住人　(例) city dwellers「都市の住人」

1373
□**integrate** immigrants *into* society　社会に移民を融けこませる
[íntәgreit]　～を統合する, とりこむ
★過去分詞が多い。
◆be integrated into A　「Aに統合される, とりこまれる」

1374
□**weep** all night long　一晩中泣く
[wí:p]　(weep; wept; wept)
◇sob　動むせび泣く, 泣きじゃくる

1375
□**reassure** the patient　患者を安心させる
[ri:әʃúәr]　～を元気づける
◆reassure A that～　「～と言ってAを安心させる」
◇reassúring　形安心させる

1376
□**crawl** into bed [krɔ́:l] | ベッドまではって進む (=creep)

1377
□**restrain** inflation [ristréin] | インフレを抑制する (=control, prevent)

◆restrain A from Ving | 「AにVさせない，やめさせる」
◇restráint | 名制止，束縛

1378
□**resent** being called foreigners [rizént] | 外国人と呼ばれるのに腹を立てる ～に憤慨する，～を不快に思う

◇reséntment | 名憤慨，立腹
◇reséntful | 形憤慨している，怒っている

1379
□**yell** at the children [jél] | 子供たちに大声で叫ぶ 名叫び声，金切り声 (=shout)

1380
□**assess** students' ability [əsés] | 学生の能力を評価する ～を推定する (=evaluate, estimate)

◇asséssment | 名評価

1381
□**carve** her name in stone [ká:rv] | 石に彼女の名前を彫る ★過去分詞が多い。

◇carved | 形彫刻された

1382
□**halt** global warming [hɔ́:lt] | 地球温暖化を止める 名停止，休止

◆come to a halt | 「停止する，止まる」

1383
□**inspect** the car *for* defects [inspékt] | 欠陥がないか車を検査する (=examine)；～を視察する

源 in (中を) + spect (見る)
◇inspéction | 名検査；視察

1384
□**tackle** environmental problems [tǽkl] — 環境問題に取り組む

1385
□**omit** the word [oumít] — その言葉を省く
~を省略する (~ ted; ~ ting)
同熟? = leave out 「~を省く」

1386
□**chew** food well [tʃúː] — 食べ物をよくかむ

1387
□**resume** normal activities [rizjúːm] — ふだんの活動を再開する
~を再び始める

1388
□**mold** plastic products [móuld] — プラスチック製品を作る
〈人格など〉を形成する 名型；かび

1389
□*can* **accommodate** 800 people [əkámədeit] — 800人を収容できる
(例) be large enough to accommodate 100 people 「100人収容できるほど十分に大きい」
★このようにto不定詞が約50%。
◇accommodátion 名宿泊[収容]設備

1390
□**erase** the data [iréis] — データを消す
(= wipe off, rub out)

1391
□can be **inferred** *from* the passage [infə́ːr] — 文章から推量することができる
(~ red; ~ ring)

1392
□**revive** the British economy [riváiv] — 英国経済を生き返らせる
生き返る 源 re(再び) + vive(生きる)
名? ◇revíval 名生き返り，復活

1393
□**contemplate** marrying him
アク?
[kántəmpleit]
彼との結婚を考える（= consider）
～しようと考える

1394
□The earth **rotates** once a day.
[róuteit]
地球は日に 1 回回転する
～を回転させる
◇rotátion 名回転，自転，交替

1395
□**disrupt** their lives
[disrʌ́pt]
彼らの生活をかき乱す
～を中断させる（= disturb）
◇disrúption 名中断，混乱

1396
□**navigate** by the stars
[nǽvəgeit]
星によって進路を決める
～を誘導する，かじをとる
◇navigátion 名運行，航海

1397
□My whole body **aches**.
[éik]
体中が痛む

1398
□**discard** old ideas
[diskɑ́ːrd]
古い考えを捨てる
～を放棄する，処分する 源 dis (away)

1399
□**incorporate** the Internet *into* the classroom
[inkɔ́ːrpəreit]
教室にインターネットを取り入れる
★約40％がintoを伴う。

1400
□**overtake** Japan in PC sales
[ouvərtéik]
パソコンの売上で日本を追い越す
(overtake; overtook; overtaken)

1401
□**supplement** your diet
[sʌ́pləmənt]
食事を補う
名補充，付録，追加

1402
□**manipulate** a computer [mənípjuleit] — コンピュータを操作する / ～を巧みに扱う

1403
□**nourish** children's abilities [nə́:riʃ] — 子供たちの能力を養う / ～に栄養を与える

名? ◇nóurishment — 名栄養，食物

1404
□**squeeze** an orange [skwí:z] — オレンジをしぼる / ～をしぼり取る

1405
□**depict** him *as* a hero [dipíkt] — 英雄として彼を描く / ～を描写する（＝portray）

1406
□**distract** attention *from* the problem [distrǽkt] — 問題から注意をそらす / ～の気を散らす（⇔attract）

源 dis（離して）＋tract（引く）＝引き離す

◇distráction — 名気を散らすもの；気晴らし

1407
□**disclose** his secret [disklóuz] — 彼の秘密を暴露する / ～を公表する（＝reveal）

1408
□**enroll** *in* medical school [inróul] — 医学部に入学する / ～を入学［入会］させる（＋in, at）

★50％以上がinを伴う。

◇enróllment — 名入学，入会

1409
□**nurture** new technology [nə́:rtʃər] — 新しい科学技術を育てる / ～を養育する　名養育，教育

（例）nature and nurture — 「素質と教育」

1410
□**speculate** about the future [spékjəleit] — 将来のことを推測する / 憶測する

名? ◇speculátion — 名①思索，推測，憶測　②投機

1411
□**prolong** life
[prəlɔ́(ː)ŋ]
寿命を延ばす
～を延長する

◇prolónged 形長引く，長期の

1412
□**execute** the murderer
発音？
殺人犯を処刑する
[éksəkjuːt] 〈計画など〉を遂行する

★過去分詞が多い。

1413
□**uncover** new evidence
[ʌnkʌ́vər]
新しい証拠を明らかにする
～を発掘する

1414
□**tremble** with fear
[trémbl]
恐怖でふるえる ★恐怖・心配などで。
★trembling の形で使うことが多い。

1415
□**seize** the opportunity
[síːz]
チャンスをつかむ
～をとらえる

Q seize her（ ）the arm
A by「彼女の腕をつかむ」
★ seize[take/catch]＋人＋ by ＋ the ＋体の一部「人の体の一部をつかむ」

1416
□**abolish** slavery
[əbáliʃ]
奴隷制を廃止する
〈悪いもの〉をなくす

同熟？ ＝do away with

1417
□**scold** my son *for* being lazy
[skóuld]
怠けたことで息子をしかる

1418
□**attain** the goal
[ətéin]
目標を達成する
～を獲得する

1419
□**utter a word** [ʌ́tər] — 言葉を発する / ～を述べる

名? ◇útterance — 名言葉を発すること，発言

Q 形容詞の utter の意味は？ — A「全くの，完全な」
（例）utter nonsense — 「全くのナンセンス」

1420
□**flee *to* free countries** [flíː] — 自由な国に逃げる / ～から逃げ去る (flee; fled; fled)

1421
□**avoid offending others** [əfénd] — 他人を怒らせるのを避ける / ～の感情を害する

名? ◇offénse — 名①罪，違反 ②立腹，無礼 ③攻撃(⇔defense) ★《英》-ce。

（例）give offense to A「Aを怒らせる」⇔ take offense at A「Aに立腹する」

◇offénsive — 形不快な，いやな

1422
□**confess that I did it** [kənfés] — 私がやったと告白する / 〈自分に不利なこと〉を認める(＝admit)

◇conféssion — 名告白，自白

1423
□**postpone mak*ing* a decision** [poustpóun] — 決定するのを延期する / 源 post（後に）＋pone（置く）

同熟? ＝put off（言い換え頻出！）

1424
□**drift like a cloud** [dríft] — 雲のようにただよう / 漂流する 名漂流

1425
□**weave cotton cloth** [wíːv] — 木綿の布を織る / 編む (weave; wove; woven)

1426
□ **install** solar panels on the roof — 屋根にソーラーパネルを備えつける
[instɔ́:l]

1427
□ **twist** a wire — 針金をねじ曲げる
[twíst]
巻く，ひねる

1428
□ **extract** DNA *from* blood — 血液からDNAを取り出す
[ikstrǽkt]
～を抜き出す，抽出する
源 ex(外に)＋tract(引く)

1429
□ **bump** *into* someone — 人にぶつかる
[bʌ́mp]
～に偶然出会う ★約30%がintoを伴う。

1430
□ Don't **despise** poor people. — 貧しい人を軽蔑するな
[dispáiz]
源 de(下に)＋spise(見る)
同熟? ＝look down on
★despiseのほうが嫌悪の意味が強い。

1431
□ **tolerate** pain — 苦痛を我慢する
[tálәreit]
～に耐える
◇tólerance — 名寛容；忍耐(＝patience)；耐性
(例) tolerance of heat「熱に対する耐性」
◇tólerant — 形寛大な，寛容な；耐性のある

1432
□ **boast** *of* being rich — 金持ちなのを自慢する
[bóust]
～を誇る
◆boast of [about] A — 「Aを自慢する」

1433
□ The European economy is **flourishing**. — ヨーロッパ経済は栄えている
[flɔ́:riʃ]
繁栄する ★flowerと同じ語源。

1434
□**disregard safety rules** [disrigáːrd]
安全規則を無視する (= ignore)
名無視

1435
□**Don't tease me!** [tíːz]
私をからかうな
〜をいじめる

1436
□**reinforce the belief** [riːinfɔ́ːrs]
信念を強める
〜を補強する，〜を補足する
★目的語は**message**，**idea**，**view**などが多く，「〜を裏付ける (= **support**)，強調する」の意味が多い。

1437
□**strive *to* survive** [stráiv]
生き残るために努力する
励む
★＋**to V**が約**50**％。

1438
□**coordinate movements with each other** [kouɔ́ːrdineit]
互いに動きを合わせる
〈活動など〉をまとめる，調和させる
◇coordinátion
名調和，(筋肉・身体各部の運動の) 協調

1439
□**yawn when you are bored** [jɔ́ːn]
退屈なときにあくびをする

1440
□**hug and kiss him** [hʌ́g]
彼を抱きしめキスする
名ハグ (〜ged; 〜ging)

1441
□**combat global warming** [kámbæt]
地球温暖化と戦う
名戦闘

1442

□**knit a sweater**　セーターを編む
[nít]　(〜を)編む；しっかりと組み合わせる

◇knítting　名編み物
◇knot　名結び目　動を結ぶ

Q a close-knit community の意味は？　A「結びつきが緊密な地域社会」

● 人種　ジャンル別 14

□**Aboriginal** [æbərídʒənəl]　アボリジニ(の)，オーストラリア先住民族(の)

□**African American** [æfrikən əmérikən]　アフリカ系アメリカ人(の)

□**Anglo** [æŋglou]　英国系米国人(の)

□**Anglo-Saxon** [æŋglousæksn]　アングロサクソン(の)　★今のイギリス人の祖先のゲルマン民族で，5,6世紀頃にイギリスに移住した。

□**Caucasian** [kɔːkéiʒən]　白人(の)

□**Dutch** [dʌtʃ]　オランダ人(の)

□**Hispanic** [hispǽnik]　ラテンアメリカ系住民(の)

□**Jew** [dʒúː]　ユダヤ人(の)，ユダヤ教徒

□**Latino** [lætíːnou]　ラテンアメリカ人(の)　★米国在住者を言うことが多い。

□**Native American** [néitiv əmérikən]　北米先住民(の)＝American Indian

● 職業　ジャンル別 15

□**accountant** [əkáuntənt]	会計士；会計係
□**attendant** [əténdənt]	接客係，案内係，世話人
□**barber** [báːbə]	理髪師
□**butcher** [bútʃə]	肉屋（の主人）
□**carpenter** [káːpntə]	大工
□**cashier** [kæʃíə]	レジ係
□**chairman** [tʃéərmən]	議長（最近は chairperson を用いる）
□**dentist** [déntəst]	歯科医 ◇déntal 形 歯の
□**director** [diréktə]	管理者；重役；映画監督，演出家
□**expert** アク？	専門家 [ékspəːrt]
□**fisherman** [fíʃəmən]	漁師；漁船
□**grocer** [gróusər]	食料雑貨商
□**housewife** [háuswaif]	主婦
□**president** [prézidənt]	大統領，社長，会長，その他一般に組織の長
□**professor** [prəfésər]	教授
□**soldier** [sóuldʒər]	兵士

● 人間関係　ジャンル別 16

□**boss** [bɔ́(ː)s]	上司
□**coworker** [kóuwəːrkər]	同僚
□**dad** [dǽd]	とうさん ★father の口語的表現。
□**grandchild** [grǽntʃaild]	孫
□**grand-parents** [grǽnpeərənts]	祖父母
□**kinship** [kínʃip]	親類関係
□**Majesty** [mǽdʒəsti]	陛下（国王とその配偶者）
□**marital** [mǽrətl]	夫婦の，結婚の
□**mom** [mám]	かあさん ★mother の口語的表現。
□**sir** [sə́ːr]	お客様（男性への呼びかけで）
□**spouse** [spáus]	配偶者

3 (4) 動

(5) Nouns　名詞

MINIMAL PHRASES

Tr. 4-20

1443	
□mental **fatigue** 発音? アク?	精神**疲労** [fətíːg]
1444	
□win **fame** and fortune [féim]	**名声**と富を得る 評判
形? ◇fámous	形有名な(＝famed)
1445	
□The room is a **mess.** [més]	部屋の中が**めちゃくちゃ**だ 混乱
◇messy	形汚い，散らかった
1446	
□death *with* **dignity** [dígniti]	**尊厳**死 威厳，気品
◇dígnified	形威厳のある
1447	
□the Panama **Canal** アク?	パナマ**運河** [kənǽl]
1448	
□a long **drought** in Africa 発音?	アフリカの長い**干ばつ** [dráut]
1449	
□give up in **despair** [dispéər]	**絶望**してあきらめる 動絶望する
◆be in despair	「絶望している」
1450	
□*at* **intervals** of ten minutes アク?	10分の**間隔**で [íntərvəl]　へだたり
◆at intervals	「ときおり；とびとびに」

1451
□help him with his **luggage** [lʌ́gidʒ]
彼が**荷物**を持つのを手伝う
★《英》がやや多い。

同？　＝bággage
★《米》がやや多い。

Q I have many luggages. の誤りは？
A 不可算名詞だから many はつかない。
I have a lot of luggage. が正しい。
(many pieces of luggage は可)

1452
□*on* **behalf** *of* the class [bihǽf]
クラスを**代表して**
～のために

★上の形か，on A's behalf の形で使う。

1453
□feel an **impulse** *to* shout [ímpʌls]
叫びたい**衝動**を感じる
欲求

1454
□**debris** from an explosion [dəbríː]
爆発による**破片**
がれき，ごみ　★不可算名詞。s は黙字。

◆space debris
「宇宙ごみ」

1455

□Beauty and the **Beast** [bíːst]
美女と**野獣**
★作品のタイトル。

1456
□believe a foolish **superstition** [suːpərstíʃən]
ばかげた**迷信**を信じる

◇superstítious
形 迷信的な

1457
□the **illusion** that Japan is safe [iljúːʒən]
日本が安全だという**幻想**

1458
□cotton **thread**
発音？
木綿の**糸**
[θréd]

◇néedle
名 針　★時計の針は hand だ。
◇string
名 ひも，糸

3 (5) 名

1459
□reduce salt **intake** [íntеik] | 塩分の**摂取量**を減らす

1460
□invite guests to the **feast** [fi:st] | **宴会**に客を招待する
祝祭 源 festa（祭り）

1461
□a seasonal **transition** [trænzíʃən] | 季節の**移り変わり**
推移，変化（＝change）

1462
□the **misery** of war [mízəri] | 戦争の**悲惨さ**
みじめさ，不幸
形？ ◇míserable | 形みじめな，不幸な

1463
□dangerous **radiation** [reidiéiʃən] | 危険な**放射線**
（光・熱などの）放射，発散
◇radioáctive | 形放射性の，放射能のある

1464
□a **log** cabin [lɔ́(:)g] | 丸太小屋
動〈木〉を伐採する

1465
□reach **consensus** *on* the issue [kənsénsəs] | その問題で**合意**に達する
（＝agreement）
源 con（ともに）＋ sense（感じる）

1466
□do a *good* **deed** a day [dí:d] | 1日に1つよい**行い**をする
（言葉に対する）行為 ★doの名詞。

1467
□an old Chinese **proverb** [právərb] | 古い中国の**ことわざ**
（例）as the proverb goes［says］ | 「ことわざによると」
同？ ＝sáying

1468
□Thank you for the **compliment**. [kámplimənt] — ほめ言葉をありがとう
動 〈人〉をほめる
◇compliméntary — 形 無料で，ただの

1469
□watch the candle **flame** [fléim] — ろうそくの炎を見つめる

1470
□*celebrate* their *wedding* **anniversary** [ænəvə́:rsəri] — 2人の結婚記念日を祝う
源 anni (年) + verse (回る) cf. annual

1471
□Follow your **conscience**. 発音? — 自分の良心に従え
[kánʃəns]
◇consciéntious — 形 良心的な

1472
□an **expedition** to the moon [ekspədíʃən] — 月世界探検
遠出；探検隊

1473
□produce **offspring** [ɔ́(:)fspriŋ] — 子孫をつくる
★an～とはしない。集合名詞。

1474
□my monthly **allowance** [əláuəns] — 僕の毎月のこづかい
手当金；仕送り；許容量
◆make allowance for A — 「Aを考慮する，大目に見る」

1475
□a newspaper **headline** [hédlain] — 新聞の大見出し
主なニュース項目

1476
□sign a peace **treaty** [trí:ti] — 平和条約に署名する
(国家間の) 協定

1477
□a historical **monument** [mánjumənt]	歴史的な**記念碑** 遺跡，史跡

1478
□a **worm** in the apple 発音？	リンゴの中の**虫** [wə́:rm] ★ミミズ，イモムシなど。
	★a worm in the appleは徐々に全体をだめにする欠点・キズのことを言う。
諺 The early bird catches the worm.	「早起きは三文の得」

1479
□a good **remedy** for colds [rémədi]	風邪のよい**治療法** 薬；改善策 動～を改善する

1480
□a 20-volume **encyclopedia** [ensaikləpí:diə]	20 巻の**百科事典**

1481
□*catch a* **glimpse** *of* her face [glímps]	彼女の顔が**ちらり**と見える 動～をちらりと目にする
◆catch [get] a glimpse of A	「Aをちらりと目にする」

1482
□school **personnel** アク？	学校の**職員** ★集合名詞。 [pə:rsənél] 人事
(例) a personnel manager	「人事部長」

1483
□the **triumph** of science [tráiəmf]	科学の**勝利** 大成功

1484
□reading, writing, and **arithmetic** [əríθmətik]	読み書き**算数** 形[æriθmétik] 算数の
◇geómetry	名幾何学
◇álgebra	名代数

1485
□people with low **self-esteem** [sélfistí:m] — 自尊心の低い人々 自負
◇estéem — 名尊敬（動「～を尊敬する」は少ない）

1486
□**microbes** in the soil [máikroub] — 土壌にすむ微生物 源 micro（小さい）＋be（生物）
◇microbiólogy — 名微生物学，細菌学

1487
□the **odds** *of* successful treatment [ádz] ★普通単数扱い。 — 治療が成功する可能性 勝ち目，賭け率
◆be at odds（with A） — 「（Aと）争っている」

1488
□a society in **chaos** 発音？ — 混沌とした社会 [kéiɑs] 無秩序
同？ ＝confúsion
◇chaótic — 形混沌とした

1489
□control the **destiny** of mankind [déstini] — 人類の運命を支配する
同？ ＝fate — 名（悪い）運命
◆be destined to V — 「Vする運命にある」

1490
□a disk five inches *in* **diameter** アク？ — 直径５インチのディスク [daiǽmitər]
★40％以上がin diameterの形。

1491
□win the **lottery** [látəri] — 宝くじに当たる
◇lot — 名①くじ ②運命 ③地所 p. 353

1492
□a **souvenir** shop in Hong Kong　香港のみやげ物屋
[suːvəníər]　記念品　源 sou（に）+ venir（来る）

1493
□walk along a mountain **trail**　山の小道を歩く
[tréil]　通った跡

1494
□a **ratio** of 10 to 1　10 対 1 の比率
[réiʃou]　(= proportion)

1495
□fight with a **sword**　剣で戦う
発音?　[sɔ́ːrd]　★wは発音しない。

諺 The pen is mightier than the sword.　「ペンは剣より強し」
◇blade　名①刃　②葉
◇shield　名盾　動～を保護する

1496
□blow a **whistle**　笛を吹く
[hwísl]　口笛　動（口）笛を吹く
◆train whistle　「汽笛」

1497
□public **sentiment** against slavery　奴隷制に対する国民感情［世論］
[séntəmənt]　意見，考え方，情操
★特定の物事に対する意見や感情をいう。集団に用いることが多い。
◇sentiméntal　形感傷的な，心情的な

1498
□share *household* **chores**　家庭の雑用を分担する
[tʃɔ́ːr]　日課，家事
★約 35 %が household を伴う。

1499
□be treated with **courtesy**　礼儀正しい扱いを受ける
[kɔ́ːrtəsi]　儀礼的あいさつ　源 court（宮廷）
◇cóurteous　形礼儀正しい

1500
□the New York City **mayor** [méiər] | ニューヨーク市長
町［村］長

1501
□video **surveillance** systems [sərvéiləns] | 映像監視システム

1502
□a big black **trash** bag [træʃ] | 大きな黒いゴミ袋 ★主に《米》。
がらくた

同? =rúbbish | ①がらくた(=garbage)★主に《英》。②ばかげた事

◇lítter | 名①ゴミ ②(犬などの)一腹の子 動散らかす

◇scrap | 名①断片 ②くず；残飯 動～を廃棄する

◇lándfill | 名ゴミ処理地 ★穴にゴミを埋めるやり方のゴミ処理場。

1503
□gain wealth and **prestige** [prestí:ʒ] | 富と名声を手に入れる
威信，信望

◇prestígious | 形名声のある，一流の

1504
□police **headquarters** [hédkwɔ:rtərz] | 警察本部
本社，司令部 ★単複両扱い。

1505
□explore the vast **wilderness** 発音? | 広大な荒野を探検する
[wíldərnəs] 未開の地

1506
□the earth's **orbit** around the sun [ɔ́:rbət] | 太陽を回る地球の軌道
動～の周りを回る

1507
□have a personal **bias** against women [báiəs] | 女性に対して個人的偏見を持つ
えこひいき，傾向(+toward)

同? =préjudice | ★biasの方がゆるい傾向。

1508
□**the Republic of Ireland** [ripʌ́blik] — アイルランド共和国

1509
□**This house is a bargain.** [báːrgin] — この家は掘り出し物だ
値引き品 動交渉する（＋with）
◇bárgaining — 名交渉

1510
□**in the domain of psychology** [douméin] — 心理学の領域で
（＝field, area）
◆in the public domain — 「社会の共有財産で」

1511
□**a fragment of blue glass** [frǽgmənt] — 青いガラスの破片
断片　源frag（壊れる）　cf. fragile

1512
□**the Andromeda Galaxy** [gǽləksi] — アンドロメダ星雲
銀河（系），小宇宙

1513
□**sit on mother's lap** [lǽp] — 母親のひざの上に座る
★座った人の太ももの上を指す。
◇knee — 名ひざ（頭）
◇kneel — 動ひざまづく

1514
□**the deadline *for* the report** [dédlain] — レポートの締め切り

1515
□**faster than a bullet** 発音？ — 弾丸よりも速く
[búlit]
◆the bullet train — 「新幹線」

1516
□**the safety of pedestrians** [pədéstriən] | 歩行者の安全

1517
□**a conversation full of wit** [wít] | 機知に富んだ会話 ウイット

◆at one's wits' end | 「途方に暮れて」
形? ◇wítty | 形機知のある，気の利いた

1518
□**a nuisance to others** アク? | 他人の迷惑 [njú:səns]

1519
□***meet* the criteria *for* safety** [kraitíəriə] | 安全基準を満たす 尺度（＝standard）★単数形はcriterion。

1520
□**face economic hardship** [há:rdʃip] | 経済的苦難に直面する

1521
□**the glory *of* the British Empire** [glɔ́:ri] | 大英帝国の栄光 すばらしさ；誇りとなるもの

◇glórious | 形すばらしい；栄光ある

1522
□**walk along the pavement** [péivmənt] | 歩道を歩く ★主に《英》。★《米》では「舗装された道」の意味。

同? ＝sídewalk | 名《米》歩道
動? ◇pave | 動〈道路〉を舗装する
◆pave the way for A | 「Aへの道を開く」

1523
□**the British Navy** [néivi] | 英国海軍

◆navy blue | 「ネイビーブルー，濃紺色」
◇nával | 形海軍の

1524	
□a movie **script** [skrípt]	映画の**台本** 筆跡，文字
◇mánuscript	名原稿，文書；手書き
1525	
□the old-age **pension** [pénʃən]	老齢**年金**
1526	
□the **province** of Quebec [právins]	ケベック**州**（カナダ） 地方
◇províncial ◇préfecture	形州の，地方の 名（フランス，日本などの）県，府
1527	
□a **surplus** of food [sə́ːrpləs]	食糧の**余剰** 過剰（＝excess）源 sur（越えて）＋plus（加えた）
◆trade surplus	「貿易黒字」
1528	
□add **moisture** to the skin [mɔ́istʃər]	肌に**水分**を加える 湿気
◇moist	形湿った　★普通よい意味で。 p. 313 damp
1529	
□a leather elbow **patch** [pætʃ]	革のひじ**当て** 部分
◆the Great Pacific Garbage Patch	「太平洋ゴミベルト」 ★プラスチックなどの海洋ゴミが多い海域。
1530	
□*at* an **altitude** of 30,000 feet [ǽltitjuːd]	**高度**3万フィートで （＝height）
1531	
□The **thermometer** shows 0℃. アク？	**温度計**が0℃を示す [θərmámətər]
◇barómeter	名気圧計

1532
□pay college **tuition** [tʃuːíʃən]
大学の授業料を支払う
(＝tuition fees)；授業，指導

1533
□send Japanese **troops** abroad [trúːp]
日本の軍隊を海外に送る
★複数形が70%以上。

1534
□humans and other **primates** [práimeit]
人間と他の霊長類
★複数形が50%以上。

1535
□find **flaws** *in* his argument [flɔ́ː]
彼の主張に欠陥を見つける
不備，欠点，傷 ▶ p. 258 defect

1536
□his son and **nephew** [néfjuː]
彼の息子と甥(おい)

◇niece 名姪(めい)
◇cóusin 名いとこ
◇síbling 名兄弟姉妹 ★男女の区別なく。

1537
□wear a silk **garment** [gɑ́ːrmənt]
絹の衣服を身につける

◇cóstume 名衣装 ★時代・民族などに特有のもの。

1538
□the **diagnosis** of disease [daiəgnóusis]
病気の診断
(病気・問題の) 分析

◇diagnóse 動～を診断する

1539
□industry and **commerce** アク?
工業と商業
[kɑ́mərs] 貿易，商取引

◇commércial 形商業的な 名コマーシャル

1540
□the art of **antiquity** [æntíkwəti]
古代の美術

◇antíque 形古めかしい，骨董(こっとう)品の 名骨董品

1541
□a small fraction *of* the money [frǽkʃən] | その金のほんの一部 少量；分数 ★70%以上がofを伴う。

1542
□the irony of fate [áiərəni] | 運命の皮肉 奇妙な事実

◇irónically | 副皮肉にも
◇irónic | 形皮肉な

1543
□have a nightmare [náitmeər] | 悪夢を見る

1544
□a defect *in* the structure [dí:fekt] | 構造上の欠陥 障害

★flawは簡単に取り除けるような欠陥にも用いられるが，defectはしばしば機能を妨げる重大な欠陥，障害，短所などをいう。

◇deféctive | 形欠陥のある

1545
□a birth certificate アク? | 出生証明書 [sərtífikət] 免許状

◇cértify | 動～を証明する

1546
□prevent the decay of food [dikéi] | 食品の腐敗を防ぐ 衰退（＝decline） 動衰える

◆tooth decay | 「虫歯」

1547
□prevent *soil* erosion [iróuʒən] | 土壌の浸食を防ぐ

◇eróde | 動～を浸食する，〈信頼・価値など〉を損なう

1548
□a recipe for happiness [résəpi] | 幸福の秘けつ 調理法

（例）a recipe for pancakes | 「パンケーキのレシピ，調理法」

1549
□**the human skeleton** [skélitn] — 人間の骨格
骸骨 ★「透明な」という意味はない。
◇skull — 名頭蓋骨

1550
□**the grace of her movements** [gréis] — 彼女のしぐさの優雅さ
気品(=elegance)
◇gráceful — 形優雅な，上品な(=elegant)
◇disgráce — 名不名誉，恥辱

1551
□**visit some Paris landmarks** [lǽndmɑːrk] — パリの名所を訪ねる
目印

1552
□**the symptoms of dementia** [diménʃə] — 認知症の症状

1553
□**flesh and blood** [fléʃ] — 肉と血 ★「生身の人間」のこと。
肌

1554
□**collision *with* the earth** [kəlíʒən] — 地球との衝突
◇collíde — 動衝突する(+ with)

1555
□**a hazard to health** [hǽzərd] — 健康にとって危険なもの
危険要因
◇házardous — 形危険な(=dangerous)

1556
□**the tomb of the unknown soldier** 発音? — 無名戦士の墓
[túːm]
◇comb 発音 — 名[kóum] くし
★単語末の -mb の b は，発音しない。

1557
□take daily injections [indʒékʃən] | 毎日注射を受ける
◇ injéct | 動~を注射する

1558
□a breakthrough *in* technology [bréikθruː] | 技術の飛躍的進歩
急進展

1559
□a leather bag [léðər] | 革のかばん
形革製の

1560
□a jewelry store [dʒúːəlri] | 宝石店
宝石類 《英》jewellery
◇jéwel | 名(個々の)宝石
★個々の宝石はjewel。jewelryは集合的に宝石類のことを言い, 不可算名詞。これはmachine「(個々の)機械」とmachinery「(集合的に)機械設備」の関係と同じ。

1561
□read nonverbal cues [kjúː] | 非言語的な合図を読み取る
(=signal, hint);手がかり, きっかけ

1562
□Call an ambulance right away. [ǽmbjələns] | すぐに救急車を呼べ

1563
□a *real* estate agent (アク?) | 不動産業者
[istéit] 所有地, 財産
★40%以上がこの形で出る。

1564
□an export commodity [kəmádəti] | 輸出向けの商品
(=goods);日用品

1565
- □check the **departure** time [dipá:rtʃər] — 出発時刻を確認する
  逸脱，離反（+ from）
  - 反？ ⇔arrível — 名到着
  - 動？ ◇depárt — 動出発する（= set out, set off）

1566
- □enter a new **phase** [féiz] — 新しい段階に入る
  （= stage）；時期

1567
- □a car **thief** [θí:f] — 車泥棒
  ★複数形 thieves。
  - ◇theft — 名盗み
  - ◇búrglar — 名強盗

1568
- □**Saint** Valentine [séint] — 聖バレンタイン
  聖人，聖者

1569
- □painting and **sculpture** [skʌ́lptʃər] — 絵と彫刻

1570
- □feel deep **grief** over his death [grí:f] — 彼の死に深い悲しみを感じる
  ★sadness より意味が強い。
  - ◇gríeve — 動悲しむ（+ over, at）；～を悲しませる

1571
- □drive in the fast **lane** [léin] — 追い越し車線を走る
  小道

1572
- □**predators** like lions [prédətər] — ライオンのような捕食動物
  肉食動物

1573
- □**fluids** like water and air [flú:id] — 水や空気のような流体
  流動体　源 flu（流れる）

1574
□an incentive *to* work [inséntiv] | 仕事のはげみ 動機（＝motivation），刺激
★約40%がto Vを伴う。

1575
□the bride and her father [bráid] | 花嫁とその父
◆the bride and groom | 「新郎新婦」
◇báchelor | 名①独身男性　②学士（大卒の学位）
◇spouse 発音 | 名[spáus]　配偶者

1576
□military intervention *in* Iraq [intərvénʃən] | イラクへの軍事介入 干渉　源inter（間に）＋ven（来る）
◇intervéne | 動介入する，干渉する（＋in）

1577
□win by a wide margin [má:rdʒin] | 大差で勝つ 票差；余白；ふち（＝edge）
◆margin of error | 「誤差」
◆profit margin | 「利ざや，利幅」
形？ ◇márginal | 形端の，重要でない（＝unimportant）

1578
□a biography of Einstein アク？ | アインシュタインの伝記 [baiágrəfi]
源bio（＝life）＋graphy（記述）
◇autobiógraphy | 名自叙伝（auto＝自分）

1579
□marry without parental consent アク？ | 親の同意なしに結婚する [kənsént]　承諾　動同意する
◆informed consent | 「説明を受けた上での治療の同意」

1580
□a smoking volcano [valkéinou] | 噴煙を上げる火山
◇volcánic | 形火山の

1581
□anti-government **rebels** [rébl] — 反政府の反逆者たち
動[ribél] 反逆する，反抗する
◇rebéllion — 名反乱，反抗

1582
□the **metaphor** of the "melting pot" [métəfɔ:r] — 「人種のるつぼ」という比喩
隠喩(いんゆ)

1583
□gun control **legislation** [ledʒisléiʃən] — 銃規制の法律
立法，法律制定

1584
□be struck by **lightning** [láitniŋ] — 雷に打たれる
稲妻
◇thúnder — 名雷鳴

1585
□the use of **pesticides** [péstəsaid] — 殺虫剤の使用
除草剤
源 pest（害虫）＋cide（殺すもの）
◇pest — 名害虫，厄介な存在；ペスト

1586
□write a newspaper **column** [kάləm] — 新聞のコラムを書く
円柱，（数字の）縦の列

1587
□spread a **rumor** about a ghost [rú:mər] — 幽霊のうわさを広める
★《英》-our。

1588
□tiny **dust** particles [dʌ́st] — 細かいほこりの粒子
◇dirt — 名汚れ；泥，土

1589
□a **dialogue** between two students [dáiəlɔ(:)g] — 2人の学生の対話
源 dia（向き合って）＋logue（話）

1590
□learn English in **kindergarten** [kíndərgɑːrtn] | 幼稚園で英語を学ぶ

◆nursery school 「保育所」

1591
□a patient with type 2 **diabetes** [daiəbíːtəs] | 2 型糖尿病の患者

◇ínsulin 名インスリン

1592
□the risk of **obesity** [oubíːsəti] | 肥満の危険

◇obése 形肥満の，太りすぎの(＝fat)
◇lów-fát 形名低脂肪(の)

Q fatを名詞で使うとどういう意味？ A「脂肪」

1593
□get a **patent** for a new invention [pǽtnt] | 新発明の特許を取る
動～の特許を取る

◇cópyright 名著作権，版権

1594
□the first **chapter** of The Tale of Genji [tʃǽptər] | 源氏物語の第 1 章

1595
□Buckingham **Palace** [pǽləs] | バッキンガム宮殿
大邸宅

◇mánsion 名(豪華な)大邸宅
★大きな建物の名前にmansionを使うことはあるが，「マンション」の意味ではflat《英》(▶ p. 348)，apartment《米》を使う。

1596
□do the **laundry** [lɔ́ːndri] | 洗濯をする

1597
□patients in the **ward** [wɔ́ːrd] — 病棟の患者 (行政の) 区
(例) Setagaya Ward — 「世田谷区」

1598
□at the **outbreak** of the war [áutbreik] — 戦争がぼっ発したとき (疫病などの) 発生
◆break out — 「〈戦争などが〉急に起こる，ぼっ発する」

1599
□solve a difficult **equation** [i(ː)kwéiʒən] — 難しい方程式を解く 等式
◇equáte — 動 ～を同一視する(＋A with B)

1600
□bones found by an **archaeologist** [ɑːrkiɑ́lədʒist] — 考古学者に発見された骨
◇archaeólogy — 名 考古学

1601
□political **corruption** [kərʌ́pʃən] — 政治の腐敗 堕落
◇corrúpt — 形 腐敗した，堕落した

1602
□**germs** and viruses [dʒə́ːrm] — 細菌とウイルス 病原体

1603
□have **revenue** of $100,000 [révənjuː] — 10万ドルの収入がある (＝income)
反? ⇔expénditure — 名 支出

1604
□rely on your **spouse** [spáus] — 配偶者に頼る 結婚相手，夫，妻

1605
□cholera **epidemic** [epidémik] | コレラの流行 伝染病

1606
□America's infant **mortality** rate [mɔːrtǽləti] | アメリカの幼児死亡率 死亡者数

形？
◇mórtal 形死ぬべき運命の 名人間
◇immórtal 形不死の，永遠の
◇immortálity 名不死，不滅

1607
□economy class **syndrome** [síndroum] | エコノミークラス症候群 源 syn（一緒に）

（例）Acquired Immune Deficiency Syndrome（AIDS） 「後天性免疫不全症候群（エイズ）」
◆Down syndrome 「ダウン症」

1608
□the **retail** price [ríːteil] | 小売りの値段 動～を小売りする

◇rétailer 名小売業者

1609
□take a large **dose** *of* vitamin C [dóus] | 大量のビタミンCを服用する （1回分の）服用量

1610
□alcoholic **beverages** [bévəridʒ] | アルコール飲料

1611
□regulate **metabolism** [mətǽbəlizm] | 新陳代謝を調整する

◇metabólic 形新陳代謝の
◆metabolic syndrome 「メタボリックシンドローム」
★体内に脂肪が蓄積することで健康上の危険がある状態。

1612
□a **hybrid** of two plants [háibrid] | 2つの植物の交配種 雑種 形雑種の

★ハイブリッドカーのように，「異質なものを組み合わせたもの」という意味。

1613

□the sweet scent of roses 発音?	バラの甘い香り
	[sént] におい
◇pérfume	名香水；香り
◇ódor	名におい
	★smell, odorは，よい・悪い両方のにおいを指すが，scentはよい香りが普通。

1614

□reduce inflammation in the eye	眼の炎症を軽減する
[infləméiʃən]	★flame「炎」▶ p. 249
◇inflámmatory	形炎症性の，炎症を起こす
◇anti-inflámmatory	形抗炎の
◇infláme	動～に炎症を起こさせる

1615

□take sleeping pills	睡眠薬を飲む
[píl]	錠剤
◇drug	名①麻薬　②薬，薬品
◇phármacist	名薬剤師
◇phármacy	名薬局；調剤，薬学

● 地理　ジャンル別 17

□ **bank** [bǽŋk]	土手
□ **canyon** [kǽnjən]	深い渓谷
□ **cape** [kéip]	岬
□ **cave** [kéiv]	洞窟
□ **channel** [tʃǽnl]	①海峡 ②チャンネル ③経路
□ **cliff** [klíf]	がけ
□ **coast** [kóust]	沿岸地帯
□ **coral reef** [kɔ́:rəl ríːf]	珊瑚(さんご)礁
□ **countryside** [kʌ́ntrisaid]	田園，田舎
□ **fountain** [fáuntn]	泉，噴水
□ **glacier** [gléiʃər]	氷河
□ **gulf** [gʌ́lf]	湾（bayより大きい p. 181）
□ **harbor** [há:rbər]	港（波風を避けるのに適した自然の港）
□ **iceberg** [áisbə:rg]	氷山
□ **lava** [lá:və]	溶岩
□ **oasis** [ouéisis]	オアシス
□ **peninsula** [pənínsələ]	半島
□ **plain** [pléin]	平野
□ **pond** [pánd]	池
□ **port** [pɔ́:rt]	港，商港
□ **reservoir** [rézərvwɑ:r]	貯水池
□ **sanctuary** [sǽŋktʃueri]	禁猟区，鳥獣保護区
□ **swamp** [swámp]	沼地
□ **valley** [vǽli]	谷，盆地
□ **waterfall** [wɔ́:tərfɔ:l]	滝

● 地名　ジャンル別 18

□ **the Antarctic** [æntá:rktik]	南極地方，南極圏
□ **the Arctic** [á:rktik]	北極地方，北極圏
□ **the Atlantic Ocean**	大西洋 [ətlǽntik]
□ **the Mediterranean Sea**	地中海 [meditəréiniən]
□ **the North Pole** [nɔ́:rθ póul]	北極
□ **the Pacific Ocean**	太平洋 [pəsífik]
□ **the South Pole** [sáuθ póul]	南極

(6) Adjectives　形容詞

MINIMAL PHRASES

Tr. 4-43

1616
□be in grave danger　重大な危機にある
[gréiv]　(＝serious)；重々しい　名墓

1617
□fertile *soil*　肥えた土壌
[fə́:rtəl]　★40%以上がsoilを伴う。
◇fertílity　名多産，肥沃さ
◇fértilizer　名肥料
◆total fertility rate　「合計特殊出生率」★女性1人の平均出産数。
◇bárren　形不毛の，実りのない

1618
□be hostile *to* the government　政府に反感を持つ
[hástəl]　敵意を持った
名？ ◇hostílity　名敵意

1619
□Water is indispensable *to* life.　水は生命にとって不可欠だ
[indispénsəbl]　(＋to, for)　源(なしですませられない)
同？(3つ) ＝esséntial, nécessary, vítal
◇dispénse　動〈機械などが現金・飲料など〉を出す，〈情報など〉を与える
◆dispense with A　「Aなしですませる」
同熟？ ＝do without A

1620
□an information-oriented society　情報志向の社会
[ɔ́:rientid]　関心がある
◆be oriented (toward A)　「(Aに)関心がある」
◆A-oriented　「Aに関心がある，A志向の」
★約75%がこの形。　★orient 動「～を方向づける」
名？ ◇orientátion　名適応；方向づけ，オリエンテーション
◆the Orient　「東洋」
◇Oriéntal　形東洋の

3 (6) 形

1621
□a **splendid** view　すばらしい景色
[spléndid]　壮麗な

1622
□a **competent** teacher　有能な教師
(アク?)　[kámpətənt]　(＝skillful)
(名?)　◇cómpetence　名能力，力量
◇incómpetent　形無能な
◇compéte　動競争する p. 78

1623
□**supreme** joy　最高の喜び
[sjuprí:m]　源 superの最上級。
◆the Supreme Court　「最高裁判所」

1624
□**straightforward** language　わかりやすい言葉遣い
[streitfɔ́:rwərd]　簡単な；率直な

1625
□a land **sacred** to Islam　イスラム教徒の聖地
[séikrid]　神聖な（＝holy）

1626
□take **bold** action　大胆な行動をとる
[bóuld]　（＝brave, daring）
Q baldの意味と発音は？　A「はげた」[bɔ́:ld]

1627
□feel **uneasy** about the future　将来について不安な気持ちになる
[ʌní:zi]
源 un（否定）＋easy（気楽な）

1628
□**neat** clothes　きちんとした服
[ní:t]　こぎれいな

1629
□a **shallow** river [ʃǽlou] — 浅い川
浅はかな
反? ⇔deep — 形深い

1630
□make a **fake** cake [féik] — にせ物のケーキを作る
名にせ物　動～を偽造する

1631
□a **superficial** difference [sjuːpərfíʃəl] — 表面的な違い
うわべの；浅薄な

1632
□a completely **absurd** idea [əbsə́ːrd] — まったくばかげた考え
(=foolish)

1633
□**fragile** items [frǽdʒəl] — 壊れやすい物
もろい　源 frag (壊れる)　cf. fragment

1634
□a girl from a **respectable** family [rispéktəbl] — ちゃんとした家の娘
立派な；下品でない
★悪いことをせずまともな社会生活をしているという意味。

★次の語と区別しよう。

□be **respectful** *to* elders	年上の人に敬意を表する
□schools in the **respective** areas	それぞれの地区の学校

1635
□a **magnificent** view [mægnífisnt] — すばらしい光景
立派な

1636
□an infinite *number* of stars (アク?) | 無限の数の星 [ínfənət]

1637
□a comprehensive study [kɑmprihénsiv] | 包括的研究 総合的な，広範囲の

1638
□a steep slope [stí:p] | 険しい坂 急な

(例) a steep rise in prices | 「物価の急な上昇」

1639
□the gross domestic product (発音?) | 国内総生産（= GDP） [gróus] 総計の；〈誤りなどが〉ひどい

◆the gross national product | 「国民総生産」(= GNP)

1640
□prepare for subsequent events [sʌ́bsikwənt] | 次に起こる出来事に備える (時間的に) 後の，次の (= following)

1641
□my sincere apologies (発音?) | 私の心からの謝罪 [sinsíər] 誠実な

◇sincérity | 名誠実，誠意

1642
□a toxic gas [tɑ́ksik] | 有毒なガス (= poisonous)

◇tóxin | 名毒

1643
□take a neutral position [njú:trəl] | 中立の立場をとる 公平な

1644
□a diligent student [dílidʒənt] | 勤勉な学生

(同?) (2つ) = hárdwórking, indústrious

◇díligence | 名勤勉さ

1645
□**have a sore throat** [sɔ́ːr] のどが痛い

Q 同音の動詞は？ A soar「舞い上がる；急に増える」 p. 234

1646
□**drink contaminated water** [kəntǽmineitid] 汚染された水を飲む (=polluted)

◇contáminate 動～を汚染する(=pollute)
◇contaminátion 名汚染(=pollution)

1647
□**an ambiguous expression** [æmbígjuəs] あいまいな表現 多義的な

◇ambigúity 名あいまいさ，多義
Q vague とどう違う？ A vague は「漠然とした，ぼやけた」。

1648
□**an oral examination** [ɔ́ːrəl] 口述の試験 (⇔written)

1649
□**spend a restless night** [réstləs] 落ち着かない夜を過ごす そわそわした，不安な

◇rest 名①休息　②残り
動休む；～を休ませる p. 338

1650
□**smell like rotten eggs** [rátn] 腐った卵のようににおう

◇rot 動腐る；～を腐らせる(～ted; ～ting)

1651
□**vigorous activity** [vígərəs] 精力的な活動 元気はつらつな

名? ◇vígor 名精力，活力，力強さ

1652
□an immense amount of information [iméns] | 莫大な量の情報 計り知れぬ
◇imménsely | 副ものすごく

1653
□metropolitan areas [metrəpálitən] | 大都市圏
◇metrópolis | 名大都市，主要な都市

1654
□be punctual for an appointment [pʌ́ŋktʃuəl] | 約束の時間をきっちり守る

1655
□a solitary old man [sáliteri] | 孤独な老人 寂しい（＝lonely）
名？ ◇sólitude | 名孤独，寂しさ

1656
□take collective action [kəléktiv] | 集団行動を起こす 集合的な

1657
□break off diplomatic relations [dipləmǽtik] | 外交関係を断絶する 外交的な
◇diplómacy | 名外交
◇diplomat アク | 名[díplərnæt] 外交官

1658
□a nasty smell [nǽsti] | 不快なにおい 嫌な（＝unpleasant）；意地の悪い

1659
□a helpless baby [hélplis] | 無力な赤ん坊

1660
□give explicit instructions [iksplísit] | 明確な指示を与える 露骨な，はっきりとした
反？ ⇔implícit | 形遠回しの，暗黙の

1661
□His company *went* bankrupt. [bǽŋkrʌpt] | 彼の会社は破産した

◆go bankrupt | 「破産する」★60%以上がこの形。
◇bánkruptcy | 名 破産

1662
□the hope of eternal life [itə́ːrnəl] | 永遠の命の望み
不変の (＝perpetual)

◇etérnity | 名 永遠

1663
□the sole survivor [sóul] | 唯一の生存者

◇sólely | 副 ①単独で，1人で ②単に(＝only)

1664
□sour grapes [sáuər] | すっぱいブドウ

★sour grapesには「負け惜しみ」の意味もある（『イソップ物語』に由来）。

1665
□a notable exception [nóutəbl] | 注目すべき例外

1666
□an affluent society [ǽfluənt] | 裕福な社会
(＝rich, wealthy)

◇áffluence | 名 豊かさ

1667
□a naked man 発音? | 裸の男
[néikid]

◆naked eye | 「肉眼」

1668
□the vocal organ [vóukl] | 発声器官
声の

◆vocal cords | 「声帯」

3 (6) 形

1669
□**feminine** beauty — 女性の美しさ
[féminin] — 女性的な
反? ⇔másculine — 形男性的な
◇féminist — 名男女同権主義者

1670
□sit down in a **vacant** seat — 空いている席に座る
[véikənt] — 使用されていない(⇔occupied)
名? ◇vácancy — 名空虚；空いたところ，空室
Q emptyはどう違う？
A emptyは容器などの中身がないことを表す。たとえば，an empty bottleと言えるが，a vacant bottleとは言えない。

1671
□native and **exotic** animals — 在来と外来の動物
[igzátik] — 異国風の

1672
□**rigid** rules — 厳格な規則
[rídʒid] — がんこな

1673
□**humid** summer weather — 夏の蒸し暑い天気
[hjú:mid] — 多湿の
◇humídity — 名湿度(＝moisture)

1674
□an **outstanding** scholar — 傑出した学者
[autstǽndiŋ] — 目立った
◆stand out — 「目立つ」

1675
□*be* **addicted** *to* drugs — 麻薬中毒である
[ədíktid] — ～に熱中した
◆be addicted to A — 「Aの中毒である」
◇addíction — 名中毒
◇áddict — 名中毒者，マニア
◇addíctive — 形中毒性の

1676
□be vulnerable *to* attack [vʌ́lnərəbl] — 攻撃を受けやすい / 傷つきやすい

1677
□spontaneous laughter [spɑntéiniəs] — 自然に起こる笑い / 自発的な

1678
□be greedy for money [gríːdi] — 金にどん欲だ

◇greed — 名どん欲

1679
□a trivial matter [tríviəl] — ささいな事柄 / とるに足らない（＝trifling）

1680
□Japan's per capita income [pər kǽpətə] — 日本の一人当たりの国民所得

◇per — 前〜につき，ごとに

★ earn $100 per day = earn $100 a day 「日に100ドル稼ぐ」

1681
□the risks inherent *in* the sport [inhíərənt] — そのスポーツに元から伴う危険 / 本来備わった，固有の

◇inhérit — 動〜を受け継ぐ p. 161

◇inhérently — 副本来，生まれつき

1682
□a promising new actress [prámisiŋ] — 前途有望な新人女優

1683
□physiological reactions [fiziəládʒikl] — 生理的な反応

◇physiólogy — 名生理学

1684 □**clinical** *trials* of new drugs [klínikl]	新薬の臨床試験
◇clínic	名医院，診療所
1685 □**chronic** disease [kránik]	慢性の病気
反? ⇔acúte	形急性の
1686 □divisions of **geological** time [dʒiːəládʒikl]	地質学的な時代区分
◇geólogy	名地質学　源geo（地）+logy（学）
1687 □**countless** species of insects [káuntləs]	無数の種類の昆虫
	源count（数）+less（無）
1688 □**innate** ability to learn [inéit]	先天的な学習能力 (=inborn)
	源in（中に）+nate（生まれる）
1689 □be **alert** *to* every sound [ələ́ːrt]	あらゆる音に用心する 頭がさえている
◆be on (the) alert	「警戒している」
1690 □**autonomous** cars [ɔːtánəməs]	自動運転車 自立した，自律の
◇autónomy	名自主性，自律　▶p. 301 源auto（自分）+nomy（管理）
(例) patient autonomy	「患者の自主性」

(7) Adverbs etc.　副詞・その他

MINIMAL PHRASES

Tr. 4-54

1691
□**occur simultaneously** [saiməltéiniəsli]
同時に起こる

1692
□**utterly different from others** [ʌ́tərli]
他人とまったく異なる
完全に（＝totally）

◇útter　形まったくの，完全な p. 241

1693
□**change drastically** [drǽstikəli]
劇的に変化する
徹底的に

◇drástic　形劇的な，徹底的な

1694
□***not* necessarily true** [nesəsérəli]
必ずしも本当でない

◆Not necessarily.　「必ずしもそうではない」
◇nécessary　形必要な；必然の
◇necéssity　名必要(性)

1695
□**He always tells the truth, thereby avoiding trouble.** [ðeərbái]
彼はいつも真実を述べ，そうすることで，面倒を避けている

＝by that means

1696
□**speak frankly** [frǽŋkli]
率直に話す

◆Frankly speaking　「率直に言えば」＝To speak frankly; Frankly
◇frank　形率直な
◆to be frank（with you）　「率直に言えば」＝frankly speaking

1697
□**the two cities, namely, Paris and Tokyo** [néimli]
その2つの都市，すなわちパリと東京（＝that is to say）

3 (7) 副

1698
□He tried hard, **hence** his success. [héns] | 彼は努力した。だから成功した。
★上のように後に名詞を置くことがある。

1699
□pay bills **via** the Internet [víːə] | 前インターネット経由で代金を払う
同熟? = by way of

1700
□**owing** *to* lack of fuel [óuiŋ] | 前燃料不足のために
★because of の方が口語的。

● 物質 ジャンル別 19

□**aluminum** [əlúːmənəm]	アルミニウム
□**bronze** [bránz]	青銅
□**carbohydrate** [kɑːrbouháidreit]	炭水化物 源carbo(炭素)+hydrate(含水化合物)
□**chlorine** [klɔ́ːriːn]	塩素
□**coal** [kóul]	炭，石炭
□**copper** [kápər]	銅
□**crystal** [krístl]	水晶，結晶(体)
□**iron** [áiərn]	鉄，アイロン
□**ivory** [áivəri]	ぞうげ
□**lead** 発音?	鉛 [léd]
□**marble** [mɑ́ːbl]	大理石
□**methane** [méθein]	メタン
□**ore** [ɔ́ː]	鉱石，原石
□**pearl** [pə́ːl]	真珠
□**silver** [sílvər]	銀
□**sodium** [sóudiəm]	ナトリウム ★natrium はまれ。
□**steel** [stíːl]	鋼鉄
□**sulfur** [sʌ́lfər]	硫黄

Final Stage

Stage 4

入試の最難関レベル。この Stage の単語は，日常的な場面ではあまり耳にしないかもしれないが，正確に自己表現し，高度な話題について読み，論じるときには必要な単語で，最難関の大学入試ではここで差がつく。『TIME』や『Newsweek』を読んだり，将来英語を仕事で使う時にも必須となるはずだ。

"Live as if you were to die tomorrow.
Learn as if you were to live forever."

—— *Gandhi*

* * *

明日死ぬかのように生きよ。
永遠に生きるかのように学べ。— ガンジー

(1) Verbs　動詞

MINIMAL PHRASES

Tr. 4-57

1701	
□**clarify** the meaning of the word [klǽrifai]	単語の意味を明らかにする
1702	
□**smash** a bottle [smǽʃ]	ビンを粉々に砕く 衝突する，～を衝突させる
(例) smash into his car	「彼の車に衝突する」
1703	
□**mourn** Gandhi's death [mɔ́ːrn]	ガンジーの死を悲しむ 〈人〉の喪に服する
1704	
□**summon** the police [sʌ́mən]	警察を呼ぶ 〈人〉を呼び出す
1705	
□**shatter** windows [ʃǽtər]	窓を粉々にする 粉々になる
1706	
□**linger** in my memory [líŋgər]	私の記憶に残る 〈感情などが〉なかなか消えない
1707	
□**lament** the shortness of life [ləmént]	人生の短さを嘆く 名悲しみ，嘆きの言葉
1708	
□*be* **endowed** *with* a talent [indáu]	才能に恵まれる ～を授ける
◆be endowed with A ◇endówment	「A(才能など)に恵まれている」 名寄付金；才能
1709	
□**rejoice** in the success [ridʒɔ́is]	成功を喜ぶ

1710
□**allocate resources** 資源を配分する
[ǽləkeit] 〜を割り当てる
◇ allocátion 名配分，割り当て(量)

1711
□**slap his face** 彼の顔をピシャリと打つ
[slǽp] 名平手打ち (〜 ped; 〜 ping)

1712
□**contend *that* money cannot buy happiness** お金で幸福は買えないと主張する
[kənténd] (= argue)；戦う(+ with)

1713
□**swear never to drink again** 二度と酒を飲まないと誓う
[swéər] 〜と断言する
(swear; swore; sworn)

1714
□**can discern the difference** 違いを識別することができる
[disə́:rn] (= distinguish, perceive)

1715
□**degrade the environment** 環境を悪化させる
[digréid] 源 de (down) + grade (等級)
◇degradátion 名①(環境などの)悪化 ②卑しめ

1716
□**erect barriers** 障壁を築く
[irékt] 形直立した

1717
□**testify in court** 法廷で証言する
[téstəfai]
名? ◇téstimony 名証言，証拠

1718
□**spur him into action** 行動へと彼を駆りたてる
[spə́:r] 〜に拍車をかける 名刺激，拍車
(〜 red; 〜 ring)

1719
□**roam** the streets freely　自由に街を歩き回る
[róum]　ぶらつく，放浪する

1720
□**frown** *on* smoking　喫煙にまゆをひそめる
[fráun]　名しかめっ面

1721
□**lure** tourists to Japan　日本に観光客を呼び込む
[ljúər]　～を魅惑する　名魅力，魅惑

1722
□**defy** gravity　重力に逆らう
[difái]　〈規則など〉に従わない；～を拒む
◇defíance　名反抗，抵抗

1723
□**stroll** in the park　公園をぶらつく
[stróul]　（＝wander）　名散歩

1724
□**rattle** the windows　窓をがたがた鳴らす
[rǽtl]

1725
□**reconcile** religion *with* science　宗教と科学を調和させる
[rékənsail]　～を和解させる

1726
□**blur** the distinction　区別をぼやかす（～red; ～ring）
[blə́ːr]　ぼやける　名ぼやけたもの
◇blúrred　形ぼやけた

1727
□**soothe** a crying child　泣く子供をなだめる
[súːð]　〈苦痛〉を和らげる

1728
□**impair** learning ability　学習能力を低下させる
[impéər]　～を害する（＝damage）
◆visually impaired people　「視覚障害者」　★遠回しな表現。

1729
□**comply** ***with*** the standards [kəmplái] — 基準に従う
★50%以上がwithを伴う。
◇compliance — 名法令遵守，〈命令などに〉従うこと

1730
□**pierce** my ears [píərs] — 耳に穴をあける
〜を刺す

1731
□**stumble** on the stairs [stʌ́mbl] — 階段でつまずく

1732
□**hinder** economic development [híndər] — 経済の発展をさまたげる
(＝prevent)

1733
□**mock** her efforts [mák] — 彼女の努力をあざける
(＝make fun of) 形まねごとの，模擬の

1734
□**embody** the spirit of the age [imbádi] — 時代の精神を具現する
〜を表現する (＝express)

1735
□**stalk** the prey [stɔ́:k] — 獲物に忍び寄る
名（植物の）茎

1736
□**proclaim** that Japan is safe [prəkléim] — 日本は安全だと宣言する
(＝declare)；〜をはっきり示す
源 pro（前に）＋claim（叫ぶ）

1737
□The audience **applauds.** [əplɔ́:d] — 観客が拍手する
〜をほめたたえる
◇appláuse — 名拍手

4 (1) 動

1738
□**inflict** pain *on* other people [inflíkt] | 人に苦痛を与える

1739
□**merge** *with* the company [mə́:rdʒ] | その会社と合併する

◇mérger | 名合併，合同

1740
□People were **evacuated** from the area. [ivǽkjueit] | 人々はその地域から避難した / ～を避難させる

◇evacuátion | 名避難

1741
□What is done cannot be **undone**. [ʌndʌ́n] | 一度したことは元に戻らない 諺

◇undó | 動〈一度したこと〉を元に戻す，～を無効にする

1742
□**poke** him in the ribs [póuk] | 彼のわき腹を突く / (～を)つつく

◆poke one's nose into A | 「Aに干渉する，おせっかいする」

1743
□be **haunted** by memories of war [hɔ́:nt] | 戦争の記憶につきまとわれる / ～につきまとう

◇háunted | 形〈場所が〉幽霊の出る

1744
□**adhere** *to* the international standards [ədhíər] | 国際基準を固く守る / 源 ad (＝to)

1745
□**compile** a list of customers [kəmpáil] | 顧客のリストをまとめる / 〈データ・辞書など〉を編集する

1746
□The flowers will **wither** in the cold. [wíðər]
花は寒さでしぼむだろう
色あせる；～をしおれさせる

1747
□**stun** the audience [stʌ́n]
聴衆をびっくりさせる
～を気絶させる
◇stúnning 形美しい，すばらしい；驚くべき
◇stúnned 形びっくりした；動転した

1748
□**choke** on a piece of food [tʃóuk]
食べ物でのどがつまる
～の首をしめる

1749
□His health will **deteriorate**. [ditíəriəreit]
彼の健康状態は悪化するだろう
～を悪化させる（＝worsen）
◇deteriorátion 名悪化

1750
□**dump** garbage in the street [dʌ́mp]
通りにゴミを捨てる
名ゴミ捨て場

1751
□**murmur** in a low voice [mə́ːrmər]
低い声でつぶやく
名つぶやき；ざわめき

1752
□**delete** old emails [dilíːt]
古いeメールを削除する

1753
□**inhibit** the growth of bacteria [inhíbət]
バクテリアの成長を阻害する

1754
□**divert** attention *from* the fact [divə́ːrt]
事実から注意をそらす

4 (1) 動

1755 □**tame** wild animals [téim]	野生動物を飼いならす 形飼いならされた
1756 □**reap** large rewards [ríːp]	大きな報酬を手に入れる ~を収穫する
1757 □**affirm** that it is true [əfə́ːrm]	それは本当だと断言する ~と主張する(=assert)
1758 □be **immersed** *in* a different culture [imə́ːrs]	異なる文化に浸る (=immerse oneself in A)
◇immérsion	名没頭，浸ること
1759 □My license **expires** next month. [ikspáiər]	私の免許は来月に期限が切れる
◆expiration date	「有効期限」= expiry date《英》
1760 □**embark** *on* a new adventure [embáːrk]	新しい冒険に乗り出す 〈事業などを〉始める
1761 □**vow** to fight [váu]	戦うことを誓う 名誓い，誓約
1762 □**foresee** the future [fɔːrsíː]	未来を予知する 予見する 源fore(前)+see
1763 □**adore** him as a god [ədɔ́ːr]	神として彼を崇拝する ~が大好きだ(=love)

1764
□**yearn *for* freedom** [jə́ːrn] — 自由を切望する

◇yéarning — 名 切望，熱望，あこがれ

1765
□**undermine the US position** [ʌndərmáin] — アメリカの立場を弱める

★「～の下を掘る」が原義。

1766
□**suck blood from humans** [sʌ́k] — 人間の血を吸う

◇sniff — 動〈臭い〉をかぐ，〈空気〉を吸う

1767
□**pledge to support them** [plédʒ] — 彼らを支持することを誓う
名 誓約，誓い

1768
□**intrude *on* his privacy** [intrúːd] — 彼のプライバシーに立ち入る
じゃまする，侵入する

◇intrúder — 名 侵入者
◇intrúsion — 名 侵入

1769
□**sue a doctor** [sjúː] — 医者を訴える

1770
□**distort the facts** [distɔ́ːrt] — 事実を歪曲(わいきょく)する

◇distórtion — 名 ゆがみ，歪曲

1771
□**extinguish the fire** [ikstíŋgwiʃ] — 火を消す

同熟? ＝put out ★頻出！

1772
□**preach** to the crowd [príːtʃ] | 群衆に説教する
～を説く

◇priest | 名神父，牧師，聖職者 p. 183

1773
□**curb** population growth [kə́ːrb] | 人口増加を抑制する
名歩道の縁石

1774
□**withstand** high temperatures [wiðstǽnd] | 高温に耐える
～に抵抗する

1775
□**dip** the meat in the sauce [díp] | ソースに肉をひたす
(～ped; ～ping)

1776
□**recite** poetry [risáit] | 詩を暗唱する
～を声に出して言う

1777
□**thrust** the money into his pocket [θrʌ́st] | 彼のポケットにお金を押し込む
名押し，突き

1778
□**plead** *with* her to come back [plíːd] | 彼女に戻るよう嘆願する

名? ◇plea | 名①嘆願　②弁解，申し立て

1779
□**humiliate** him in front of others [hjuːmílieit] | 人前で彼に恥をかかせる
～に屈辱を与える

◇humíliating | 形屈辱的な
◇humíliated | 形屈辱を受けた

1780
□**discharge** waste into rivers [distʃɑ́ːrdʒ] | 川に廃水を放出する
～を解任する

1781
□**condemn** his behavior [kəndém] — 彼の振る舞いを非難する
◆be condemned to A — 「①A(刑)の宣告を受ける ②Aする運命にある」

1782
□**retrieve** information [ritríːv] — 情報を検索する
〜を取り戻す
◇retríeval — 名検索；取り戻すこと

1783
□**shrug** your shoulders [ʃrʌ́g] — 肩をすくめる
(〜ged; 〜ging)

1784
□**evoke** a response [ivóuk] — 反応を呼び起こす
〈記憶・感情〉を喚起する

1785
□**fetch** water from the river [fétʃ] — 川から水を取ってくる
(= go and bring)

1786
□**flatter** the boss [flǽtər] — 上司におせじを言う
〜をほめて喜ばせる
◆be flattered — 「得意になる，うれしい」
◇fláttery — 名おせじ，ほめ言葉

● 天体 ジャンル別 20

□**asteroid** [ǽstərɔid]	小惑星	□**planet** [plǽnit]	惑星 p. 89
□**comet** [kámit]	すい星	□**satellite** [sǽtəlait]	衛星 p. 176
□**meteor** [míːtiə]	流星；隕石 (= shooting star)	□**the Milky Way**	銀河，天の川

(2) Nouns　名詞

MINIMAL PHRASES

Tr. 5-02

1787
□write **prose** and poetry [próuz] | 散文と詩を書く

反? ⇔verse | 名韻文，詩
◇rhyme | 名詩，韻(文)

1788
□the **textile** industry [tékstail] | 織物工業
源 text (織られたもの)

1789
□cut **timber** [tímbər] | 材木を切る
木材，樹木

同? ＝lúmber | 名材木

1790
□**masterpieces** of French art [mǽstərpiːs] | フランス美術の傑作

1791
□an anti-government **riot** [ráiət] | 反政府の暴動
騒動　動暴動を起こす

1792
□a train **carriage** [kǽridʒ] | 列車の車両
馬車，乳母車

1793
□breathing **apparatus** [æpərǽtəs] | 呼吸装置
器具；器官

同? ＝equípment p. 88

★たいていは不可算名詞として使うが，まれに不定冠詞(a, an)を付けたり，複数形(～es)になることもある。device (p. 92)，instrument (p. 92)は可算名詞。

1794 □*make a* fuss *about* nothing [fʌ́s]	くだらないことに大騒ぎする
1795 □a vitamin deficiency アク?	ビタミンの欠乏 [difíʃənsi] 欠点，欠陥
◇defícient	形欠けている，不足している
1796 □the heir *to* a fortune 発音?	財産の相続人 [éər] ★hは黙字。
Q 同じ発音の語は？	A air
1797 □a jungle *at* the equator [ikwéitər]	赤道直下のジャングル 源「地球を等分（equate）するもの」の意。
1798 □import petroleum [pitróuliəm]	石油を輸入する
◇pétrol	名ガソリン ★《英》。(= gas, gasoline)
1799 □an evil witch [wítʃ]	邪悪な魔女
◇wítchcraft	名魔法
◇wízard	名（男の）魔法使い
1800 □Water changes into vapor. 発音?	水が蒸気に変わる [véipər] 水蒸気（= water vapor）
動? ◇eváporate	動蒸発する；消える
1801 □a space probe [próub]	宇宙探査機 調査 動～を調査する
1802 □expertise *in* programming [ekspəːrtíːz]	プログラミングの専門知識

4 (2) 名

1803
□a look of scorn [skɔ́:rn] | 軽蔑のまなざし
動～を軽蔑する（＝despise）
◇scórnful | 形軽蔑した，あなどった

1804
□the prophets of the Bible [prάfit] | 聖書の預言者
予言者
◇próphecy | 名予言

1805
□a cool breeze from the sea [brí:z] | 海からの涼しいそよ風

1806
□punishment for sin [sín] | 罪に対する罰
★宗教・道徳的罪を指す。法的罪はcrime。
◆commit a sin | 「罪を犯す」

1807
□a surge in blood sugar [sə́:rdʒ] | 血糖の急増
（感情などの）高まり　動殺到する

1808
□a complement to medical treatment [kάmpləmənt] | 医療を補うもの
補完するもの，補語　動～を補う
◇compleméntary | 形補完的な，代替的な
★complimentary（p. 249）と同音。

1809
□wait in a queue [kjú:] | 一列で待つ　★《英》。《米》は line。
動列を作って待つ（＝wait in line）

1810
□a high-stakes poker game [stéik] | 賭け金の高いポーカー
出資，（利害）関係　動〈金〉を賭ける
◆at stake | 「危険にさらされて」

1811 □the French ambassador *to* Japan [æmbǽsədər]	駐日フランス大使
◇émbassy	名大使館
1812 □the judge and jury [dʒúəri]	裁判官と陪審員（団） ★《米》では普通12人の市民からなる。
1813 □a cluster *of* neurons [klʌ́stər]	ニューロンの集団 群れ，一団
1814 □a lump on the head [lʌ́mp]	頭のこぶ しこり；固まり
◆a lump of sugar	「角砂糖」
1815 □the green meadow 発音?	緑の牧草地 [médou]
◇pásture	名牧草地，放牧場
1816 □accomplish a remarkable feat [fiːt]	すばらしい偉業をなしとげる はなれわざ
1817 □artistic temperament [témpərəmənt]	芸術的な気質
1818 □feel a chill [tʃil]	寒気を感じる 動～を冷やす
◇chílly	形肌寒い
1819 □electrical appliances [əpláiəns]	電気器具

4 (2) 名

1820
□his **predecessor** as manager [prédisesər]
彼の前任の経営者
以前にあったもの［人］

反? ⇔ succéssor
源 pre(前)＋decess(去る)＋or(人)
名 後任者；相続者

1821
□a child as a separate **entity** [éntəti]
独立した存在としての子供

1822
□receive warm **hospitality** [hɑspitǽləti]
あたたかいもてなしを受ける
歓待，接客(の)

◇hóspitable
形 ①心あたたかい
②〈環境が〉生存に適した

1823
□a **narrative** of his journey [nǽrətiv]
彼の旅行の話
物語（＝story）

◇narrátion
名 語り

1824
□a small **segment** of the population [ségmənt]
住民のほんの一部分
区分，区切り　源 segは「切る」。

1825
□prevent a **catastrophe** [kətǽstrəfi]
大災害を防止する
破局，大惨事（＝disaster）

◇catastróphic
形 壊滅的な

1826
□the British **monarch** 発音?
イギリスの君主
[mɑ́nərk]

◇mónarchy
名 君主政治

1827
□due to time **constraints** [kənstréint]
時間的制約があるので
束縛

◇constráin
動 ～を束縛する，～に強いる

1828 □an **amendment** to the law [əméndmənt]	法律の**改正** 修正案，修正条項
◇aménd	動～を改正する，修正する
1829 □the structure of the **cosmos** [kázməs]	**宇宙**の構造
◇cósmic	形宇宙の
1830 □walk *down* the **aisle** [áil]	**通路**を歩く ★飛行機・劇場などの座席の間の通路のこと。
1831 □the top of the **hierarchy** [háiərɑːrki]	**階級制度**の頂点 ピラミッド型序列，ヒエラルキー
1832 □an expressway **toll** [tóul]	高速道路の**通行料** 使用料
1833 □a **transaction** with the company [trænsǽkʃən]	その会社との**取引**
1834 □A **burglar** broke into the house. [bə́ːrglər]	その家に**強盗**が入った
1835 □put up with **tyranny** [tírəni]	**圧政**に耐える
◇týrant	名暴君，独裁者
1836 □an animal **parasite** [pǽrəsait]	動物**寄生生物** 源para（横で）＋site（食べるもの）

1837
□women's **intuition** [intjuː(ː)íʃən]	女の**直感** 勘
◇intúitive	形 直感的な

1838
□former **communist** countries [kámjənist]	元**共産主義の**国々 名 共産主義者
◇cómmunism	名 共産主義

1839
□a **legacy** of the Renaissance [légəsi]	ルネサンスの**遺産**

1840
□the **veins** in the forehead [véin]	額の**静脈**(青筋)
◇ártery	名 動脈
◇pulse	名 脈拍

1841
□a **discourse** on politics [dískɔːrs]	政治についての**論説** 談話, 演説 (= speech, discussion)

1842
□**dairy** *products* [déəri]	**乳**製品 酪農

1843
□Asian art and **artifacts** [áːrtifækt]	アジアの美術と**工芸品** 人工のもの, 遺物
	源 arti (技術) + fact (作る)

1844
□an **outlet** for frustration [áutlet]	欲求不満の**はけ口** (販売)店
◆let A out	「Aを解放する；〈音・声など〉を出す」

1845
□watch with **apprehension**　不安そうに見つめる
[æprihénʃən]　理解；逮捕
◇apprehénd　動①～を理解する　②～を逮捕する
★「懸念する」は極めてまれ。

1846
□a mood of **melancholy**　憂うつな気分
アク?　[mélənkɑli]　形憂うつな

1847
□the quest for **novelty**　目新しさの追求
[nάvəlti]
◇nóvel　名小説　形新奇な

1848
□a **specimen** of a rare plant　珍しい植物の標本
[spésəmin]

1849
□good **hygiene** practices　よい衛生習慣
[háidʒiːn]　衛生学
◆hygiene hypothesis　「衛生仮説」
★清潔すぎると，アレルギー疾患が増えるという仮説。

1850
□use guerrilla **tactics**　ゲリラ戦術を使う
[tǽktiks]　戦略

1851
□a **monopoly** on the tea market　茶の市場の独占
[mənάpəli]　専売(権)　源 mono(単一の)＋poly(販売)
動?　◇monópolize　動～を独占する

1852
□as a **token** of our friendship　我々の友情の印として
[tóukn]

1853
□the English **aristocracy** アク? | イギリスの**貴族階級**
[æristákrəsi] 貴族政治

◇arístocrat 名貴族(の1人)
◇aristocrátic 形貴族の

1854
□*take* **revenge** *on* an enemy | 敵に**復讐**する
[rivéndʒ]

1855
□a human rights **activist** | 人権**活動家**
[ǽktivist]

1856
□empty **rhetoric** | 中身のない**美辞麗句**
[rétərik]

1857
□a successful **entrepreneur** | 成功した**起業家**
[ɑːntrəprənə́ːr]

1858
□take a **census** every ten years | 10年毎に**国勢調査**をおこなう
[sénsəs]

1859
□be *on the* **verge** *of* extinction | 絶滅の**瀬戸際**にいる
[və́ːrdʒ]

◆on the verge of A 「Aの間際に，今にもAしようとして」

1860
□the **advent** *of* the Internet | インターネットの**出現**
[ǽdvent]
源 ad(〜へ)+vent(来る)

1861
□an **analogy** between the heart and a pump | 心臓とポンプの**類似点**
[ənǽlədʒi]
類推，(似たものによる)たとえ

1862
□irrigation systems [irigéiʃən] — かんがいシステム

1863
□media coverage of the accident [kʌ́vəridʒ] — メディアによるその事故の報道
放送 ★cover「報道する」 p. 339

1864
□traditional French cuisine [kwizí:n] — 伝統的なフランス料理

1865
□a menace to world peace [ménəs] — 世界平和に対する脅威

1866
□the perils of the road [pérəl] — 道路の危険

1867
□have long limbs [lím] — 手足が長い

1868
□assault *on* the enemy's base [əsɔ́:lt] — 敵基地への攻撃
暴行

1869
□hatred of war [héitrid] — 戦争に対する憎しみ
(+ of, for)
◇hate — 動~を憎む，嫌う 名憎しみ

1870
□patient autonomy [ɔ:tánəmi] — 患者の自主性
自律 源 auto(自分) + nomy(管理)
◇autónomous — 形自動運転の，自立した，自律の p. 278

1871 □**go to cram *school*** [krǽm]	塾に通う 詰めこみ勉強
◇cram	動(〜を)詰めこむ，丸暗記する (〜med; 〜ming)
1872 □**a government subsidy** [sʌ́bsədi]	政府の補助金
◇súbsidize ◇subsídiary	動〜に補助金を出す 形補助的な　名子会社
1873 □**empathy *for* others** [émpəθi]	他者への共感 感情移入(+for, with)
	源 em(中へ)+pathy(感情)
1874 □**slang expressions** [slǽŋ]	俗語表現
1875 □**maintain good posture** [pástʃər]	よい姿勢を保つ
1876 □**a political ideology** [aidiálədʒi]	政治的なイデオロギー (政治・経済的な)思想
◇ideológical	形イデオロギー的な
1877 □**Wealth can be a curse.** [kə́ːrs]	富は災いのもとになりうる 呪い，ののしり　動〜を呪う
反? ⇔bléssing	名ありがたいもの，恵み；祝福
1878 □**have a brain tumor** [tjúːmər]	脳腫瘍がある　★《英》-our はれた部分

1879
□**turn right *at* the intersection** [intərsékʃən]
交差点で右に曲がる (＝crossroads)
◇júnction 名合流点

1880
□**the duration of the contract** [djuəréiʃən]
契約の期間
継続期間

1881
□**deforestation in the Amazon** [di:fɔ(:)ristéiʃən]
アマゾンの森林破壊
源 de (奪う) + forest (森)

1882
□**take precautions against fires** [prikɔ́:ʃən]
火事に用心する
警戒

1883
□**a bunch of flowers** [bʌ́ntʃ]
ひとたばの花
◆a bunch of A 「たくさんのA」

1884
□**put up with her shortcomings** [ʃɔ́:rtkʌmiŋ]
彼女の欠点を我慢する
★80％以上が複数形だ。

1885
□**aspirations to be an artist** [æspəréiʃən]
芸術家になりたいという熱望 (＝ambition) ★複数形が70％程度。
◇aspíre 動熱望する

1886
□**psychologists and psychiatrists** [saikáiətrist]
心理学者と精神科医
◇psychiátric 形精神医学の

1887
□**packaging and shipping** [ʃípiŋ]　包装と発送　輸送費

◇ship　動～を送る，輸送する　★船以外の手段でも使う。

◇shípment　名発送，積み荷

1888
□**a United States Senator** [sénətər]　合衆国上院議員

◆the Senate　「(米国の) 上院」

1889
□**an international statesman** [stéitsmən]　国際的な政治家

同? ＝politícian　★statesmanは，「立派な政治家」のことを言うことが多い。

1890
□**instruct a subordinate** [səbɔ́ːrdənət]　部下に指示する　形副次的な，下級の

1891
□**fill a vacuum** [vǽkjuəm]　空白を埋める　真空

◆in a vacuum　「外から影響されずに，孤立して」
(例) live in a social vacuum　「社会的に孤立して暮らす」

1892
□**the quest *for* the truth** [kwést]　真理の探究

1893
□**Buddhist meditation** [meditéiʃən]　仏教の瞑想(めいそう)　熟慮，内省

1894
□**subscribers to the service** [səbskráibər]　その事業の加入者　(雑誌などの) 定期購読者

◇subscríbe　動～を定期購読する，～に同意する

1895
□solve a riddle [rídl] — 謎を解く

1896
□be dressed in rags [rǽg] — ぼろを着ている
ぼろ切れ
◇rug — 名 敷き物，じゅうたん

1897
□be covered with rust [rʌ́st] — さびで覆われる

1898
□public sanitation [sænətéiʃən] — 公衆衛生
下水設備
◇sánitary — 形 衛生の，衛生的な

1899
□*in the* midst *of* the lecture [mídst] — 授業のまっただ中に
★95％以上がこの形だ。

1900
□childhood mischief [místʃif] — 子供時代のいたずら
◇míschievous — 形 いたずら好きの

1901
□an English proficiency test [prəfíʃənsi] — 英語検定試験
熟達，技量
（例）have proficiency in English — 「英語が堪能（たんのう）である」
◇profícient — 形 熟達した，技量のある

1902
□have no recollection of the past [rekəlékʃən] — 過去の記憶がない
★memoryより堅い語。
◇recolléct — 動 ～を思い出す（＝recall）

1903
□**38 degrees north latitude** [lǽtətjuːd] | 北緯38度 緯度

反? ⇔lóngitude 名経度
◇equátor 名赤道 p. 293

1904
□**friction *between* the two countries** [fríkʃən] | 二国間の摩擦 不和(=conflict)

1905
□**Botanists study plants.** [bátənist] | 植物学者は植物を研究する

◇bótany 名植物学
◆botanical garden 「植物園」

1906
□**Mendel's laws of heredity** [hərédəti] | メンデルの遺伝の法則

◇heréditary 形遺伝的な

1907
□**contempt *for* authority** [kəntémpt] | 権威に対する軽蔑 侮辱

反? ⇔respéct 名尊敬

1908
□**the anatomy of the human brain** [ənǽtəmi] | ヒトの脳の構造 解剖学, 分析

1909
□**a man of integrity** [intégrəti] | 誠実な人 完全さ, 統一性

1910
□**a cargo ship** [kɑ́ːrgou] | 貨物船

◇freight 発音 名[fréit] 貨物

1911
□*take* a **bribe** [bráib] — わいろを受け取る
★60%近くがtakeを伴う。

1912
□a massive volcanic **eruption** [irʌ́pʃən] — 大規模な火山の噴火
突発 源 e（外へ）+ rupt（破れる）
◇erúpt — 動 噴火する

1913
□weddings and **funerals** [fjú:nərəl] — 結婚式と葬式

1914
□America's trade **deficit** [défisit] — アメリカの貿易赤字
不足，欠陥
◆attention deficit hyperactive disorder — 「注意欠陥多動性障害」（ADHD）

1915
□*the* **bulk** *of* the population [bʌ́lk] — 人口の大部分
★約50%がthe bulk ofの形。

1916
□how to marry a **millionaire** [miljənéər] — 百万長者と結婚する方法
◇míllion — 名 100万

1917
□be burned to **ashes** [ǽʃ] — 燃えて灰になる

1918
□outside the **realm** of science [rélm] — 科学の領域外
分野
★「王国」の意味はまれ。

4 (2) 名

1919
□workers on banana **plantations** [plæntéiʃən]
バナナ**農園**の労働者
大農園，プランテーション
★住み込みの農民がゴム，コーヒー，砂糖などを栽培する大農場。
◇orchard 発音
名 [ɔ́ːrtʃərd] 果樹園

1920
□a farmer with his **plow** 発音？
すきを持った農民 ★《英》plough
[pláu] 動 (〜を) すきで耕す

1921
□buy a drink from a **vending** *machine* [véndiŋ]
自動**販売**機で飲み物を買う
★vend「売る」はvending machineの形以外ほとんど登場しない。

1922
□look after **orphans** [ɔ́ːrfn]
孤児の世話をする
形 親のない，孤児の
◇órphanage
名 孤児院，孤児の身

1923
□connections between **neurons** [njúərɑn]
ニューロン間の結合
神経細胞
◇neuroscíence
名 神経科学
◇neurólogy
名 神経学

1924
□destroy the **vegetation** in the area [vedʒətéiʃən]
その地域の**植生**を破壊する
植物
★vegetationは，ある地域の植物を集合的に考えるときに使う。

1925
□a brave **warrior** [wɔ́(ː)riər]
勇敢な**戦士**
★主に古い時代の戦士。
◇sóldier
名 兵士，軍人

1926
□a genetic **mutation** [mju:téiʃən] — 遺伝子の**突然変異**

◇mútate — 動 突然変異する，～を突然変異させる

1927
□the city's **sewage** system [sú:idʒ] — その都市の**下水**設備

★sewageは「下水，汚水」で，drain (▶ p. 234) は「下水管，排水溝」。

1928
□propose a new **paradigm** [pǽrədaim] — 新しい**理論的枠組**を提起する

◆paradigm shift — 「パラダイムシフト」

★たとえば天動説から地動説に変わるように，ある時代や分野における根本的な考え方が劇的に変わること。

1929
□the Kyoto **Protocol** [próutəkal] — 京都**議定書**

(実験・臨床の) 計画

★1997年に京都で採択された議定書。先進国による温室効果ガス排出削減の目標を設定した。

1930
□build a hundred-story **skyscraper** [skáiskreipər] — 100階の**超高層ビル**を建てる

◇scrape — 動 (～を) こする，すりむく

1931
□His opinion is *in* **accord** *with* mine. [əkɔ́:rd] — 彼の意見は私と**一致する**

合意　動 〈人に賞賛，権利など〉を与える

◆in accord with A = in accordance with A — 「Aと一致して」

◆of one's own accord — 「自発的に，ひとりでに」

1932
□government **bureaucrats** [bjúərəkræt] — 政府の**官僚**

◇bureáucracy — 名 官僚制度，(集合的に) 官僚

◇búreau — 名 (官庁の) 局，部；案内所，事務所

1933
□a vast array of spices [əréi] | 非常に多彩なスパイス 列，並び

◆an array of A | 「多彩なA」 ★約70%がこの形。

1934
□a clash of civilizations [klæʃ] | 文明同士の衝突 対立

1935
□endure terrible torture [tɔ́ːrtʃər] | 恐ろしい拷問に耐える 苦痛 動～を拷問にかける

◇tórment | 名苦痛 動[― ´] ～を苦しめる

1936
□Queen Victoria's reign 発音? | ヴィクトリア女王の統治 [réin] 動統治[支配]する

1937
□a graduation thesis [θíːsis] | 卒業論文 主題

◆thesis statement | 「主題文」

1938
□a four-digit number [dídʒit] | 4桁の数字 数字；指 源指で数えたことから。

◇dígital | 形デジタルの，数字式の

1939
□a political agenda [ədʒéndə] | 政治的課題 (会議の)議題

1940
□the onset of dementia [ɑ́nset] | 認知症の発症 (よくない事の)初期，始まり

◇óutset | 名最初，初め ★startより堅い。

1941
□landless peasants in India 発音? | インドの土地を持たない小作農 [pézənt]

(3) Adjectives　形容詞

MINIMAL PHRASES

Tr. 5-22

1942
□harmful **ultraviolet** light　有害な紫外線
[ʌltrəváiələt]
=ultraviolet rays

1943
□a world-**renowned** singer　世界的に有名な歌手
[rináund]　(=famous)

1944
□a **transparent** silk nightgown　透き通った絹のナイトガウン
[trænspéərənt]
源 trans（越えて，貫いて）+ parent（現れる）

1945
□read in **dim** light　薄暗い明かりで本を読む
[dím]　〈記憶などが〉ぼんやりした

1946
□a **legitimate** claim　正当な要求
[lidʒítimit]　合法の
◇legislátion　名立法，法律制定

1947
□the **adverse** effect of global warming　地球温暖化の悪影響
[ædvə́ːrs]　有害な，不都合な
◇advérsity　名逆境，不運

1948
□a **swift** reaction　すばやい反応
[swíft]

1949
□**naive** young people　世間知らずの若者
[nɑːíːv]　単純な，ばかな 源「生まれたままの」が原義。

1950
□**I'm not as dumb as I look.** 発音? | 私は見かけほどばかではない
[dʌ́m](=stupid)；口がきけない(少数)

1951
□**gloomy prospects** [glú:mi] | 暗い見通し
(=dark)；憂うつな；悲観的な

◇gloom | 名憂うつ；暗がり

1952
□**My father was furious *with* me.** [fjúəriəs] | 父は私に激怒した

◇fúry | 名激怒；激しさ

1953
□**make an earnest effort** [ə́:rnist] | まじめな努力をする
(=serious)，熱心な

◆in earnest | 「まじめに，本格的に」

1954
□**What a terrific idea!** [tərífik] | 何とすばらしい考えだろう

Q terribleとの違いは？

A terrible は「ひどい，恐ろしい」 p. 99
terrificは普通「すごくいい」で，terrific pain「激痛」のような用法は極めてまれ。

1955
□**a vertical wall of rock** [və́:rtikəl] | 垂直な岩壁
直立した

反? ⇔horizóntal | 形水平の

1956
□**a wicked desire** [wíkid] | 邪悪な欲望
悪意のある

1957
□**a subjective impression** [səbdʒéktiv] | 主観的な印象

反? ⇔objéctive | 形客観的な p. 133

1958
□**enlightened young people** [inláitnd]
進んだ考えの若者たち
賢明な (⇔ignorant), 見識のある

◇enlíghten 動〈人〉を啓発する
◇enlíghtenment 名啓発
◆the Enlightenment 「(18c. ヨーロッパの) 啓蒙運動」

1959
□**authentic Italian food** [ɔːθéntik]
本物のイタリア料理

1960
□**a brutal murder** [brúːtl]
残忍な殺人事件

1961
□**I feel dizzy when I stand up.** [dízi]
立ち上がるとめまいがする

1962
□**sheer good luck** [ʃiər]
まったくの幸運
★強調するために用いる。

1963
□**a naughty little boy** [nɔ́ːti]
いたずらな少年

1964
□**wipe with a damp towel** [dǽmp]
湿ったタオルでふく
★不快に「じめじめした」状態など。

1965
□**static electricity** [stǽtik]
静電気
静的な, 静止した

反? ⇔dynámic 形動的な, 精力的な

1966
□The plan *is* doomed *to* failure. [dú:md] | その計画は失敗する運命にある
破滅する運命の

◆be doomed to A 「Aする運命にある」
★＋to Vも可。悪い運命に用いる。

1967
□acute respiratory disease [réspərətɔ:ri] | 急性呼吸器病
呼吸の

◇respirátion 名呼吸(作用)

1968
□differ in innumerable ways [injú:mərəbl] | 無数の点で異なる
源 in(否定)＋numer(数える)＋able(可能)

同? ＝cóuntless

1969
□my clumsy fingers [klʌ́mzi] | 私の不器用な指
ぎこちない(＝awkward)

1970
□aesthetic sensibility [esθétik] | 美的感性

◇aesthétics 名美学

1971
□be obsessed *with* dieting [əbsést] | ダイエットにとりつかれている

名? ◇obséssion 名〈妄想などに〉とりつかれること，強迫観念

1972
□a life detached *from* the world [ditǽtʃt] | 世間から切り離された生活
無関心な；冷静な

1973
□a wrecked ship [rékt] | 難破した船

◇wreck 動～を難破させる，～をだめにする
名難破(船)

1974
□his **reckless** driving [rékləs]	彼の無謀な運転 向こう見ずな

1975
□his **arrogant** attitude [ǽrəgənt]	あいつのごう慢な態度 いばった
◇árrogance	名ごう慢さ，尊大

1976
□be **preoccupied** *with* the problem [priάkjupaid]	その問題で頭がいっぱいだ 夢中だ
◇preoccupátion	名夢中，没頭

1977
□a **gigantic** spaceship [dʒaigǽntik]	巨大な宇宙船 ものすごい

1978
□the most **conspicuous** example [kənspíkjuəs]	最も顕著な例 目立つ

1979
□a **slender** girl with long hair [sléndər]	長い髪のすらりとした女の子 細長い

1980
□a **manifest** mistake [mǽnifest]	明らかな誤り （＝obvious）　動～を明らかにする
名? ◇manifestátion	名明らかになること；現れ

1981
□keep the room **tidy** [táidi]	部屋をきちんとしておく《英》 整然とした

1982
□a **skeptical** view of life [sképtikəl]	懐疑的な人生観 疑い深い
◇sképticism	名懐疑的な考え方

4 (3) 形

1983 □a **notorious** crime [noutɔ́:riəs]	悪名高い犯罪
同? =infamous アク	[ínfəməs]
1984 □an **anonymous** letter [ənɑ́niməs]	匿名の手紙 作者不明の
1985 □a **monotonous** school life アク?	単調な学校生活 [mənɑ́tənəs] 源 mono(1つ)+tone(調子)
1986 □have **ample** opportunity to learn [ǽmpl]	学習する機会が豊富にある 十二分な(=sufficient)
1987 □a **trim** appearance [trím]	こぎれいな服装 動~を刈り込む, 手入れをする
1988 □**savage** violence [sǽvidʒ]	野蛮な暴力 残忍な 名野蛮人
1989 □a logically **coherent** system [kouhíərənt]	論理的に一貫した制度 統一の取れた
◇cohérence	名一貫性, 統一;団結, 結合
1990 □an **eloquent** speech [éləkwənt]	雄弁な演説
1991 □a **foul**-smelling gas 発音?	不快なにおいのするガス [fául] 汚い
1992 □a rise in **juvenile** crime [dʒú:vənail]	青少年の犯罪の増加 名青少年

1993	
□compulsory education [kəmpʌ́lsəri]	義務教育 強制的な
1994	
□*be* prone *to* catch fire [próun]	燃えやすい ★主に望ましくない傾向。
◆be prone to V	「Vする傾向がある」
1995	
□an arbitrary decision [ɑ́ːrbitreri]	勝手な決定 任意の，恣意的な
1996	
□an ingenious design [indʒíːnjəs]	独創的な設計 (＝imaginative)，巧妙な(＝clever)
◇ingenúity	名 独創性(＝creativity)
1997	
□the divine right of kings [diváin]	神聖なる王の権利 神による
諺 To err is human, to forgive divine.	「過ちは人の常，許すは神のわざ」
1998	
□a tender smile [téndər]	やさしい笑顔
1999	
□be outraged by his behavior [áutreidʒd]	彼の振る舞いに憤慨している
◇óutrage ◇outrágeous	動 ～を憤慨させる，～を怒らせる 名 激怒 形 ひどい，許しがたい
2000	
□the intrinsic value of gold [intrínsik]	金の本来の価値
2001	
□be paralyzed from the waist down [pǽrəlaizd]	下半身が麻痺(まひ)している ★《英》paralysed。
◇páralyze ◇parálysis	動 ～を麻痺させる，～を無力にする 名 麻痺

4 (3) 形

2002 □be compatible *with* their values (アク?)	彼らの価値観に適合する [kəmpǽtəbl] 相性がいい
2003 □shout patriotic slogans [peitriátik]	愛国的なスローガンを叫ぶ
◇pátriotism	名愛国心
2004 □an eminent scientist [éminənt]	名高い科学者 (＝famous), 優秀な
2005 □a potent weapon [póutənt]	強力な武器
◇ímpotent	形無力な
2006 □be completely insane [inséin]	完全に正気を失っている
(反?) ⇔sane	形正気の
◇sánity	名正気, 健全
2007 □a staple food [stéipl]	主食 主要な, 重要な 名主要産物, 必需食品
◇stápler	名ホッチキス ★上とは別の語源。
2008 □secondhand smoke [sékəndhǽnd]	間接喫煙 [副流煙] 中古の
◇firsthánd	形実地の, 現場の 副直接(に)
2009 □indigenous peoples of Australia [indídʒənəs]	オーストラリアの先住民 (＝native) ; 固有の

2010
□be of the utmost importance [ʌ́tmoust] | 最も重要である
最大の，最高の　名最大（限），最高

2011
□an integral *part of* society [íntegrəl] | 社会の不可欠な部分
★約60%がpart of～を伴う。

2012
□intricate pattern [íntrikit] | 複雑な模様
(＝complicated, elaborate)

2013
□demographic changes [deməgrǽfik] | 人口統計の変化
源 demo（民衆）＋graphy（記録）

2014
□a mighty king [máiti] | 強力な王
名? ◇might | 名力

2015
□The building remains intact. [intǽkt] | その建物は無傷のままだ
源 in(否定)＋tact(さわられた)＝「手つかずで」

2016
□*be* intent *on* marrying him [intént] | 彼と結婚する決意をしている
名意図（＝intention）
(例) with evil intent「悪意で」

2017
□a very intriguing question [intríːgiŋ] | 非常に興味深い問題
◇intrígue | 動〈人〉の好奇心をそそる(＝interest)

2018
□marry merry Mary [méri] | 陽気なメリーと結婚する

2019	
□**perpetual peace** [pərpétʃuəl]	永続する平和 源 per = through
◇perpétuate	動～を永続させる
2020	
□**a spinal injury** [spáinl]	脊椎のけが
◇spine	名背骨，脊柱
2021	
□**be susceptible to disease** [səséptəbl]	病気にかかりやすい 感染しやすい，影響を受けやすい
◇susceptibílity	名感じやすいこと，感受性
2022	
□**mandatory standards for safety** [mǽndətɔːri]	義務的な安全基準 強制的な，必須の
◆mandatory retirement age	「定年」
◇mándate	名権限，信任　動～を命じる

(4) Adverbs etc.　副詞・その他

MINIMAL PHRASES

Tr. 5-33

2023
□stand **upright** [ʌ́prait]
まっすぐに立つ
直立して

2024
□stop **abruptly** [əbrʌ́ptli]
不意に停止する

◇abrúpt
形 突然の，不意の

2025
□He's a dog lover. **Conversely,** I'm a cat lover. [kənvə́ːrsli]
彼は犬好きだ。逆に私は猫好きだ。

2026
□**predominantly** female jobs [pridɑ́minəntli]
主に女性の仕事

2027
□He wrote it down **lest** he forget. [lést]
接 忘れないように彼は書き留めた

★ lest節中の動詞は原形（仮定法現在形）または should V《英》を使う。

● 植物② ジャンル別 21

□**bud** [bʌ́d]	つぼみ
□**bulb** [bʌ́lb]	球根
□**dandelion** [dǽndəlaiən]	タンポポ
□**graft** [grǽft]	接ぎ木(する)；移植
□**hydrangea** [haidréindʒə]	アジサイ
□**iris** [áiəris]	①アイリス(アヤメなど) ②(眼の)虹彩
□**orchid** [ɔ́:rkəd]	ラン
□**petal** [pétl]	花びら
□**pollen** [pálən]	花粉
□**sprout** [spráut]	芽，新芽
□**thorn** [θɔ́:rn]	トゲ
□**trunk** [trʌ́ŋk]	幹
□**turf** [tə́:rf]	芝地
□**twig** [twíg]	小枝

● 病気・けが ジャンル別 22

□**allergy** [ǽlədʒi]	アレルギー
□**asthma** [ǽzmə]	ぜんそく
□**bruise** [brú:z]	打撲傷
□**cholera** [kálərə]	コレラ
□**diabetes** [daiəbí:ti:z]	糖尿病
□**diarrhea** [daiərí:ə]	下痢
□**epilepsy** [épəlepsi]	てんかん
□**flu** [flú:]	インフルエンザ ＝ **influenza**
□**fracture** [frǽktʃə]	骨折
□**leukemia** [lu(:)kí:miə]	白血病
□**malaria** [məléəriə]	マラリア
□**neurosis** [njuəróusis]	ノイローゼ
□**pneumonia** [njumóunjə]	肺炎
□**scar** [ská:r]	傷跡，切り傷
□**smallpox** [smɔ́:lpaks]	天然痘
□**tuberculosis** [tjubə:kjəlóusis]	結核

Stage 5

一見簡単な単語なのに，意外な意味があるものばかり。このStageの単語は，大学入試でも各種の試験でも，とにかくよく設問で問われる。受験直前には，必ずチェックしよう！

“All's well that ends well.”

＊ ＊ ＊

終わりよければすべてよし。

1
□ **run** [rʌ́n]　☆この他動詞用法が出る！

run a big company	動大会社を経営する[～を運営する]
同?	= mánage

2
□ **meet** [míːt]　☆ 1の意味は超頻出！

1. meet people's needs	動人々の必要を満たす (= satisfy)
2. how to meet the problem	動問題に対処する方法

3
□ **right** [ráit]　☆「右」「正しい」以外。

1. the right to vote	名投票する権利
2. right and wrong	名善と悪
3. right in front of my house	副私の家のすぐ前に

★ 3は場所や時間の副詞句を強調して「ちょうど，正確に」などの意味を表す。

4
□ **last** [lǽst]

1. The war lasted four years.	動戦争は4年続いた
2. Our food will last a week.	動食料は1週間持つだろう
3. the last man who would tell a lie	形最もうそをつきそうにない人
4. He's moved twice in *the* last year.	形彼は最近1年間に2回引っ越した

★ 4は，the の無い last year「去年」と区別せよ。

◇lásting　形永続的な，長持ちする

5
□ **stand** [stǽnd]　☆他動詞のときは？

I *can't* stand this heat.	動この暑さには耐えられない

★否定・疑問文が普通。(= bear, endure)

6
□ **turn** [tə́ːrn]　☆名詞の意味は？

1. Now it's your turn.	名さあ君の番だ
2. the turn of the century	名世紀の変わり目

◆in turn　「代わって，今度は」

7
□ case [kéis]

☆「場合」以外。

1. It is also *the* case *with* him.	名それは彼についても事実だ
2. a murder case	名殺人事件
3. make a case *for* war	名戦争を支持する主張をする
4. new cases of malaria	名マラリアの新しい患者［症例］

★ 1は「それは彼にも当てはまる」とも訳せる。be the case with A = be true of A。

◆in case ～ 「①万一～するといけないから《英》②もし～なら《米》」 ★接続詞的に使う。

◆just in case 「万一のために，念のために」

8
□ face [féis]

☆「顔を向ける」の意味から発展。

1. face a problem	動問題に直面する［立ち向かう］
2. problems facing Japan	動日本に迫っている問題
3. lose face	名面目を失う（まれ）

◆A be faced with B 「A（人）がBに直面している」

◆face to face 「向かい合って，直接会って」

9
□ certain [sə́ːrtn]

☆名詞の前では3より1が多い。

1. a certain amount of time	形ある程度の時間［特定の］
2. I am certain *of* his success.	形私は彼の成功を確信している
3. He is certain to come.	形彼が来るのは確実だ

◇cértainly 副①確かに ②(返事)いいですとも

◇cértainty 名確実さ，確実なこと

10
□ company [kʌ́mpəni]

☆「会社」以外。1～3は不可算名詞。

1. keep bad company	名悪い仲間とつきあう
2. I enjoy your company.	名君と一緒にいることは楽しい
3. We have company today.	名今日は来客がある

諺 A man is known by the company he keeps.「つきあっている仲間で人がわかる」

★「パン（pan）を共（com）に食べる人」がもとの意味だ。

5 多義

11
□ attend [ətḗnd]

源 at（に）＋tend（心を向ける）

1. attend the meeting	動ミーティングに出席する
2. attend to patients	動患者を世話する
3. attend *to* what he says	動彼の言うことに注意する

★ 1は前置詞不要。頻出！ ×attend to the meeting ★ 2はtoがなくても可。

◇atténdance 名出席，世話
◇atténtive 形注意深い

12
□ otherwise [ʌ́ðərwaiz]

源 other＋wise（＝way）

1. He worked hard; otherwise he would have failed.	副彼は努力した。さもなければ失敗しただろう。
2. He is poor but otherwise happy.	副彼は貧しいがその他の点では幸福だ
3. He is honest, but people think otherwise.	副彼は正直なのに人はちがうと思っている
4. I can't do it otherwise.	副ちがう方法ではできない

★ 1＝if not, 2＝in every other respect, 3＝differently, 4＝in a different way

13
□ miss [mís]

1. miss the last train	動終電車に乗り遅れる［〜を逃す］
2. I sometimes miss Japan.	動時には日本が恋しい
3. You can't miss it.	動見逃すはずないよ

★ 3は道順を教えたあとなどに言うせりふ。

◇míssing 形行方不明の，欠けた

14
□ term [tə́ːrm]

1. use scientific terms	名科学用語を使う
2. long-term planning	名長期的な計画［期間］
3. I am *on* good terms *with* him.	名彼とは仲がよい

◆in terms of A 「Aの観点で，Aの視点から」
◆technical term 「専門用語」
◆come to terms with A 「A（不快な事実など）を受け入れる」

15 □ **practice** [prǽktis]　☆「練習」以外。「実際にやる」が基本義。

1. theory and practice	名 理論と実践
2. business practice	名 商習慣
3. practice medicine	動 医者を営む

◆put A into practice　「Aを実行する」

16 □ **challenge** [tʃǽləndʒ]　☆「挑戦」は意外にまれ。

1. face a new challenge	名 新しい難問に直面する［試練］
2. challenge the theory	動 その理論に異議をとなえる

◇chállenging　形 困難だがやりがいのある

17 □ **race** [réis]　☆「競争」以外には？

a race problem	名 人種問題［民族］

◆the human race　「人類」＝mankind
◇rácial　形 人種的な

18 □ **issue** [íʃu:]

1. a political issue	名 政治問題［論争点］
2. issue an order	動 命令を出す［〜を発行する］
3. the latest issue of *Time*	名「タイム」の最新号

★「出る」が原義。1も3も「出てくるもの」。

19 □ **party** [pá:*r*ti]　☆「パーティ」以外。

1. the Democratic Party	名 民主党
2. a party of tourists	名 観光客の一団
3. Your party is on the line.	名 相手の方が電話に出ています

★ 3は裁判・契約などの当事者を指すのにも用いる。the other partyを「相手側の人」の意味で用いることが多い。

20 □ **room** [rú:m]　☆不可算名詞のときは？

There is no room for doubt.	名 疑問の余地はない［空間，可能性］

5 多義

21
□ sense [séns]
☆「感覚」以外。

1. In a sense, it is right.	名ある意味ではそれは正しい
2. He *came to his* senses.	名彼は正気に戻った(one's sensesで)

◆common sense　「常識」★理性的判断。「常識的な知識」は common knowledge。
◆make sense　「意味をなす，理解できる」
◇sénsitive　形敏感な p. 102
◇sénsible　形賢明な，判断力のある(＝wise)
◇sénsory　形感覚に関する

22
□ do [dú:]

1. This pen *will* do.	動このペンで十分役に立つ
2. do harm *to* the area	動その地域に害を与える

★ do harm to A ＝ do A harm
harmの他にgood「利益」，damage「害」なども用いる。

23
□ part [pá:rt]
☆「部分」以外では？

1. *play* a part *in* the economy	名経済で役割を果たす
2. a fault *on* our part	名私たちの側の過失
3. part *with* the car	動車を手放す

◆take part in A　「Aに参加する」＝participate in A
◇pártial　形部分的な，不公平な
◇impártial　形偏らない；公平な

24
□ figure [fígjər]

1. Tell me the exact figures.	名正確な数字を教えてくれ
2. historical figures	名歴史上の人物
3. She has a beautiful figure.	名彼女はスタイルが美しい[姿，形]
4. I figure you are busy.	動君は忙しいと思う(＝think)

★ 3の意味でstyleは使えない。
◆figure A out　「Aを理解する，解決する」

25
□ character [kǽrəktər]

1. his true character	名彼の本当の性格
2. He's an odd character.	名彼は変わった人物だ
3. the characters in the novel	名その小説の登場人物

◆Chinese character 「漢字」
◆national character 「国民性」
◇cháracterize 動～を特徴づける

26
□ very [véri]

☆名詞につくと？

the very man I was looking for	形私が探していたまさにその男

27
□ order [ɔ́ːrdər]

1. order a book *from* England	動英国に本を注文する［名注文］
2. carry out his order	名彼の命令を遂行する［動命令する］
3. law and order	名法と秩序
4. in alphabetical order	名アルファベット順で［順序］

◇disórder 名混乱，障害
◇órderly 形秩序ある
◆be in order 「整然としている」
⇔be out of order 「乱れている，壊れている」

28
□ sound [sáund]

☆「音」だけじゃない。

1. That sounds true.	動それは本当らしく聞こえる
2. a sound body	形健全な肉体
3. She is sound *asleep*.	副彼女はぐっすり眠っている (= fast)

29
□ way [wéi]

☆「道，方法」の他にも色々。

1. *In* some ways they are right.	名いくつかの点で彼らは正しい
2. The island is a long way off.	名その島までは距離が遠い
3. Come this way, please.	名こちらの方へどうぞ［方向］

30
☐ concern [kənsə́:rn]

1. concern *about* the future	名将来への不安［関心］
2. concern *for* others	名他人への思いやり
3. This problem concerns everyone.	動この問題はみんなに関係する
4. a matter *of* great concern	名大変重要な問題 (= of importance)

◆be concerned with A 「Aに関係している，関心がある」
◆be concerned about A 「Aを心配している」
◆as far as A is concerned 「Aに関する限りでは」
◇concérning 前〜に関して (= about)

31
☐ even [í:vn]

☆比較級につくと…。

This is even better.	副これはさらによい

◇évenly 副均等に

32
☐ still [stíl]

1. He is still working.	副まだ彼は働いている
2. a still better idea	副さらによい考え (比較級にかかる)
3. The water became still.	形水は静かになった
4. It's raining. Still, I have to go.	副雨だ。それでも行かねばならない。

33
☐ mean [mí:n] (mean; meant; meant)

☆「意味する」以外には？

1. I meant *to* call you sooner.	動すぐに電話するつもりだった
2. I love you. I mean it.	動好きだ。本気で言ってるんだ。
3. He is mean to me.	形彼は私に意地悪だ［卑劣だ］

◇méaning 名意味

34
☐ leave [lí:v]

☆第5文型に注意。

1. leave an umbrella on the train	動電車に傘を置き忘れる
2. leave the door open	動ドアを開けたまま放置する
3. There is little time left.	動残り時間はほとんどない
4. take paid parental leave	名有給の育児休暇を取る

35
□ **most** [móust] ☆「最も」だけじゃない。

1. Most people think so. 形たいていの人はそう考える
2. a most important point 副非常に重要な点（= very）

★最上級ではないので a を伴うことがある。

36
□ **things** [θíŋz] ☆複数形に注意。

Things have changed. 名状況は変わった

★ How are things (with you)? は How are you? と同じ意味。

37
□ **will** [wíl] ☆名詞のときは？

1. against his will 名彼の意志に反して
2. leave a will 名遺言を残す

38
□ **state** [stéit] ☆「州」以外。

1. an excited state of mind 名興奮した精神状態
2. state an opinion 動意見を述べる
3. a state secret 名国家の機密

39
□ **mind** [máind] ☆「精神，知性」以外。

1. I *don't* mind walk*ing*. 動歩くのはいやではない
2. talented minds 名才能ある人々

★ 1 の意味では否定・疑問文が普通。

◆Would you mind Ving? 「Vしてくれませんか」 ★to V は不可。
◆Do you mind if I V? 「Vしていいですか」
★「～はいやですか」の意味だから「いいですよ」と答えるには Not at all. / Certainly not. などと否定語で答える。
◆Never mind. 「気にしないで」
★Don't mind. とは言わない。

40
□ **help** [hélp] ☆「助ける，手伝う」だけではない。

I *cannot* help laugh*ing*. 動笑わずにはいられない

★この help は「～を避ける」の意。目的語に不定詞でなく動名詞を用いる。

◆cannot help but V(原形) 「Vせずにいられない」
◆help oneself to A 「Aを自由に取る」

5 多義

41
☐ **matter** [mǽtər] ☆「問題」以外。動詞に注意。

1. It *doesn't* matter what he says. 動彼が何と言おうと重要ではない
2. soft matter 名やわらかい物質（= material）
3. Something *is the* matter *with* my car. 名私の車はどこか異常だ（= wrong）

★1の意味は否定文で使うことが多い。

42
☐ **means** [mí:nz] ☆単複同形だ。

1. a means of communication 名コミュニケーションの手段
2. a man of means 名資産家［収入，財産］（まれ）

43
☐ **content** 名 [kántent] 形 [kəntént] ☆1と2でアクセントがちがう！

1. the contents of her letter 名彼女の手紙の内容［目次］
2. be content *with* the result 形結果に満足している（= contented）［名満足］

44
☐ **respect** [rispékt] ☆名詞に注意。

1. in some respects 名いくつかの点で
2. respect the law 動法を尊重する［名尊重，尊敬］

◇respéctive 形それぞれの，個々の
◇respéctable 形ちゃんとした，立派な，下品でない
◇respéctful 形〈人に〉敬意をはらう，ていねいな
◆with respect to A 「Aに関して」
◆self-respect 「自尊心」

45
☐ **reason** [rí:zn] ☆「理由」以外。

1. the ability to reason 動推理する能力
2. He lost all reason. 名彼はすっかり理性を失った

◇réasonable 形理にかなった；〈値段が〉手ごろな
◇réasoning 名推理

46
☐ **cause** [kɔ́:z]

1. the cause of the failure	名失敗の原因
2. cause a lot of trouble	動多くの問題を引き起こす
3. advance the cause of peace	名平和運動を推進する[主張, 理想]

◆cause and effect 「原因と結果」

47
☐ **hold** [hóuld] (hold; held; held) ☆「持つ, おさえる」の他。

1. hold a meeting	動会合を開く [～を開催する]
2. They hold that the earth is flat.	動彼らは地球は平らだと考える

◆hold true (for A) 「(Aに)あてはまる」

48
☐ **fortune** [fɔ́:rtʃən]

1. make a fortune in oil	名石油で財産を築く
2. bring *good* fortune	名幸運をもたらす (⇔misfortune)

◇fórtunate 形幸運な(⇔unfortunate)
◇fórtunately 副幸運にも(⇔unfortunately)

49
☐ **humanity** [hju:mǽnəti] ☆「人間性」は少ない。

1. the future of humanity	名人類の未来
2. science and *the* humanities	名自然科学と人文科学

★2はtheと複数形に注意。

50
☐ **end** [énd] ☆「終わり」「端」以外の重要な意味は？

a means to an end	名目的を果たす手段

反? ⇔means

51
☐ **form** [fɔ́:rm] ☆「形」以外で。

1. form a new company	動新しい会社を作る (= make)
2. *fill out* the application form	名申込用紙に記入する
3. Knowledge is a form *of* power.	名知識は一種の力だ

◇fórmal 形形式ばった
◇infórmal 形形式ばらない, くだけた
◇formátion 名形成；配列

5 多義

52
□ **change** [tʃéindʒ]　☆不可算名詞に注意。

1. I have no **change** with me.	名 小銭の持ち合わせがない
2. Keep the **change**.	名 おつりはいりません

53
□ **present** 形名[préznt] 動[prizént]

1. my **present** address	形 現在の住所 ★名詞の前に置く。
2. *the* **present** and future	名 現在と未来
3. the people **present**	形 出席している人々 ★名詞の後に置く。
4. **present** a plan *to* the president	動 社長に計画を提示する［提供する］
5. **present** Mr. Boyd *to* you	動 君にボイド氏を紹介する
6. **present** the winner *with* the prize	動 勝者に賞を与える

★動詞の意味は show や give に近い。present A to B = present B with A「AをBに与える」

◇présence　名 出席；存在(感)
◇presentátion　名 発表；表現

54
□ **work** [wə́ːrk]　☆「仕事」の結果残るのは？

1. **works** of art	名 芸術作品
2. This plan will **work**.	動 この計画はうまく行く

★「職業，作業」の意味では不可算だが，「作品」の意味では可算名詞だ。

55
□ **lead** [líːd]　(lead; led; led)

1. One thing **leads** *to* another.	動 ひとつの事が別の事を引き起こす
2. **lead** a happy *life*	動 幸福な生活を送る
3. **leading** artists	形 一流のアーティスト［主要な，先頭の］

★ lead「鉛」は，[léd] と発音する。

56
□ **life** [láif]　☆「生活，人生」以外。

There is no **life** on the moon.	名 月には生物がいない［生命］

◆animal life　「動物」⇔ plant life「植物」

57
□ care [kéər]
☆「注意（する）」以外。

1. I *don't* care what you say. 動君が何と言おうと気にしない
2. A baby requires constant care. 名赤ちゃんはつねに世話が必要だ

◆care about A 「Aを気にする」
◆care for A 「①Aの世話をする ②Aを好む」
◆medical care 「医療」
◇cáreless 形不注意な

58
□ class [klǽs]
☆「クラス」以外。

1. middle-class families 名中流階級の家庭
2. sleep *in* class 名授業中にいねむりする

59
□ natural [nǽtʃərəl]
☆「自然の，当然の」以外。

his natural abilities 形彼の生まれながらの才能

60
□ free [fríː]
☆「自由な，ひまな，ただの」以外。

1. a life free *from* stress 形ストレスの無い生活
2. free them *from* work 動彼らを労働から解放する

◆free of charge 「無料」
◇fréedom 名自由
◇cárefree 形悩みの無い

Q a car-free zoneとはどんな区域？
A 「自動車乗り入れ禁止区域」A-freeは「Aが無い，A禁止の」だ。

61
□ head [héd]

1. head straight *for* Paris 動まっすぐパリに向かう
2. a team headed by a woman 動女性に率いられたチーム

◇héading 名見出し，表題

62
□ deal [díːl]
(deal; dealt; dealt)

1. deal *with* the problem 動問題を処理する［あつかう］
2. *a great* deal of data 名大量のデータ
3. *make* a deal *with* Microsoft 名マイクロソフトと取引する

63
□ **view** [vjúː] ☆「ながめ，景色」以外。

1. my view *of* education	名教育に関する私の見解
2. view Japan *as* a safe society	動日本を安全な社会と考える
◇víewpoint	名視点，見地(＝point of view)
◆with a view to Ving	「Vする目的で」

64
□ **chance** [tʃǽns] ☆「機会」以外。

the chance *of* making them angry	名彼らを怒らせる可能性
◆by chance	「偶然に」
◆(The) chances are (that) ～	「たぶん～だろう」

65
□ **close** 形[klóus] 名動[klóuz] ☆「閉める；閉まる」以外。

1. very close *to* the city	形都市にとても近い［副近くに］
2. a close friend	形親しい友達
3. a close examination	形綿密な検査
4. the close of the 20th century	名20世紀の終わり（まれ）

66
□ **interest** [íntərəst] ☆「関心」以外。

1. protect workers' interests	名労働者の利益を守る
2. lend money at high interest rates	名高い利率で金を貸す（まれ）

67
□ **fail** [féil] ☆「失敗する」とは限らない。

fail *to* understand him	動彼を理解できない
◆never fail to V	「いつもVする」＝always V
◆without fail	「必ず」
◇fáilure	名失敗(者)；故障；不実行
◆heart failure	「心不全」

68
□ major （発音？）
☆発音は[méidʒər]。measure[méʒər]と区別。

1. a major problem	形主要な問題（⇔minor）
2. major *in* economics	動経済学を専攻する（＝specialize）

◇majórity　名大多数，大部分（⇔minority）

69
□ agree [əgríː]
☆前置詞に注意しよう。

1. agree *to* his proposal	動彼の提案に同意する（＝consent）
2. I agree *with* you.	動私も君と同じ考えである

★agree with は人，人の考え（opinion, view, etc.）と同感だという意味。agree toは提案，計画などを承諾するという意味。

◆agree to V　「Vすることに同意する」

70
□ rule [rúːl]
☆1は動詞としても使う。

1. British colonial rule	名イギリスの植民地支配
2. Small families are *the* rule in Japan.	名日本では小家族が普通だ（⇔exception）

（例）the ruling party　「与党」（＝支配する党）
◆rule A out　「Aを除外する」

71
□ process [práses]

1. the process of thought	名思考の過程
2. how to process meat	動肉を加工する方法
3. process data with a computer	動コンピュータでデータを処理する

72
□ amount [əmáunt]

1. a large amount of water	名大量の水［金額，合計］
2. The expenses amount *to* $90.	動経費は合計90ドルになる
3. This act amounts *to* stealing.	動この行為は盗みに等しい

73
□ long [lɔ́ŋ]
☆時間を長く感じることから。

long *for* world peace	動世界平和を切望する

74
☐ **line** [láin] ☆ 3は「1行」の意味から。

1. The line is busy. 名電話が話し中だ
2. wait *in* line 名1列に並んで待つ
3. *drop* him a line 名彼に短い手紙を書く
4. this line *of business* 名こういう種類の仕事

★ Hold the line.「切らないで待て」, He is on the line.「彼が電話に出ている」などの表現にも注意。

75
☐ **letter** [létər] ☆「手紙」に書いてあるのは何？

a word of six letters 名6文字の単語

★ letterは表音文字。characterは表意文字。

76
☐ **subject** [sʌ́bdʒikt]

1. People are subject *to* the law. 形人は法に支配される
2. I am subject *to* illness. 形私は病気にかかりやすい
3. Let's change the subject. 名話題を変えよう
4. My favorite subject is math. 名好きな学科は数学です
5. the subject of the experiment 名その実験の被験者

77
☐ **rest** [rést]

1. *the* rest of his life 名彼の残りの人生 ★常にthe付。
2. Let's take a rest. 名休息をとろう

78
☐ **fine** [fáin] ☆「良い, 晴れだ, 元気だ」以外。

1. the fine *for* speeding 名スピード違反の罰金
2. be fined $60 動60ドルの罰金を科される
3. fine sand on the beach 形海岸の細かい砂（まれ）

79
☐ **wear** [wéər] ☆「身に着けている」以外。

My shoes have worn thin. 動靴がすり減って薄くなった

◆be worn out 「すり減っている；疲れ果てている」

80
☐ **remember** [rimémbər]

1. Please remember me *to* your wife.	動奥さんによろしく伝えてください
2. remember *to* lock the door	動忘れずにドアにカギをかける

★ remember + Ving は「Vしたことを覚えている」だ。

81
☐ **cover** [kʌ́vər]

☆ 2はマスコミ関係でよく使う。

1. The insurance covers the cost.	動保険で費用をまかなう
2. cover the big news	動大ニュースを報道［取材］する
3. cover 120 miles an hour	動1時間に120マイル進む

82
☐ **book** [búk]

☆動詞のときはどんな意味？

book a flight	動飛行機を予約する（= reserve）

◇bóoking 名予約（= reservation）

83
☐ **store** [stɔ́ːr]

☆「店」だけじゃない。

store information in a computer	動コンピュータに情報を蓄える

◇stórage 名貯蔵，保管

84
☐ **save** [séiv]

☆「～を救う」以外には？

1. save money for a new house	動新しい家のためお金を蓄える
2. save time and trouble	動時間と手間を省く
3. answer all the questions save one	前1つを除きすべての質問に答える

◇sávings 名貯金

85
☐ **serve** [sə́ːrv]

1. serve good food	動うまい料理を出す
2. serve many purposes	動多くの目的に役立つ
3. serve the king	動王に仕える

◇sérvant 名召使い，家来

◆First come, first served. 「早い者勝ち；先着順」

5 多義

86
□ **account** [əkáunt] ☆ account for をマスターすべし。

1. Black people account *for* 10% of the population.	動黒人が人口の10%を占める
2. This accounts *for* the failure.	動これが失敗の原因だ
3. account *for* the difference	動違いを説明する［名説明］

◆on account of A 「Aが原因で」
◆take A into account 「Aを考慮に入れる」 = take account of A
◆bank account 「銀行預金口座」

87
□ **art** [ɑ́ːrt] ☆芸術，美術よりも広い意味では？

the art of writing	名書く技術［コツ］

88
□ **fire** [fáiər]

1. He was fired *from* his job.	動彼は仕事をクビになった
2. fire into the crowd	動群衆に向かって発砲する

★「おまえはクビだ！」は You're fired!

89
□ **object** 名[ɑ́bdʒikt] 動[əbdʒékt] ☆「目的（語）」以外。

1. a strange flying object	名奇妙な飛行物体
2. an object of study	名研究の対象
3. object *to* his drink*ing*	動彼が酒を飲むのに反対する［嫌がる］

◇objéction 名反対，異議

90
□ **manage** [mǽnidʒ] ☆ manage to V の意味は？

1. manage *to* catch the train	動なんとか列車に間に合う
2. manage a big company	動大会社を経営する［～を管理する］

★ manage to V で「なんとか［うまく］Vする」。

91
□ **ground** [gráund]

On what grounds do you say that?	名どんな根拠でそう言うのか

92
□ assume [əsjúːm]

1. assume that money can buy happiness	動金で幸福が買えると思い込む
2. assume responsibility	動責任を引き受ける (= take)
◇assúmption	名①考え，仮定，前提 ②引き受けること

93
□ direct [dirékt]

1. direct contact	形直接の接触
2. direct his attention *to* the fact	動その事実に彼の注意を向ける
3. direct her *to* the station	動彼女に駅への道を教える
4. direct the workers	動労働者たちに指図する
◇diréction	名①方向 ②指示
◆in the direction of A	「Aの方向へ」 ★このinは注意！

94
□ fault [fɔ́ːlt]

1. If he fails, it'll be *my* fault.	名彼が失敗したら私の責任だ［過失］
2. He has a lot of faults.	名彼は欠点が多い
◆find fault with A	「Aにけちをつける」

95
□ due [djúː]

☆ due to だけではない。

1. He is tired due *to* lack of sleep.	形彼は睡眠不足のせいで疲れている
2. pay due respect	形十分な敬意を払う
3. The train is due *to* arrive at ten.	形その列車は10時に着く予定だ
4. The report is due next Wednesday.	形レポートは水曜が期限だ

96
□ manner [mǽnər]

1. *in* a scientific manner	名科学的な方法で (= way)
2. her friendly manner	名彼女の好意的な態度
3. It's bad manners to spit.	名つばを吐くのは行儀が悪い

★ 3は常に複数形。「テーブルマナー」は table manners が正しい。

5 多義

97
□ **pretty** [príti] ☆「きれいな」でなく副詞。

a pretty long time	副かなり長い間

98
□ **strike** [stráik] (strike; struck; struck) ☆「たたく」「ストライキ」もある。

1. The man struck me *as* strange.	動その男は私に奇妙な印象を与えた
2. Suddenly an idea struck him.	動突然彼にある考えが浮かんだ
3. The typhoon struck Osaka.	動その台風は大阪を襲った
◇stríking	形印象的な，目立つ

99
□ **exercise** [éksərsaiz] ☆「練習」以外。

1. *get* regular exercise	名規則的に運動する [動運動する]
2. exercise power over people	動人々に対し権力を用いる [名行使]

100
□ **maintain** [meintéin]

1. maintain health	動健康を維持する
2. maintain that he is innocent	動彼の無罪を主張する
◇máintenance	名維持，管理

101
□ **firm** [fə́ːrm]

1. work for a big firm	名大きな会社に勤める (= company)
2. a firm belief	形堅い信念

102
□ **article** [áːrtikl] ☆他に「冠詞」の意味もある。

1. a newspaper article	名新聞の記事 (= item)
2. an article for sale	名販売用の品物 (= item)

103
□ **count** [káunt] ☆「数える」以外。

That's what counts.	動それが重要なことだ
◆count on A	「Aを頼る，当てにする」= depend on

104
□ appreciate [əprí:ʃieit]
☆基本義は「～の価値を認識する」。

1. appreciate his talent	動彼の才能を高く評価する (= value)
2. appreciate music	動音楽を鑑賞する (= like, admire)
3. I appreciate your help.	動君の助けに感謝する

★ 3では〈人〉は目的語にならないことに注意。×I appreciate you.

◇appreciátion 名評価；鑑賞；感謝

105
□ measure [méʒər]
☆「物差し」「測る」以外。2は盲点。

1. take strong measures	名強硬な手段を用いる [対策]
2. a measure of respect	名ある程度の尊敬

106
□ command [kəmǽnd]
☆「命令（する）」の他に？

1. have a good command of English	名英語をうまくあやつる能力がある
2. The hill commands a fine view.	動丘からいい景色を見わたせる
3. command great respect	動大いに尊敬を集める

107
□ bear [béər]
☆「クマ」ではなく，動詞の方だ。

1. bear the pain	動痛みに耐える (= endure, stand)
2. bear a child	動子供を産む
3. bear relation to the matter	動その問題に関係を持つ

★変化形は bear; bore; borne だ。born も bear の過去分詞の1つ。

◆bear A in mind 「Aを心に留める」

108
□ stick [stík]
(stick; stuck; stuck)

1. stick *to* the schedule	動予定を守る
2. get stuck on a crowded train	動混んだ列車で動けなくなる
3. stick out the tongue	動舌を突き出す
4. The song stuck in my mind.	動その歌は私の心に残った

★「突き刺す」は入試ではまれ。

5 多義

109
□ fix [fíks]　☆ 2と3はアメリカ口語では重要。

1. a fixed point	動固定された点
2. fix a broken car	動壊れた車を修理する (= repair)
3. I'll fix you a drink.	動飲み物を作ってあげる

★ repairは「修理する」の意味では最も一般的でやや堅い語。fixは《米》で好まれるややくだけた語で，《英》では主に機械修理などに用いる。

110
□ fashion [fǽʃən]　☆「流行」の他には？

1. *in* a similar fashion	名同じようなやり方で (= way)
2. fashion a new world	動新しい世界を作る
◇óld-fáshioned	形時代おくれの

111
□ charge [tʃɑ́ːrdʒ]

1. free of charge	名料金不要で
2. charge a high price	動高い代金を請求する
3. He is *in* charge *of* the case.	名彼がその事件の担当だ [責任, 監督]
4. be charged *with* murder	動殺人で告訴される [名容疑, 非難]
◆take charge of A	「Aを担当する，引き受ける」

112
□ observe [əbzə́ːrv]

1. observe the comet	動彗星を観察する
2. observe that prices would fall	動物価は下がると述べる
3. observe the rule	動規則を守る
◇observátion	名観察

113
□ conduct 名[kɑ́ndʌkt] 動[kəndʌ́kt]　☆「導く，指揮する」は意外にまれ。

1. conduct an experiment	動実験を行う
2. the standards of conduct	名行動の基準
3. conduct electricity	動電気を伝える (少数)
◇condúctor	名①車掌　②指揮者

114
☐ word [wə́ːrd] ☆言葉は言葉でも？

1. I'll keep *my* word.	名私は約束を守る
2. Could I *have a* word *with* you?	名ちょっと話があるんですが

(例) a man of his word 「約束を守る人」

★ A's word で「Aの約束」の意。A's words は単に「Aの言うこと」だから注意。

115
☐ touch [tʌ́tʃ] ☆「触る」だけではない。

1. *get in* touch *with* him by phone	名電話で彼に連絡をとる
2. The story touched him deeply.	動その話は彼を深く感動させた
3. add *a* touch *of* spice	名スパイスを少し加える

116
☐ degree [digríː]

1. agree *to* some degree	名ある程度まで同意する
2. get a master's degree	名修士の学位を取る

117
☐ lesson [lésn] ☆「レッスン」以外に？

learn a lesson from the failure	名失敗から教訓を学ぶ

118
☐ deny [dinái]

1. deny the existence of God	動神の存在を否定する
2. deny them their civil rights	動彼らに市民権を与えない

◆deny A B 「AにBを与えない」＝deny B to A
◇deníal 名否定

119
☐ break [bréik] ☆名詞の意味に注意！

take a break for a cup of tea	名一休みしてお茶を飲む［中断］

◆Give me a break! 「冗談はやめてよ」★あきれた時に用いる。

120
☐ nature [néitʃər] ☆「自然」以外。

the nature of language	名言語の本質［性質］

★「自然」の意味のnatureは無冠詞で使う。the nature of Aの形では普通「本質，性質」。
（human nature「人間の性質」のような例もある）

5 多義

121
□ **address** [ədrés]　☆「住所」以外の意味。

1. a letter **addressed** to him	動 彼に宛てられた手紙
2. **address** climate change	動 気候変動に取り組む
3. **address** the audience	動 聴衆に呼びかける
4. the opening **address**	名 開会の演説

122
□ **press** [prés]

1. the freedom of *the* **press**	名 出版の自由［マスコミ，報道陣］
2. be **pressed** for time	動 時間が切迫している

★ 1は「印刷機」の意味から来た。

◇préssing　形 差し迫った

123
□ **item** [áitəm]

1. an expensive **item**	名 高価な品物
2. the top news **item**	名 トップニュースの記事［項目］

124
□ **pity** [píti]

1. feel **pity** *for* the victims	名 犠牲者に同情する
2. It's *a* **pity** that he can't come.	名 彼が来られないのは残念なことだ

125
□ **beat** [bí:t]　☆「〜を打つ」が発展すると？

beat the champion	動 チャンピオンに勝つ (= defeat)

★目的語は敵・相手。cf. win the game「試合に勝つ」

126
□ **point** [pɔ́int]

1. **point** *out* that it is wrong	動 それは誤りだと指摘する
2. There's no **point** *in* writing it.	名 それを書く意味はない［利点］
3. prove his **point**	名 彼の主張を証明する［論点］

◆point of view　「観点，見地」
◆there is no point (in) Ving「Vするのは無駄だ」

127
□ once [wʌ́ns]
☆「一度」以外に？

1. I lived there **once**.	副私はかつてそこに住んでいた
2. **Once** she arrives, we can start.	接彼女が来るとすぐ我々は出発できる (= when) [いったん～すると]

◆at once 「すぐに，同時に」
◆at once A and B 「Aと同時にB」
◆once in a while 「時々」

128
□ diet [dáiət]
☆「やせる」ことではない！

1. a healthy **diet**	名健康的な食事
2. She is *on* a **diet**.	名彼女は食事制限をしている
3. a member of *the* **Diet**	名国会議員 ▶ p. 181 congress

◇díetary 形食事の

129
□ paper [péipər]
☆「紙，新聞」の他に。

write a **paper** on economics	名経済学の論文を書く

◆term paper 「学期末レポート」

130
□ check [tʃék]
☆「調べる」の他に。

1. cash a **check**	名小切手を現金に換える
2. a dinner **check**	名ディナーの勘定書
3. **check** bags at the airport	動空港でバッグを預ける

◆check in 「①チェックインする ②〈荷物〉を預ける」
◆check out 「①チェックアウトする ②〈本など〉を借り出す ③～を調べる」

131
□ bright [bráit]
☆「明るい」以外。

Meg is a **bright** girl.	形メグは賢い子だ (= clever)

132
□ sort [sɔ́:rt]

1. a **sort** of bird	名一種の鳥 (= kind)
2. **sort** papers by date	動日付で書類を分類する

5 多義

133 □ **court** [kɔ́ːrt] ☆テニスなどの「コート」以外。

The case went to **court**.	名その事件は裁判になった［法廷］
◆the Supreme Court	「最高裁判所」

134 □ **bound** [báund] (bind; bound; bound)

1. He *is* **bound** *to* fail.	形彼はきっと失敗する (= sure)
2. The plane *is* **bound** *for* Guam.	形その飛行機はグアム行きだ
3. be **bound** by the law	動法律に縛られる

135 □ **flat** [flǽt]

1. a **flat** surface	形平らな表面
2. live in a **flat** in London	名ロンドンのアパートに住む
◆have a flat tire	「タイヤがパンクする」

136 □ **spare** [spéər]

1. have no **spare** money	形余分なお金はない［予備の］
2. **spare** him a few minutes	動彼のために少し時間を割く
3. **spare** him the trouble	動彼の面倒を省く
4. **spare** *no* effort to help her	動彼女を助ける努力を惜しまない
◆spare time	「余暇」= time to spare

137 □ **capital** [kǽpitl] ☆語源に秘密がある。

1. the **capital** of Australia	名オーストラリアの首都 (=国の頭)
2. labor and **capital**	名労働と資本 (=事業の頭金)
◆capital letter	「大文字」(=文の頭に使う字)
◆capital punishment	「死刑」(=頭を切る罰)
◇cápitalism	名資本主義
◇cápitalist	名資本主義者, 資本家

★ caput「頭」が語源と知ればナットク！

138 □ **tongue** [tʌ́ŋ] ☆「舌」の意味から発展。

speak in a foreign **tongue**	名外国の言葉でしゃべる
◆mother tongue	「母語」

139
□ credit [krédit]

☆「信用，クレジット」以外。

1. credit for the discovery	名その発見の功績［名誉，手柄］
2. college credits	名大学の単位［履修証明］

140
□ succeed [səksíːd]

☆「成功する」以外には？

succeed *to* the crown	動王位を受け継ぐ

◇succéssion 名継続，継承 ★success と区別しよう。
◇succéssive 形連続する
◇succéssful 形〈人が〉成功した，出世した

141
□ settle [sétl]

1. settle the dispute	動紛争を解決する
2. settle in America	動アメリカに定住する
3. get married and settle *down*	動結婚して落ち着く

◇séttlement 名①解決　②入植地；定住
◇séttler 名移民

142
□ vision [víʒən]

☆「見ること」が語源だが…。

1. a vision of the city	名その都市の未来像
2. a leader of vision	名先見の明のある指導者
3. have poor vision	名視力が弱い

143
□ but [bʌ́t]

1. I have but one question.	副1つだけ質問がある（= only）
2. They *all* went out but me.	前私を除いて皆出かけた（= except）

◆nothing but A 「Aのみ，Aにすぎない」= only A

144
□ given [gívn]

☆元は give の過去分詞だが…。

1. in a given situation	形ある特定の状況で［一定の］
2. given the present conditions	前現状を考慮すると［～が与えられれば］
3. given *that* you are young	接君が若いことを考慮すると

5 多義

145
□ pay [péi] ☆「支払う」の他に。

1. equal **pay** for equal work	名同じ仕事に対する同じ給料
2. Honesty doesn't always **pay**.	動正直は割に合うとは限らない [採算がとれる]

146
□ good [gúd]

1. *a* **good** many people	形かなり多くの人 [十分な]
2. work for the public **good**	名公共の利益のために働く

★「多くのよい人」は many good people だ。

147
□ discipline [dísiplin] ☆発音も注意。

1. teach students **discipline**	名学生に規律を教える [しつけ, 訓練]
2. scientists of many **disciplines**	名いろんな分野の科学者たち
◇self-díscipline	名自制心

148
□ bill [bíl]

1. an electricity **bill**	名電気代の請求書
2. a ten dollar **bill**	名 10 ドル紙幣 ★《英》は note。
3. pass a **bill**	名法案を可決する

149
□ relief [rilí:f]

1. breathe a sigh of **relief**	名安心してため息をつく
2. **relief** from poverty	名貧困に対する救済
3. **relief** from stress	名ストレスの除去
◇relíeve	動〈不安・苦痛など〉を取り除く, ～を安心させる

150
□ board [bɔ́:rd] ☆「板」以外。動詞に注意。海外旅行必修！

1. **board** a plane	動飛行機に乗り込む
2. the school **board**	名教育委員会
◇abóard	副〈乗り物に〉乗って(＝on board)

151
□ **mad** [mǽd] ☆「狂った」とは限らない。

She *got* mad at me.	形彼女は私に腹を立てた

★「狂った」よりはるかに頻度が高い。

152
□ **yield** [jíːld]

1. yield food and wood	動食料や木材を産出する (= produce)
2. yield *to* pressure	動圧力に屈する
3. Radio yielded *to* television.	動ラジオはテレビに取って代わられた

★熟語で言い換える問題が頻出。2 = give in to, 3 = give way to。

153
□ **rear** [ríə*r*]

1. a rear seat	名後部座席 [後ろ]
2. rear three children	動3人の子供を育てる (= raise, bring up)

154
□ **fancy** [fǽnsi] ☆ 2はまれ。

1. fancy restaurant	形高級レストラン
2. fancy myself a novelist	動自分が小説家だと想像する [名空想]

155
□ **shame** [ʃéim]

1. feel no shame	名恥と思わない
2. What *a* shame!	名なんと残念なことか

◆it is a shame that〜 「〜とは残念なことだ」= it is a pity that〜

156
□ **waste** [wéist]

1. waste money	動お金を浪費する [名浪費]
2. industrial waste	名産業廃棄物

5 多義

157
□ **drive** [dráiv]　(drive; drove; driven)

1. drive the dog *away*	動犬を追い払う［～を追いやる］
2. be driven by curiosity	動好奇心に駆りたてられる
3. my strong drive to succeed	名成功したいという強い欲求［衝動］

158
□ **accent** [ǽksent]　☆「アクセント」以外。

English with an Italian accent	名イタリアなまりの英語

159
□ **make** [méik]

He will make a good teacher.	動彼はよい教師になるだろう

★ becomeに比べて，素質や努力などを含意。

160
□ **late** [léit]　☆「遅い」だけではない。

1. in his late thirties	形彼の30代の終わりごろに
2. *the* late Mr. Ford	形故フォード氏

★ 1は38，39歳ごろのこと。

161
□ **soul** [sóul]

1. her body and soul	名彼女の肉体と魂
2. There was *not a* soul there.	名そこには1人もいなかった（まれ）

★ 2は否定文で用いる。

162
□ **arms** [á:rmz]　☆「うで」以外。つねにsがつく。

arms control	名軍備制限［兵器，武力］

◇armed　形武装した

163
□ **vice** [váis]

1. virtue and vice	名美徳と悪徳
2. vice president	形副大統領

◆vice versa　「逆もまた同様」
◇vícious　形悪意のある

164
□ **story** [stɔ́:ri]

a five-story building	名 5階建ての建物

165
□ **move** [mú:v] ☆「動く，動かす，引っ越す」以外。

She was moved by my story.	動 彼女は私の話に感動した

166
□ **lot** [lɑ́t]

1. a parking lot	名 駐車場［土地，一区画］
2. She accepted her lot.	名 彼女は運命を受け入れた（= fortune）

167
□ **trick** [trík] ☆中核的意味は「巧妙な行為」だ。

1. teach the dolphin new tricks	名 イルカに新しい芸を教える［手品］
2. a trick for memorizing words	名 単語を覚えるコツ
3. *play* a trick *on* the teacher	名 先生にいたずらする
4. trick him *into* buying the pot	動 彼をだましてそのつぼを買わせる
5. a clever trick	名 巧妙なたくらみ［策略］

168
□ **spring** [spríŋ] ☆「春；泉」だけではない！

New companies will spring up there.	動 そこに新しい会社が出現するだろう

◆hot spring 「温泉」 ★普通 ～s。

★ springはcomeと同じように「出現する，生じる」という意味が多い。また，熟語でも，spring to life = come to life「活気づく」，spring to mind = come to mind「心に浮かぶ」など，spring = comeが多い。（spring; sprang; sprung）

169
□ **pose** [póuz] ☆「ポーズ，姿勢」以外に？

1. pose a problem	動 問題を引き起こす（= cause）
2. pose a question	動 疑問を提起する

5 多義

170
□ **fit** [fít] ☆「〜に合う」以外。

1. The water is fit *to* drink. 形その水は飲むのに適する
2. go to the gym to keep fit 形健康でいるためにジムに通う

◇fítness 名健康

171
□ **note** [nóut]

1. take notes on what you hear 名聞くことをメモする
2. He noted that America is a big country. 動アメリカは大国だと彼は書いた［指摘する］
3. Note that the book is non-fiction. 動その本は実話だということに注意しなさい
4. He is noted *for* his intelligence. 形彼は知的なことで有名だ
5. a ten-pound note 名10ポンド紙幣《英》

★「1冊のノート」はa notebookだ。

◆a thank-you note 「礼状」

172
□ **control** [kəntróul] (〜led; 〜ling)

1. gun control laws 名銃規制法
2. control group 名実験の対照群

173
□ **authority** [ɔːθɔ́rəti]

1. the school authorities 名学校当局（複数形で）
2. the authority of the state 名国家の権力（= power）［権限］
3. an authority *on* biology 名生物学の権威（= expert）［専門家］

174
□ **say** [séi]

1. Consider a fruit, say, an orange. フルーツ，たとえばオレンジを考えよ
2. Let's say you have a million dollars. 君が100万ドル持っていると仮定しよう
3. What do you say to go*ing* on a trip? 旅に出かけたらどうですか

★ 3は勧誘で，How about Ving? とほぼ同意。

175
□ **fast** [fǽst] ☆「速い，速く」以外。副詞だ。(少数)

She is fast *asleep*.	副彼女はぐっすり眠っている［しっかり］
◇fásten	動～を固定する

176
□ **minute** ☆形容詞として使うと？ 発音注意。

minute differences	形細かい違い [mainjúːt]

177
□ **sentence** [séntəns] ☆「文」だけではない。

a death sentence	名死刑の判決［動～に判決を与える］
◆be sentenced	「宣告される」

178
□ **gifted** [gíftid] ☆「贈り物を送る」以外。

a gifted pianist	形才能あるピアニスト
◇gift	名才能

179
□ **like** [láik]

apples, peaches, *and the* like	名リンゴや桃など

★この like は「同様のもの」の意。

180
□ **coin** [kɔ́in] ☆動詞に意外な意味が。

coin a new *term*	動新語を作り出す (= invent)

181
□ **spell** [spél] ☆「つづる」以外。

1. She cast a spell on me.	名彼女は私に魔法をかけた［呪文］
2. a long dry spell	名長い日照り続き［連続，期間］

★「つづり」は spell ではなく spelling，「スペルのミス」は a spelling error だ。

182
□ **air** [éər]

an air of confidence	名自信がある様子 (= look)

5 多義

183
□ **game** [géim] ☆不可算名詞として使うと？

go hunting for big game	名大きな獲物を狩りに行く（まれ）

184
□ **condition** [kəndíʃən] ☆「状況，条件」以外に動詞で？

1. We've *been* conditioned *to* believe that busier is better.	動私たちは忙しい方がよいと信じるように慣らされている
2. Our lives *are* conditioned *by* technology.	動私たちの生活は技術に左右されている

★1, 2 共に受動態が普通。動詞の **condition** には「～をよい状態にする」もある。

◆on (the) condition that ～ 「～という条件で」

● 教育　ジャンル別 23

□**admission** [ədmíʃən]	入学
□**applicant** [ǽplikənt]	志願者，応募者 ◆successful～「合格者」
□**bachelor** [bǽtʃələr]	学士
□**credit** [krédit]	単位
□**curriculum** [kəríkjələm]	カリキュラム
□**degree** [digríː]	学位
□**department** [dipáːrtmənt]	学部
□**diploma** [diplóumə]	(高校・大学の)卒業証書
□**dorm** [dɔ́ːrm]	寮 = dormitory
□**enrollment** [enróulmənt]	入学，登録
□**freshman** [fréʃmən]	新入生
□**graduate** [grǽdʒuət]	大学卒業生，学士；大学院生
□**handout** [hǽndaut]	プリント
□**lecture** [léktʃər]	講義
□**major** [méidʒər]	専攻
□**material** [mətíəriəl]	資料
□**office hours**	(教員の)研究室在室時間
□**photocopy** [fóutoukɑpi]	(コピー機で複写した)コピー ◇copy 名写し，コピー
□**qualified** [kwɑ́ləfaid]	資格のある，必要条件を満たした
□**quiz** [kwíz]	小テスト
□**recommendation** [rekəmendéiʃən]	推薦(状)
□**requirement** [rikwáiərmənt]	必要条件，必要資格
□**scholarship** [skɑ́lərʃip]	奨学金
□**semester** [səméstər]	(2学期制の)学期
□**sophomore** [sɑ́fəmɔːr]	(大学・高校の)2年生 ★junior「高校・大学の最終学年の1つ下の学年」，senior「最上級生」。
□**syllabus** [síləbəs]	シラバス，講義概要，時間割
□**term** [tə́ːrm]	(3学期制の)学期
□**tuition** [tju(ː)íʃən]	授業(料)
□**tutor** [tjúːtər]	個別指導教員
□**undergraduate** [ʌndərgǽdʒuət]	大学生，学部生

5 多義

INDEX

見出しの語は黒の太字で示した。

A

B

C

D

E

F

G

H

I

J

K

L

M

N

O

P

Q

R

S

T

U

V

W

Y

Z

システム英単語 5訂版 Pocket

著　　者	霜　康司 刀祢　雅彦
発行者	山﨑　良子
印刷・製本	日経印刷株式会社
発行所	駿台文庫株式会社

〒101-0062　東京都千代田区神田駿河台1-7-4
小畑ビル内
TEL. 編集 03(5259)3302
販売 03(5259)3301
《ポケット⑧－404pp.》

落丁・乱丁がございましたら，送料小社負担にてお取替えいたします。

ISBN978-4-7961-1138-6　Printed in Japan

駿台文庫 Webサイト
https://www.sundaibunko.jp